Verein deutscher Maschinenbau-Anstalten
Düsseldorf

Verhandlungen

der

Sachverständigen-Sitzung

über

Fragen zur Reform des Patentgesetzes

am 7. und 8. Dezember 1909
in Berlin

Springer-Verlag Berlin Heidelberg GmbH
1910

ISBN 978-3-662-33419-5 ISBN 978-3-662-33816-2 (eBook)
DOI 10.1007/978-3-662-33816-2

Inhalt.

		Seite
Teilnehmerliste		4
Erster Verhandlungstag, 7. Dezember 1909:		
Punkt I	Eröffnungsansprache des Herrn Vorsitzenden Dr.-Ing. h. c. von Rieppel	5
Punkt II	Einleitender Bericht; Berichterstatter Hr. Frölich	6
Punkt III	Soll das Recht auf das Patent dem Erfinder anstelle des Anmelders zustehen? Berichterstatter Hr. Dr. Guggenheimer	9
Punkt IV	Die Entschädigung der Angestellten für ihre Erfindungen; Berichterstatter Hr. Frölich (anstelle des erkrankten Hrn. Professor K. F. Zechner-Mannheim)	40
Punkt V	Die Erfinderehre; Berichterstatter Hr. Frölich (anstelle des erkrankten Hrn. Professor K. F. Zechner-Mannheim)	56
Punkt IX	Der Ausübungszwang; Berichterstatter Hr. Frölich	61
Punkt X	Die Gerichtsbarkeit in Streitigkeiten des gewerblichen Rechtschutzes; Berichterstatter Hr. Ingrisch	65
Punkt VII	Die Patentgebühren; Berichterstatter Hr. Neumann	70
Zweiter Verhandlungstag, 8. Dezember 1909:		
Punkt VIII	Die Schutzdauer der Patente; Berichterstatter Hr. Neumann	75
Punkt VI	Das Vorprüfungsverfahren; Berichterstatter Hr. Ingrisch	79

Teilnehmer-Liste.

Vorsitzende:

Rieppel, Dr. phil. et Dr.-Ing. h. c. **A. von,** Kgl. Baurat; Maschinenfabrik Augsburg-Nürnberg A.-G.; Nürnberg.
Rhazen, Regierungsrat, Generaldirektor; Gasmotorenfabrik Deutz; Cöln-Deutz.

Schriftführer:

Frölich, Dipl.-Ing. **Fr.,** stellvertretender Geschäftsführer des V. d. M.-A.; Düsseldorf.

Teilnehmer aus dem Kreise des V. d. M.-A.:

Dingler, J., Direktor; Dinglersche Maschinenfabrik A.-G.; Zweibrücken.

Ebeling, C., Direktor; Fried. Krupp A.-G., Grusonwerk; Magdeburg-Buckau.

Gerdau, B., Direktor; Haniel & Lueg; Düsseldorf.

Glinz, Bergassessor; Gesellschaft für Förderanlagen Ernst Heckel m. b. H.; Saarbrücken.

Guggenheimer, Dr., Direktor; Maschinenfabrik Augsburg-Nürnberg A.-G.; Augsburg.

Häbich, W., Direktor; Gutehoffnungshütte; Sterkrade.

Helsig, Dipl.-Ing. **C.;** Fried. Krupp A.-G., Germaniawerft; Kiel-Gaarden.

Hirt, Ludwig, Oberingenieur; Maschinenfabrik Grevenbroich vorm. Langen & Hundhausen; Grevenbroich (Rheinl.).

Ingrisch, Dipl.-Ing. **J.,** Interessengemeinschaft: Benrath-Duisburg-Wetter; Benrath.

Jebe, Alfred, Ingenieur; Benz & Cie., Rheinische Gasmotorenfabrik A.-G.; Mannheim.

Krainer, Paul, Professor an der Kgl. Techn. Hochschule Berlin (Vertreter der Firma F. Schichau-Elbing); Charlottenburg.

Lemmer, Ingenieur und Kommerzienrat (Vertreter der Sächsischen Maschinenfabrik vorm. Rich. Hartmann, Chemnitz); Berlin.

Mirus, Direktor; Howaldtswerke; Kiel.

ter Meer, G., Direktor; Hannoversche Maschinenbau A.-G., vorm. Georg Egestorff; Hannover-Linden.

Neumann, H., Oberingenieur; Gasmotorenfabrik Deutz; Cöln-Deutz.

Schrödter, Dr.-Ing. h. c. **E.,** Geschäftsführer d. V. d. M.-A.; Düsseldorf.

Stein, Direktor; Gasmotorenfabrik Deutz; Berlin.

Sträßer, Adolf, Prokurist; Gutehoffnungshütte; Oberhausen.

Zörner, Bergrat, Generaldirektor; Maschinenbau-Anstalt Humboldt; Kalk bei Cöln.

Teilnehmer aus anderen Vereinen der mechanischen Industrie:

Aron, Dr. **H.,** Geheimer Reg.-Rat, Professor (Verein zur Wahrung gemeinsamer Wirtschaftsinteressen der deutschen Elektrotechnik); Charlottenburg.

George, Erich, Oberingenieur der Bergmann-Elektrizitätswerke A.-G. (Verein zur Wahrung gemeinsamer Wirtschaftsinteressen der deutschen Elektrotechnik); Charlottenburg.

Guttsmann, John., Direktor; A.-G. vorm. Gebr. Guttsmann (Verband deutscher Maschinenfabrikanten für die Brau-Industrie); Berlin.

Krüger, Exz., Generalleutnant z. D., Generalsekretär (Verein der Fabrikanten landwirtschaftlicher Maschinen und Geräte, Verein deutscher Mühlenbauanstalten, Verband deutscher Maschinenfabrikanten für die Brau-Industrie); Berlin.

Steller, Paul, Generalsekretär (Verein deutscher Werkzeugmaschinenfabriken); Cöln.

Topf, Ludwig, Inhaber der Firma J. A. Topf & Söhne (Verband der deutschen Maschinenfabrikanten für die Brau-Industrie); Erfurt.

Waldschmidt, Dr., Direktor der L. Loewe & Co. A.-G. (Verein deutscher Werkzeugmaschinenfabriken); Berlin.

Zimmermann, W., Zivilingenieur; für die A.-G. G. F. Weigel Nachf., Mittelneuland (Verband deutscher Maschinenfabrikanten für die Brau-Industrie); Berlin.

Gast-Teilnehmer:

a) Vertreter von Behörden:

Neuhaus, Dr., Regierungsrat im Kgl. Preuß. Ministerium für Handel und Gewerbe; Berlin.

Robolski, Geh. Ober-Reg.-Rat und vortragender Rat im Reichsamt des Innern; Berlin.

Siebenbürgen, Direktor im Kaiserlichen Patentamt; Berlin.

von Treutlein-Mördes, Ministerialrat, stellvertr. Bevollmächtigter zum Bundesrate; als Vertreter des Kgl. Bayer. Staatsministeriums der Justiz; Berlin.

b) Mitglieder des Reichstages:

Junck, Dr., Justizrat; Rechtsanwalt beim Reichsgericht; Leipzig.

c) Vertreter von anderen Vereinen:

Bartels, Dr., Regierungsrat (Centralverband Deutscher Industrieller); Berlin.

Ephraim, Dr. **Julius,** Patentanwalt (Verein deutscher Chemiker); Berlin.

Haeuser, A., Justizrat, Direktor der Farbwerke vorm. Meister Lucius & Brüning (Verein zur Wahrung der Interessen der chemischen Industrie Deutschlands); Höchst a. Main.

Hahn, Dr. **Willy,** Rechtsanwalt (Verein Deutscher Chemiker); Berlin.

Hamburger, Dr. **Max,** (Verband Deutscher Elektrotechniker); Wilmersdorf-Berlin.

Kloeppel, Dr. jur. et phil. **E.** (Verein Deutscher Chemiker); Elberfeld.

Linde, Gustav, Reg.-Bmstr. a. D., Direktor des Vereines Deutscher Ingenieure; Berlin.

Mintz, Patentanwalt (Deutscher Verein für den Schutz des gewerblichen Eigentumes); Berlin.

Mittelstaedt, Dr., Rechtsanwalt (Deutscher Verein für den Schutz des gewerblichen Eigentumes); Leipzig.

Osterrieth, Dr. **Albert,** Professor, Generalsekretär des Deutschen Vereines für den Schutz des gewerblichen Eigentumes; Berlin.

Riesser, Dr., Geh. Justizrat, Professor (Hansa-Bund für Gewerbe, Handel und Industrie); Berlin.

Rötger, Landrat a. D. (Hansa-Bund für Gewerbe, Handel und Industrie und Centralverband deutscher Industrieller); Berlin.

Soetbeer, Dr., Generalsekretär des Deutschen Handelstages; Berlin.

d) sonstige Teilnehmer:

Beumer, Dr. **W.,** Generalsekretär, M. d. A.; Düsseldorf.

Budde, Professor, Direktor der Siemens & Halske A.-G.; Berlin.

Duisberg, Dr., Dr.-Ing. et Dr. med. h. c., Geheimer Reg.-Rat, Professor; Direktor der Farbenfabriken vorm. Fried. Bayer & Co.; Elberfeld.

Elsner, M. Chr., Ingenieur; Redakteur der „Zeitschrift für Werkzeugmaschinen und Werkzeuge"; Charlottenburg.

Fehlert, C., Ingenieur und Patentanwalt; Berlin.

Tolksdorf, B., Ingenieur und Patentanwalt; Berlin.

Wassermann, Dr. **Martin,** Rechtsanwalt; Hamburg.

Wertheimer, Dr. **Ludwig,** Rechtsanwalt; Frankfurt a. M.

Sachverständigen-Sitzung über Fragen zur Reform des Patentgesetzes

am 7. und 8. Dezember 1909 zu Berlin, Hotel Kaiserhof.

Erster Verhandlungstag.

Dienstag, den 7. Dezember 1909.

(Beginn der Verhandlungen 9¼ Uhr vormittags.)

Punkt I:

Eröffnungsansprache des Herrn Vorsitzenden.

Vorsitzender Hr. Baurat Dr., Dr.-Ing. h. c. von Rieppel-Nürnberg: M. H., im Namen des einladenden Vereines, des Vereines deutscher Maschinenbau-Anstalten, dessen erster Vorsitzender, Herr Geheimrat Lueg, zu seinem lebhaften Bedauern infolge eines leichten Unwohlseins die Reise hierher nicht unternehmen konnte, danke ich Ihnen für Ihr Erscheinen und begrüße Sie herzlichst. Ganz besonders erfreut bin ich, daß trotz der derzeitig starken Beanspruchung durch parlamentarische Arbeiten mehrere Herren Vertreter der Verbündeten Regierungen und des Reichstages sich eingefunden haben.

M. H., seit einigen Jahren werden von seiten der Industrieangestellten, von Sozialpolitikern und Parlamentariern Wünsche und Anregungen nach Abänderung unseres Patentgesetzes, dessen Schaffung seinerzeit als eine Großtat ersten Ranges anzusehen war, laut. Die Maschinenindustrie und der Verein deutscher Maschinenbau-Anstalten hat diesen Wünschen und Anregungen volle Aufmerksamkeit geschenkt. Alle Punkte wurden in Ausschüssen und von dem Vorstande unseres Vereines eingehend studiert und gewissenhaft geprüft. Dabei haben sich die Vertreter der Maschinenindustrie nicht etwa einseitig auf den Unternehmerstandpunkt gestellt, sondern aufs genaueste untersucht, inwieweit die Wünsche der Angestellten, deren Wohlergehen ihnen durchaus am Herzen liegt und denen sie schon im wohlverstandenen Interesse des harmonischen Zusammenarbeitens nach Tunlichkeit entgegenzukommen suchen, berechtigt sind und erfüllt werden können. Wir haben bei diesen Beratungen und Studien auch die Anschauungen der nicht in unserm Verein vertretenen Maschinen- und mechanischen Industrie ermittelt. Im großen Ganzen hat sich dabei eine Uebereinstimmung in den Endzielen ergeben.

M. H., unseren Einladungen haben wir eine Denkschrift beigefügt, die das Ergebnis unserer Arbeiten in Leitsätzen zusammenfaßt. Diese Denkschrift hat die Genehmigung der Hauptversammlung unseres Vereins aus inneren Gründen noch nicht finden können. Der Vorstand ist jedoch so stark besetzt und umfaßt alle Gebiete des im Verein verkörperten Maschinenbaues in einem so weitgehenden Maße, daß wir glauben, im wesentlichen die Meinung weitaus der Mehrzahl, wenn nicht der Gesamtheit unserer Mitglieder in der Denkschrift ausgedrückt zu haben. Immerhin müssen wir uns Aenderungen durch die Hauptversammlung vorbehalten. Unsere Bitte, meine hochverehrten Herren, geht nun dahin, unsere Wünsche und Anschauungen zu prüfen, zu ihnen Stellung zu nehmen und uns Gelegenheit zu geben, in Rede und Gegenrede zur Klärung der Sache beizutragen. Von unserm Verein sind Herren anwesend, die bei Vereinsfirmen die Patentangelegenheiten seit Jahren behandeln, also gute Kenner der Verhältnisse in der Maschinenindustrie sind.

Zur Erleichterung der Verhandlungen, um sie zu beschleunigen und um die Berichterstattung abkürzen zu können, haben wir die heute zu hörenden Berichte gedruckt aufgelegt.

M. H., die Maschinenindustrie nimmt im deutschen Wirtschaftsleben sowohl durch ihren Umfang als auch durch die hohe Intelligenz ihrer Beamten- und Arbeiterschaft sowie endlich durch die ständig steigende, jetzt schon zwischen $^1/_4$ und $^1/_3$ ihrer Erzeugung umfassende Ausfuhr eine hervorragende Stellung ein. Ich bin überzeugt, daß deshalb unsere Darlegungen bei Ihnen, m. H., eine volle Würdigung, um die ich bitte, finden werden.

Bevor wir in die Verhandlungen eintreten, gestatten Sie mir anzuführen, daß Herr Regierungsrat Rhazen von seiten des Vorstandes mit meiner Vertretung als Vorsitzender beauftragt ist, und daß Herr Ingenieur Frölich die Güte haben wird, das Amt des Schriftführers auszuüben.

Ich bitte nun Hrn. Ingenieur Frölich, den einleitenden Bericht zu erstatten.

Punkt II:

Einleitender Bericht.

Berichterstatter Hr. Dipl.-Ing. Fr. Frölich-Düsseldorf: M. H., die Reform des Patentgesetzes beschäftigt seit einigen Jahren die technischen und industriellen Kreise; vor allem haben die drei letzten, vom deutschen Verein für den Schutz des gewerblichen Eigentumes veranstalteten Kongresse zu Düsseldorf, Leipzig und Stettin allseitige Beachtung gefunden, und wohl alle technisch wissenschaftlichen und wirtschaftlichen Vereine und Vereinigungen haben zu den Beschlüssen dieser Kongresse in irgend einer Form Stellung genommen. Neben den Beratungen auf diesen Kongressen sind als unabhängige Beratungen größeren Umfanges zu erwähnen: die Beratungen des Patentausschusses des Centralverbandes Deutscher Industrieller, des Deutschen Handelstages, des Vereines deutscher Ingenieure, des Vereines deutscher Chemiker sowie die Beratung des Deutschen Juristentages 1908 über die Einzelfrage der Angestellten-Erfindung.

Wenn nun heute der V. d. M.-A. in die Beratung der wichtigsten Fragen einer Reform des Patentgesetzes eintritt, so könnte man einwenden: ist dies nach den vorhergegangenen Beratungen überhaupt notwendig, und, wenn es notwendig erscheint, warum geschieht dies erst heute?

Zunächst einige Worte über die Notwendigkeit. Die deutsche Maschinenindustrie, als deren wirtschaftliche Vertretung der V. d. M.-A. anzusehen ist, hat allerdings sowohl an den Beratungen der Kongresse für gewerblichen Rechtschutz wie auch an den Beratungen des Patentausschusses des Centralverbandes sich durch Vertreter beteiligt. Sie hat diese Beratungen als zusammenfassende Beratungen der verschiedensten Interessen betrachtet, deren Hauptwert weniger in den Beschlüssen als in den Ausführungen der Redner liegt. Wenn es möglich ist, bei solchen Verhandlungen von Vertretern der verschiedenartigsten Interessen Uebereinstimmung der Ansichten herbeizuführen, dann erscheint es allerdings zweckmäßig, diese übereinstimmende Meinung in Form von Beschlüssen festzulegen. Wenn aber eine Uebereinstimmung in den Ansichten nicht zu erreichen ist, dann erscheinen Beschlußfassungen bedenklich, um so mehr, da sie mehr oder weniger von der zufälligen Beteiligung an der betreffenden Verhandlung abhängig sind. Man ist in solchen Fällen leicht geneigt, eine Wortfassung für den Beschluß zu suchen, die möglichst allen vorgetragenen Wünschen gerecht wird, nachträglich stellt sich dann leicht heraus, daß solche Beschlüsse sich in ihren Einzelheiten widerstreiten, wofür die Erklärung nur in den Verhandlungen selbst gefunden werden kann.

Von diesem Gesichtspunkte aus verdienen die Beschlüsse des Patentausschusses des Centralverbandes als Zusammenfassung übereinstimmender Anschauungen eine sehr viel höhere Beachtung, als ihnen meist zuteil wird, während man bei der Würdigung der Beschlüsse der Kongresse für gewerblichen Rechtschutz diesen Gesichtspunkt nicht außer Acht lassen darf.

Es erscheint daher zweckmäßig und notwendig, neben der akademischen Behandlung der Fragen und ihrer möglichen Lösungen auch einmal die wirtschaftlichen Folgen der vorgeschlagenen Abänderungen und die Wünsche und Bedürfnisse derjenigen Kreise zu erörtern, die von einer Reform der gewerblichen Schutzrechte in erster Linie betroffen werden: Industrie und Handel; für die Fragen einer Reform des Patent- und Gebrauchsmuster-Gesetzes, die in erster Linie bevorsteht, kommt vor allem die Industrie in Betracht.

Es erscheint notwendig, daß die Industrie durch ihre Vertretungen trotz ihrer Beteiligung an den Kongressen für gewerblichen Rechtschutz zu den Fragen Stellung nimmt, denn sonst könnte die Anschauung entstehen, sie stimme den Beschlüssen dieser Kongresse in allen Punkten zu. Das ist aber nicht der Fall.

Zwar haben die Vertreter der Industrie in den Beratungen der Kongresse ihre Bedenken dargelegt; aber man könnte annehmen, die Industrie habe sich durch die Darlegungen der Gegenseite überzeugen lassen, und nach dem Satze: „qui tacet, consentire videtur" könnte geschlossen werden, in den Beschlüssen, die ja meist eine andere Fassung aufweisen, als die ursprünglichen Beschlußvorschläge, seien die Bedenken der Industrie berücksichtigt. Mit voller Deutlichkeit muß daher ausgesprochen werden, daß die Industrie manche Beschlüsse dieser Kongresse im Gegenteil sogar als schädlich für die deutsche Industrie ansieht, und daß sie davor warnen muß, bei einer Reform des Patentgesetzes die in diesen Beschlüssen vorgeschlagenen Wege zu beschreiten. Worauf sich die Widersprüche im einzelnen beziehen, werden die Berichte im Laufe der heutigen Sitzung erkennen lassen.

Noch einige Worte über die Notwendigkeit oder vielmehr die Berechtigung einer solchen Stellungnahme seitens des V. d. M.-A. Man könnte dem V. d. M.-A. entgegenhalten, eine solche Stellungnahme zu den Beschlüssen der Kongresse für gewerblichen Rechtschutz sei Sache der Vertretungen der Gesamtindustrie, zB. des Centralverbandes Deutscher Industrieller, des Bundes der Industriellen usw. Die Maschinenindustrie hat insofern Sonderinteressen zu vertreten, als für sie in der Hauptsache eine bestimmte Gruppe der Erfindungen, diejenige der mechanischen Vorrichtungen, in Betracht kommt, während von der anderen großen Gruppe, der Erfindungen von Verfahren, für sie nur ein verhältnismäßig kleiner Teil von Bedeutung ist. Die Verwertung konstruktiver Erfindungen bringt aber andere Erfordernisse und Bedürfnisse mit sich als die Verwertung von Verfahren. Neben der Maschinenindustrie werden in gleicher Weise berührt die übrigen mechanischen Industrien, zB. die elektrotechnische Industrie und die Feinmechanik. Wie groß der Anteil der in Betracht kommenden konstruktiven Erfindungen an der Gesamtzahl der Erfindungen ist, darüber liegen genaue zahlenmäßige Angaben nicht vor, er läßt sich nur schätzen; sorgfältig vorgenommene Schätzungen lassen aber vermuten, daß etwa 20 bis 25 vH. sämtlicher Patente als konstruktive Patente anzusehen sind, deren Verwertung der mechanischen Industrie zufällt.

Es erscheint daher wohl berechtigt, die Wünsche und Bedürfnisse der mechanischen Industrie einmal für sich zusammenzufassen, wie dies die chemische Industrie für ihren Standpunkt kürzlich bereits getan hat. Der V. d. M.-A. hat, da die Maschinenindustrie am stärksten betroffen wird, die Frage aufgegriffen und die ihm nahestehenden Kreise zur Mitarbeit eingeladen; die in gleichem Maße beteiligte elektrotechnische Industrie ist durch den Verein zur Wahrung gemeinsamer Wirtschaftsinteressen der deutschen Elektrotechnik hierbei vertreten gewesen.

Es bleibt noch die Frage zu beantworten: Warum nimmt der V. d. M.-A. erst heute Stellung zu diesen Fragen, während die übrigen Kreise bereits sehr viel früher in solche Beratungen eingetreten sind? Darauf ist zu antworten, daß erst die Beschlüsse des letzten Kongresses für gewerblichen Rechtschutz, des Kongresses zu Stettin, die Notwendigkeit einer besonderen Stellungnahme und zwar einer ausgesprochen abweichenden Stellungnahme sowohl der gesamten Industrie als im besonderen der mechanischen Industrie haben hervortreten lassen. Wohl waren auch gegenüber manchen Beschlüssen früherer Kongresse die Ansichten über die Zweckmäßigkeit und Notwendigkeit der darin vorgeschlagenen Reformen in der Industrie geteilt, aber die Bedenken dagegen waren nicht so schwerwiegend, daß man nicht die Vorlage des Gesetzentwurfes hätte abwarten können, um erst anhand des Wortlautes der Gesetzvorlage in eine Besprechung einzutreten. Den Beschlüssen des Stettiner Kongresses wohnt eine erhöhte Bedeutung bei; sie rütteln an den Grundlagen unseres heutigen Patentgesetzes, und wenn hierzu geschwiegen wird, dann könnte der Anschein der Zustimmung erweckt werden. Besonders der Uebergang von dem jetzigen Rechte des Anmelders zu einem Rechte des Erfinders auf das Patent führt in seiner folgerichtigen Durchführung zu großen Gefahren für die Industrie. Diese Erkenntnis hat den Vorstand des V. d. M.-A. veranlaßt, einen Ausschuß mit der Prüfung der für eine Reform des Patentrechtes in Betracht kommenden Fragen zu beauftragen. Das Ergebnis der Beratungen dieses Ausschusses wird in den Berichten heute vorgelegt werden. Die heutige Sitzung, zu der eine große Anzahl von Mitgliedsfirmen des V. d. M.-A. ihre mit der Führung der Patentangelegenheiten betrauten sachverständigen Beamten entsandt haben, wird zeigen, inwieweit die Schlußfolgerungen, die unser Ausschuß und Vorstand gezogen haben, und die von den Berichterstattern in Form von Leitsätzen der heutigen Sitzung unterbreitet werden, sich mit den Bedürfnissen und Wünschen decken, die sich aus der Praxis der mechanischen Industrie ergeben haben.

Wir begrüßen es mit besonderer Freude, daß eine Anzahl uns nahestehender wirtschaftlicher Vereinigungen der mechanischen Industrie schon während unserer Vorarbeiten sich bereit erklärt hat, an den Beratungen teilzunehmen; es sind dies:

der Verein deutscher Werkzeugmaschinenfabriken;

der Verband deutscher Maschinenfabrikanten für die Brau-Industrie;

der Verband deutscher Mühlenbau-Anstalten;

der Verein der Fabrikanten landwirtschaftlicher Maschinen und Geräte;

der Verein zur Wahrung gemeinsamer Wirtschaftsinteressen der deutschen Elektrotechnik.

Wir begrüßen es ferner, daß auch diejenigen Vereine, die in ihrer Zusammensetzung die verschiedensten Interessen vereinigen, Vertreter entsandt haben, um die Wünsche und Bedürfnisse der mechanischen Industrie kennen zu lernen; es sind dies:

der Centralverband Deutscher Industrieller;

der Bund der Industriellen;

der Deutsche Handelstag;

der Verein deutscher Ingenieure;

der Deutsche Verein für den Schutz des gewerblichen Eigentums;

der Hansabund.

Außerdem haben wir als Vertreter der chemischen Industrie, die neben der mechanischen Industrie am meisten durch eine Reform des Patentgesetzes betroffen wird, eingeladen:

den Verein deutscher Chemiker;

den Verein zur Wahrung der Interessen der chemischen Industrie Deutschlands,

die beide zu unserer Freude vertreten sind.

Auch der Verband deutscher Elektrotechniker, der den Fragen des gewerblichen Rechtschutzes besondere Aufmerksamkeit zuwendet und in seinen Reihen sowohl Unternehmer wie Angestellte vereinigt, hat in dankenswerter Weise gleichfalls einen Vertreter zu der heutigen Sitzung entsandt, um unsere Stellungnahme kennen zu lernen.

Der Vorstand des V. d. M.-A. hat geglaubt, daß es auch für die gesetzgebenden Körperschaften von Interesse sein dürfte, die Stellungnahme der mechanischen Industrie zu der Reform des Patentgesetzes nicht nur aus den Beschlüssen der heutigen Sitzung sondern auch aus den Verhandlungen selbst kennen zu lernen; er hat daher sowohl an das Reichsamt des Innern, die Verbündeten Regierungen und das Kaiserliche Patentamt, als auch an die bürgerlichen Parteien des Reichstages Einladungen ergehen lassen. Wir können heute bei unseren Beratungen begrüßen Vertreter folgender Behörden:

des Reichsamtes des Innern;

des preußischen Ministers für Handel und Gewerbe;

der bayerischen Justizverwaltung;

des Kaiserlichen Patentamtes

und von Mitgliedern des Reichstages den Herrn Abgeordneten Dr. Junck, während die Herren Abgeordneten Behrens und Dr. Potthoff, die ihr Erscheinen in Aussicht gestellt hatten, leider noch nicht erschienen sind.

Wir haben endlich noch verschiedene Herren, die von jeher an der Entwicklung des gewerblichen Rechtschutzes mitgearbeitet haben, eingeladen und können u. a. hier begrüßen die Herren: Dr. Beumer, Mitglied des Preußischen Abgeordnetenhauses, Direktor Prof. Budde-Berlin, Geheimrat Prof. Dr., Dr.-Ing. et Dr. med. h. c. Duisberg-Elberfeld, C. Fehlert, Ingenieur und Patentanwalt in Berlin.

Ein Verzeichnis der angemeldeten Teilnehmer ist Ihnen außerdem behändigt worden.

Der Herr Vorsitzende hat Sie alle bereits namens des V. d. M.-A. begrüßt, ich kann daher meine Ausführungen kurz mit dem Wunsche schließen, daß die heutigen Verhandlungen Ihr Interesse erregen und finden mögen.

Vorsitzender: M. H., ich stelle die Ausführungen des Hrn. Frölich zur Besprechung, falls das Wort dazu gewünscht wird.

Hr. Direktor Professor Budde-Berlin: M. H., ich bitte, es mir nicht als Anmaßung auszulegen, daß ich, der bloße Gast hier, zuerst das Wort ergreife. Es geschieht mehr, um eine geschichtliche Tatsache festzustellen. Hr. Frölich hat auf die Beschlüsse des Stettiner Kongresses Bezug genommen und die Notwendigkeit erörtert, diesen Stettiner Beschlüssen mit selbständigen Beschlüssen der Maschinenindustrie entgegenzutreten. Ich möchte demgegenüber darauf aufmerksam machen, daß hier eine Anzahl von Personen vertreten ist, die auch in Stettin zugegen waren, und daß Sie bei diesen Personen voraussichtlich viel weniger Widerspruch gegen Ihre Leitsätze finden werden, als Sie sich wenigstens nach dem Wortlaut des einleitenden Berichtes vorstellen. In der Mehrheit, die in Stettin die dortigen Sätze beschloß, war nämlich eine ganze Anzahl von Personen, namentlich Vertreter der Industrie, die sich den Beschlüssen nicht deshalb angeschlossen haben, weil sie sie an sich für das Beste hielten, was beschlossen werden könnte, sondern die wesentlich aus taktischen Gründen zugestimmt haben. Es herrschte schon in den vorberatenden Sitzungen und so auch auf dem Stettiner Kongreß die Ansicht, daß im Reichstage wahrscheinlich bei Beratung des Patentgesetzes sehr scharfe Anforderungen in dem Sinne des sogenannten sozialen Empfindens gestellt werden würden, Anforderungen, die recht edel und gut gemeint, aber doch nicht auf eine genügende Kenntnis des praktischen Lebens, der praktischen Erfindertätigkeit, gegründet sind. Um derartigen allzu scharfen Anforderungen einigermaßen aus dem Wege zu gehen, haben viele in Stettin sich entschlossen, den dortigen Beschlüssen zuzustimmen; diese Personen würden, wenn sie bloß ihre Ueberzeugung hätten aussprechen wollen, sich in ihren Aeußerungen den Leitsätzen Ihres Vereines weit mehr genähert haben.

Der vollständige Bericht über den Stettiner Kongreß ist erst vor wenigen Tagen erschienen. Bei genauerem Nachlesen werden Sie in den Verhandlungen auch ausdrücklich Aeußerungen finden, zB. von Hrn. Duisberg und mir, in denen deutlich gesagt ist: wir schließen uns den Beschlüssen nicht an, weil wir sie an sich für gut halten, sondern nur in dem Sinne, daß, wenn einmal geändert werden solle, dies das Aeußerste ist, was wir für zulässig halten.

Es ist vielleicht doch, ehe Sie in die eigentliche Einzelberatung eintreten, für Sie von Wert, diese Tatsachen und diese Stimmungen kennen zu lernen, und daraus zu entnehmen, daß auch für Sie im Grunde genommen, wenn man genau zusieht, die Frage vorliegt, ob Sie mehr taktischen Erwägungen folgen oder ob Sie ganz einfach Ihre gut begründeten Ansichten aussprechen wollen. Ich muß sagen, daß ich das Letztere im gegenwärtigen Falle für richtig halten würde; ich finde, es ist Taktik genug gemacht worden (sehr richtig.) es kann nun auch einmal einfach die Wahrheit gesagt werden. (Beifall und Heiterkeit.)

Vorsitzender: Das Wort wird zu dem einleitenden Bericht des Hrn. Frölich nicht weiter gewünscht.

Wir gehen dann zum folgenden Punkte der Tagesordnung über. Hierzu möchte ich zunächst bemerken: auf den Plätzen liegen die Berichte, die wir heute hören werden, in vollem Wortlaute gedruckt aus. Ich werde deshalb die Herren Berichterstatter bitten, sich tunlichst kurz zu halten, um die Verhandlungen etwas abzukürzen; sie werden so wie so sehr lange dauern.

Dann bitte ich noch Hrn. Frölich, die Anwesenheitliste festzustellen. Es ist für mich ungeheuer schwer, den Vorsitz zu führen, ich kenne verhältnismäßig wenig Herren; vielleicht wird mir dadurch die Sache erleichtert.

(Die Anwesenheitliste* wird festgestellt.)

Vorsitzender: Nunmehr bitte ich Hrn. Dr. Guggenheimer, uns seinen Bericht zu erstatten.

Punkt III:

Soll das Recht auf das Patent dem Erfinder anstelle des Anmelders zustehen?

Berichterstatter Hr. Direktor Dr. Guggenheimer-Augsburg: M. H., ich will der Empfehlung des Hrn. Vorsitzenden nachkommen und so kurz sein, als dies bei der Wichtigkeit der Frage möglich ist. Ich bin mir völlig klar darüber, wie schwer die Aufgabe ist, die wir uns mit der Aufstellung des Satzes: kein Erfinderrecht, es bleibe das Anmelderrecht, gestellt haben; schwierig deshalb, weil wir mit der Aufstellung dieses Satzes gegen Beschlüsse eines Vereines ankämpfen, dessen Bedeutung auch nicht einen Augenblick von uns verkannt wird, und dessen Verdienste — ich möchte dies ausdrücklich hier aussprechen — bei der Prüfung aller Fragen des Patentrechtes von uns in weitgehendem Maße anerkannt werden. Es darf nicht einen Augenblick übersehen werden, daß vielleicht keine Vereinigung sich so eingehend und mit solcher Sachkenntnis und auf der andern Seite auch mit solcher Gründlichkeit und vor allem theoretischer Kenntnis in die Fragen vertieft hat, wie der — ich darf ihn kurz so nennen — „Grüne Verein". Aber, m. H., das entbindet uns nicht von der Verpflichtung, die Stellung festzulegen, die wir gegenüber den Beschlüssen jenes Vereines nach den Interessen der Praxis und nach den Interessen der Industrie einzunehmen uns für verpflichtet halten. Das mußte geschehen in dem Augenblicke, wo mit diesen Beschlüssen in Lebensinteressen der Industrie und besonders der mechanischen Industrie eingegriffen wird. Dem ist aber so, und ich kann nicht umhin, festzustellen, daß die Bestrebungen, die gegenüber dem geltenden Rechte, gegenüber dem Anmelderrecht unseres Patentgesetzes, seit Jahren, zumal aber in dem letzten Jahre sich geltend gemacht haben, nicht in Einklang zu bringen sind mit dem, was die Praxis, was die mechanische Industrie für sich in Anspruch nimmt und nehmen muß. Ich möchte betonen, daß wir das, was Recht ist, auch behalten wollen; daß wir wünschen, daß an dem, was im Jahre 1877 Gesetz geworden ist, nicht gerüttelt wird, solange nicht nachgewiesen ist, daß aus wohlüberlegten, stichhaltigen und durchschlagenden Gründen mit dem aufgeräumt werden muß, was wir uns im Augenblick zu besitzen gewöhnt haben, und was wir auch als vollkommen den Bedürfnissen der Praxis entsprechend erachten.

I.

Gegenwärtige Sachlage.

Das geltende Patentgesetz gibt einen Anspruch auf die Patenterteilung gemäß § 3 dem ersten Anmelder.

Ein Recht des Erfinders auf das Patent, ein Erfinderrecht, kennt das Gesetz nicht.

Der Grundsatz, daß der Anmelder zur Patententnahme befugt ist, wird durchbrochen im Falle rechtswidriger Entnahme des Anmeldungsinhaltes (§ 3, Abs. 2; § 10).

Die Wirkung der Patenterteilung wird eingeschränkt durch das Vorbenutzungsrecht (§ 5).

In den letzten Jahren haben Bestrebungen eingesetzt, die darauf abzielen, den im Patentgesetz mit Vorsatz zur Geltung gebrachten Grundsatz, das Recht des Anmelders, aufzuheben und an seine Stelle ein Recht des Erfinders auf das Patent treten zu lassen.

Auf die Gründe für diese Bestrebungen wird zurückgekommen werden.

Vorweg darf bemerkt werden, daß die Verfechter dieser Reform fast ausschließlich in den Kreisen von Juristen und Theoretikern zu finden sind, und daß dieser Gedanke durch die den industriellen Kreisen angehörigen Praktiker fast nirgends vertreten worden ist.

Der „Deutsche Verein für den Schutz des gewerblichen Eigentums" (grüner Verein) hat nun auf seiner letzten Tagung in Stettin 1909 Beschlüsse gefaßt, die in weitgehendem Maße dem Gedanken der Einführung des Rechtes des Erfinders auf das Patent Rechnung tragen, und die zum mindesten den Anschein erwecken, als habe auch die Industrie diesen Grundsätzen rückhaltlos zugestimmt.

Bei einer dem Stettiner Kongreß folgenden Gelegenheit, bei der eine Reihe von Vertretern aller Industriezweige Anlaß hatte, ihre Ansicht zu diesen Beschlüssen zum Ausdruck zu bringen, konnte festgestellt werden, daß sämtliche Vertreter der Industrie die allerschwersten und weitestgehenden Bedenken gegen die Schaffung eines solchen Rechtes des Erfinders tragen; — sie haben sich demgemäß fast ausnahmlos für

* Die Anwesenheitliste wird in dem im Buchhandel erscheinenden Bericht über die Sitzung (Verlag von Julius Springer, Berlin N, Monbijouplatz 3, Preis ℳ 3.—) veröffentlicht.

Beibehaltung des Rechtes des Anmelders ausgesprochen — eine Tatsache, die als im Widerspruch mit den Vorgängen in Stettin stehend auch von dem Vorsitzenden des Stettiner Kongresses ausdrücklich bemerkt wurde.

Der Verein für den Schutz des gewerblichen Eigentumes gilt bei der Regierung aber nicht etwa als die Vertretung der Theoretiker, der Patent- und Rechtsanwälte, sondern wird mit Rücksicht auf die nicht zu bestreitende Teilnahme industrieller Vertreter mehr oder weniger als Sprachrohr der Industrie angesehen — im vorliegenden Falle aber, wie bereits festgestellt, vollkommen zu Unrecht.

Es wird Aufgabe der Industrie sein, mit möglichster Schärfe jetzt zur Geltung zu bringen, daß ihre Anschauungen und Wünsche mit jenen des Stettiner Kongresses unter keinen Umständen gleichgestellt werden dürfen, wenigstens soweit die hier zu erörternde Frage in Betracht kommt.

Es ist dringend erforderlich, zu betonen, daß ganz im Gegensatz zu dem Stettiner Kongreß aus der Praxis heraus ein Aufgeben des Rechtes des Anmelders auf das Patent und die Einführung eines Rechtes des Erfinders darauf auf das entschiedenste bekämpft werden muß, und daß die Industrie die weitestgehenden Gefahren aus einer Vertauschung der beiden Grundsätze gewärtigen müßte.

II.

Gründe für das Recht des Erfinders auf das Patent.

Die für das Recht des Erfinders angeführten Gründe sind nach zwei Arten zu unterscheiden; es sind:

1. die rein theoretischen, die lediglich die Stellung des Rechtes auf Erfindung im allgemeinen Rechtsaufbau möglichst schablonenhaft anderen verwandten Rechten anzupassen bestrebt sind;

2. die Gründe theoretischer Art mit Zweckbestimmung: sie wollen ein Erfinderrecht schaffen, weil sie seiner bedürfen, um, darauf gestützt, weiter die von ihnen als berechtigt anerkannten Ansprüche der Angestellten auf ihre Erfindungen logisch folgern zu können.

Letztere wollen zunächst ein allgemeines Recht schaffen, um dann folgern zu können, daß dieses allgemeine Recht jene besonderen Rechte notwendig nach sich ziehen müsse.

Zu 1. Zu der ersten Gattung von Gründen zählen folgende:

a) Das Recht des Erfinders auf das Patent sei begrifflich nichts anderes als das Recht des Autors auf den der Urheberschaft am Werke entnommenen Schutz. Es bestehe zwischen dem Recht auf das Patent und dem Recht auf Autorschutz eine unbedingte Uebereinstimmung. Das Recht auf das Patent sei nichts anderes als der Ausfluß des Rechtes an der Erfindung, nichts anderes als der Ausfluß der Urheberschaft.

Auf die Tatsache, daß dieser Umstand rechtsgeschichtlich garnicht zutrifft, daß das Autorrecht in seiner ganzen Entwicklung einen durchaus verschiedenen Weg von jenem des Patentrechtes gegangen ist, daß das erstere tatsächlich die Anerkennung eines geistigen Eigentums schon in seinen Uranfängen war, das zweite aber aus der Verwertung des Vorrechtes sich entwickelt hat — auf diese Tatsache soll hier gar nicht zurückgegriffen werden; denn bei aller Anerkennung der rechtsgeschichtlichen Entwicklung darf nicht verkannt werden, daß darin Unrecht enthalten sein kann, und daß diesem Unrecht selbst durch einen jähen Bruch mit der Entwicklung unter Umständen abgeholfen werden muß.

Aber die verschiedene Rechtsentwicklung hatte auch einen wohlberechtigten Grund, da das Autorrecht vor allem den Schutz der Person, das Patentrecht den Schutz der Sache (der Erfindung) bezweckt. So leicht es einerseits ist, festzustellen, wer Autor ist, so schwer ist es auf der anderen Seite, zu wissen oder gar zu beweisen, wer Erfinder ist.

Freilich verweisen die Verfechter dieser Ansicht auf den Umstand, daß auch beim Autorrecht mehrfaches Zusammenwirken vorkommt — das bekannte Beispiel des Konversationslexikons! Hierauf ist zu erwidern: Während beim Autorrecht die Fälle schwieriger Feststellung der Autorschaft verschwindend sind, werden bei der Feststellung, wer Erfinder ist, umgekehrt die Fälle verschwindend sein, in denen dies leicht möglich ist.

Nicht mit Unrecht wird deshalb aus dem Gesichtspunkte praktischer Erwägung heraus jeder Vergleich zwischen Urheberrecht und Erfinderrecht abgelehnt werden müssen.

Diese Erkenntnis hat auch nach den ausdrücklichen Ausführungen der Motive zum Gesetz vom Jahre 1877 augenscheinlich die Einführung des Rechtes des Anmelders beeinflußt.

Denn während die Enquete vom Jahre 1876 sich dafür ausgesprochen hatte, daß der Erfinder das Patent erlangen soll, hat das Gesetz unter ausdrücklichem Hinweis darauf, daß die Frage, wer der Erfinder sei, nur mit ganz außerordentlicher Schwierigkeit beantwortet werden könne, die Aufnahme eines solchen Anspruches des Erfinders in das Gesetz glatt abgelehnt und es dabei bewenden lassen, daß das Recht des Anmelders nur bei widerrechtlicher Entnahme des Anmeldeinhaltes aufgehoben wird.

b) Ein weiterer Grund für die Einführung des Rechtes des Erfinders auf das Patent wird dem Hinweis auf die Tatsache entnommen, daß das Reichsgericht ein Erfinderrecht bereits anerkannt habe.

Freilich kann nicht behauptet werden, daß das Reichsgericht ein Recht des Erfinders auf das Patent anerkannt habe, denn eine solche Feststellung würde naturgemäß im Widerspruch mit dem Gesetz stehen. Weil aber das Reichsgericht ein Anrecht des Erfinders an der Erfindung nicht bestreitet, gewisse Folgerungen daraus zieht, es als Gewohnheitsrecht anerkennt, wird weiter geschlossen, daß dieses Recht an der Erfindung nun auch voll zur Geltung kommen, d. h. auch den Anspruch auf das Patent gewähren müsse.

Welcher Irrtum! Weil gewisse rechtliche Wirkungen aus der Tatsache entnommen werden, daß jemand eine Erfindung gemacht hat, weil von einem engbegrenzten Gewohnheitsrecht mehr oder minder anerkannt wird, daß diese Tatsache nicht ohne rechtliche Wirkungen ist, weil eine Ueberlassung dieser rechtlichen Wirkungen an Dritte nicht ausgeschlossen ist, wird gefolgert, daß auch das Recht auf das Patent im Widerspruch mit der so klaren Fassung des Gesetzes schon jetzt eigentlich nur dem Erfinder zustehe.

Versteigen sich doch die „Berichte" des grünen Vereines für den Hamburger Kongreß vom Jahre 1902 zu dem Satz (Seite 25):

> „Hiernach steht auch trotz des Wortlautes des Gesetzes der Anspruch auf Patenterteilung grundsätzlich nur dem Erfinder zu."

Daß die Begründung des Gesetzes genau das Gegenteil sagt, daß der Wortlaut des Gesetzes sich der Begründung vollkommen anschließt, daß in der Begründung das Recht des Erfinders ausdrücklich zurückgewiesen ist, das alles hindert den Theoretiker, der nun einmal in die spanischen Stiefel seines Rechtsaufbaues etwas hineinpassen muß, garnicht. Daß praktische Erwägungen, daß Rücksichten auf den Zweck der Patenterteilung, auf die Förderung der Technik, diesem seinem systematischen Aufbau entgegenstehen, ist für den zielbewußten Rechtskonstrukteur selbstredend gleichgültig.

Den oben erwähnten Gründen muß folgendes entgegengehalten werden:

Ganz unbestritten können aus der Tatsache, daß jemand Erfinder ist, diesem Rechte entstehen — inwieweit dies der Fall ist, entscheidet das allgemeine bürgerliche Recht.

Inwieweit Befugnisse, Ansprüche hieraus nicht beeinträchtigt werden dürfen, unter Umständen zu Schadenersatzansprüchen oder dergl. berechtigen, ist Sache der Auslegung allgemeiner rechtlicher Bestimmungen.

An einem aber scheitert diese Auslegung und an eines kann sich die Aufstellung solcher rechtlicher Wirkungen nicht heranwagen, d. h. an die entgegengesetzte klare Absicht des Gesetzes.

Soweit das Gesetz dem Erfinder Rechte versagt und sie dem Anmelder gegeben hat, soweit kann kein Gewohnheitsrecht entgegen dem Gesetz andere Regeln schaffen; und wenn trotz der Anerkennung eines allgemeinen Rechtes des Erfinders aus seiner Erfindung das Gesetz mit vollem Bewußtsein und in ausführlicher Begründung bestritten hat, daß dem Erfinder ein Recht auf das Patent erwachsen soll, wenn das Gesetz im Gegensatz zu bestehenden Wünschen dieses Recht dem Anmelder gab, dann ist es ein vollkommen irriges Verfahren, zu sagen, daß eigentlich auch das Recht auf das Patent dem Erfinder zustehe; es bedürfte vielmehr des strengen Nachweises, daß die dem Gesetze zugrunde liegenden Motive unzutreffend sind, wollte man zu dem in anderer Richtung bestehenden Erfinderrecht auch noch ein Recht des Erfinders auf das Patent in Abänderung des Gesetzes verlangen.

c) Aber die Gründe, die den Gesetzgeber bestimmt haben, sollen heute nicht mehr als stichhaltig angesehen werden!

So führen wenigstens die „Vorschläge zur Reform des Patentrechtes" für den Stettiner Kongreß (Seite 13) aus.

α) Der Grund, daß der Erfinder durch die Priorität der Anmeldung zu möglichst rascher Anmeldung des Patentes veranlaßt werden soll, kann nach Ansicht der Verfechter des Erfinderrechtes nicht mehr ins Feld geführt werden, sobald dem erstanmeldenden Erfinder die Befugnis auf das Patent gegeben wird und die Vermutung dafür sprechen soll, daß der Anmeldende als Erfinder gelte.

Es mag dahingestellt sein, ob dies zutrifft. Denn nicht das Recht soll dem Anmelder auf das Patent gegeben werden, sondern es soll lediglich die Vermutung mit allen Möglichkeiten der Bestreitung, mit allen Möglichkeiten der Hinderung der Patententnahme — hierauf wird zurückzukommen sein — gegeben werden.

Wird derjenige, der ein Patent zwar anzumelden in der Lage wäre, vielleicht aber bei der wirklich verwickelten Lage der Verhältnisse befürchten muß, daß seine Eigenschaft als Erfinder nachträglich angefochten wird, es sich nicht überlegen, ob er überhaupt die Anmeldung vornimmt; werden nicht andere, vielleicht an der gleichen Erfindung Beteiligte, von derselben Erwägung ausgehend, die Anmeldung unterlassen und auf diese Weise dem Bestreben des Gesetzes, Erfindungen rasch zur Anmeldung zu bringen und deren Geheimhaltung zu vermeiden, entgegenwirken?

Zum mindesten läßt sich diese Möglichkeit nicht völlig verneinen.

Es soll aber auf sie nicht so weittragender Wert gelegt werden, weil es tatsächlich fraglich ist, ob die Absicht des Gesetzes, Erfindungen rasch zur Anmeldung zu bringen, nicht oft die Anmeldung sehr unreifer, auf die Bezeichnung als Erfindung mit Unrecht Anspruch nehmender Verbesserungen gezeitigt hat.

β) Ganz irrig aber ist, wenn bestritten wird, daß der Grund der Gesetzesmotive lediglich auf eine Begünstigung der Etablissement-Erfindungen hinausläuft, und daß eine derartige Begünstigung unbillig ist.

Der Gesetzgeber vom Jahre 1877 war eben nicht Idealist genug, um die tatsächlichen Verhältnisse zu vernachlässigen, war nicht Theoretiker genug, um nicht zu wissen, wie Erfindungen entstehen; er wußte sehr wohl, daß die Erfinder im Dachstübchen nur einen verschwindenden Prozentsatz der wahrhaft fördernden Techniker bilden, und er war sich klar darüber, daß die meisten und die wertvollsten Erfindungen nur in dem Zusammenwirken einer ganzen Reihe sich gegenseitig fördernder Kräfte entstehen, daß der Erfinder nur in einer ganz geringen Anzahl von Fällen wirklich derjenige ist, der das Endergebnis langer Forschungen verkünden kann, und daß in einer großen Zahl von Fällen das Verdienst der Erfindung nicht dem Antwortenden zukommt, sondern dem Frage-, dem Aufgabesteller. Hierbei darf nicht unerwähnt bleiben, daß sehr häufig die Mißerfolge für das Schlußergebnis von besonderer Bedeutung sind und oft erst die Erfindung begründen.

Warum „heute", wie die oben angeführten „Vorschläge" ausführen, dieser Grund nicht mehr als stichhaltig gelten soll, warum heute bei der ungeheueren Entwicklung des Großbetriebes seit dem Jahre 1877 bis zum Jahre 1909 der Beweggrund nicht mehr zutreffen soll, der bei den kleineren Unternehmungen der 70er Jahre viel weniger anwendbar war als bei den Riesenunternehmen des jetzigen Jahrhunderts, warum heute das nicht mehr gilt, was damals gegolten hat, das wird in den „Vorschlägen" ohne Begründung gelassen.

Auf das entschiedenste muß widersprochen werden, wenn in jenen „Vorschlägen" ausgeführt ist, daß man den Interessen der Industrie nur gerecht werden könne, wenn die Tatsache der Erfinderschaft grundsätzlich als Quelle des Rechtes auf das Patent angesehen werde.

Die Frage, ob mit der Wahrung der Vertragsfreiheit die aus einer Etablissements-Erfindung entspringenden Rechte gesichert sind, wird später behandelt werden.

d) Angeführt wird, daß auch in ausländischen Gesetzgebungen das Recht des Erfinders auf das Patent anerkannt wird. Besonders wird auf die Bestimmungen des neuen österreichischen und englischen Patentgesetzes verwiesen, sowie auf die amerikanische Gesetzgebung, die sogar unter Hidesleistung des Anmelders, daß er der erste und wahre Erfinder sei, diesem das Recht auf das Patent gibt.

Mit Recht darf die Bezugnahme auf diese Gesetzgebung zurückgewiesen werden.

Die österreichische und englische Gesetzgebung hat noch nicht die Prüfung auf ihren wahren Wert ausgehalten; ihr Bestand ist selbst bei dem österreichischen Patentgesetz trotz dessen zehnjähriger Dauer mit Rücksicht auf die verhältnismäßig geringe Anwendung des Gesetzes und die geringere industrielle Entwicklung Oesterreichs zu kurz.

Für die amerikanische Gesetzgebung aber muß gerade das Gegenteil der Empfehlung gelten, und es darf füglich die Frage offen gelassen werden, ob dort dem wirklichen Recht des Erfinders weitgehend Rechnung getragen wird, wo das persönliche Ermessen des sich Erfinder Dünkenden entscheidet, wem das Patent zufallen soll.

Wer von einer Anzahl Zusammenarbeitender wird nicht glauben, daß er der Erste gewesen, der die Grundlage für die infrage kommende Verbesserung gelegt hat, und füglich darf dahingestellt werden, ob die Priorität des Anerbietens zum Eid der Priorität der Anmeldung vorgezogen werden darf, um das Recht auf das Patent zu begründen.

Wie wenig empfehlenswert diese äußerste Folgerung des Erfinderrechtes ist, ergibt sich daraus, daß auch die wärmsten Verfechter des Rechtes des Erfinders auf das Patent sie für deutsches Recht nicht zu ziehen wagen.

e) Endlich wird geltend gemacht, die heutige gesetzliche Regelung sei unzulänglich, der Erfinder könne dem gutgläubigen Anmelder gegenüber keinen besseren Rechtsanspruch geltend machen, und dem widerrechtlichen Anmelder gegenüber nur, wenn er durch die Entnahme des Patentes verletzt sei.

Diese Folgerung ist, soweit sie den formalen Anspruch auf Patentübertragung betrifft, zutreffend und hängt mit der Notwendigkeit zusammen, daß ein Formalakt rechtsbegründend für die Patenterteilung werden mußte.

So gering aber, wie die Ausführungen der „Vorschläge zur Reform des Patentrechtes" für den Stettiner Kongreß (Seite 14) die Rechte des nachweisbaren Erfinders gegenüber demjenigen, der Mißbrauch mit dieser Erfindung treibt, darstellen, sind sie denn doch nicht, und gerade die in den „Berichten für den Hamburger Kongreß" (Seite 24) angeführte Entscheidung des Reichtsgerichtes vom 28. Mai 1892 führt aus, daß derjenige, dessen Erfindung ohne seine Einwilligung von einem Anderen zur Anmeldung eines Patentes benutzt wurde, keineswegs auf die Klage auf Nichtigkeit des Patentes beschränkt ist, sondern, daß er:

alle weitergehenden Ansprüche hat, die sich nach Maßgabe des bürgerlichen Rechtes aus der widerrechtlichen Benutzung seiner Erfindung ergeben.

Nach diesem Satze, der nach den eigensten Ausführungen der Anhänger dieses Rechtes ein Erfinderrecht begründen soll, liegt doch auf der Hand, daß zwar das Recht auf das Patent selbst, insoweit es mit dem Formalakt der Anmeldung und Erteilung zusammenhängt, nicht gewährt werden kann, daß aber sonst nicht zu unterschätzende Befugnisse dem materiellen Rechte zur Sühne gewährt werden.

Die Tatsache, daß durch Formalakte dem der Billigkeit entsprechenden Rechte entgegen Wirkungen geschaffen werden müssen, ist eine Tatsache, die sich immer und immer wieder im Rechtsleben wiederholen wird und wiederholen muß.

Wie die Rechtskraft des materiell irrigsten Urteiles Recht schaffen muß und immer Recht schaffen wird, gleichviel ob die Billigkeit dem widerspricht, so muß eben aus den von den Motiven des Gesetzes selbst angeführten Gründen von einem Formalakte das Recht auf die eine Wirkung der Erfindung, die Patententnahme, abhängig gemacht werden.

Auch hier gilt, daß sichere Verhältnisse, selbst wenn sie auch nicht vollkommen gerecht sein sollten, dauernder Unsicherheit vorzuziehen sind, selbst wenn diese allenfalls der Billigkeit freieren Lauf lassen würde.

Zu 2. Zu den kurz angeführten und widerlegten Gründen tritt, wie schon erwähnt, die Bezugnahme auf das den Angestellten zu gewährende Recht an den sogenannten Angestellten-Erfindungen.

Die Frage, welche Rechte den Angestellten zukommen sollen, wird von berufenerer Stelle besprochen werden. Sie kann deshalb hier vollkommen offen bleiben.

Eines aber kann nicht scharf genug betont werden. Mögen diese Rechte sehr weitgehend, mögen sie eingeschränkt sein, mögen sie als ein Recht auf Entschädigung, ja sogar auf einen Gewinnanteil, oder mögen sie lediglich auf Nennung des Namens als Erfinder gewährt werden — alles dies ist gleichgültig für die Frage, ob dem Erfinder oder dem Anmelder das Recht auf das Patent zustehen soll.

Es ist ohne weiteres möglich, neben dem Rechte des Anmelders auf das Patent dem Angestellten, wenn ihm dies gewährt werden soll, bei der Feststellung der Tatsache, daß er der Erfinder ist, das Recht der Benennung als Erfinder, das Recht auf Entschädigung, das Recht auf Gewinnanteil, kurz auf alles, was ihm nur gewährt werden soll, zu geben, ohne daß die bestehende Gesetzgebung bezüglich des Rechtes des Anmelders auf das Patent auch nur im geringsten geändert zu werden braucht.

Diese Tatsache wird sogar in den „Vorschlägen zur Reform des Patentrechtes“ zum Stettiner Kongreß selbst zugegeben, nachdem anfänglich mit allem Nachdruck ausgeführt wurde, daß die Rechte der Angestellten an ihren Erfindungen in glatter Rechtskonstruktion sich nur bei Schaffung eines allgemeinen Erfinderrechtes folgern ließen. Es wird dort ausgeführt, daß der Machtspruch des Gesetzgebers ohne weiteres die Nennung des Erfindernamens vorschreiben und dem Angestellten einen bestimmten Anteil an der Reineinnahme aus seiner Erfindung zubilligen könne, ohne daß ein Erfinderrecht bezüglich der Patententnahme geschaffen zu werden brauche. Aber das wäre eine zu weitgehende Berücksichtigung der praktischen Bedürfnisse, das wäre ein Schönheitsfehler des Gesetzes in seiner Struktur, wäre eine Inkonsequenz, die nun einmal in die Schablone des Gesetzes nicht hineinpassen würde, — und was ist für den Juristen schlimmer als ein Schönheitsfehler in der Konstruktion!!

Die „Vorschläge“ sehen deshalb auch hierin die Gefahr einer willkürlichen Schematisierung, „deren Nachteile unberechenbar sein könnten“. Welcher Art diese Nachteile sind, das verschweigen die „Vorschläge“. Solche Nachteile zu entdecken, erscheint auch nicht gut möglich.

Wenn wirklich den Angestellten auf Erfindungen, die sie als die ihrigen beanspruchen, weitgehende Befugnisse gewährt werden sollen, dann wird man deswegen noch nicht eine sonst ganz einwandfreie und den praktischen Bedürfnissen bis heute vollauf entsprechende gesetzliche Bestimmung aufheben dürfen, weil sie zwar praktisch, aber juristisch falsch konstruiert ist.

All die Einwendungen, die hier gegen die Bestrebungen auf ein allgemeines Erfinderrecht gemacht werden, sind nicht etwa neu, sie sind längst aus den Kreisen der Industrie immer und immer wieder geäußert und auch auf dem Stettiner Kongreß von bedeutenden Vertretern der Industrie zum Ausdruck gebracht worden. Die Bedenken der Industrie aber glaubte man mit einem Satze abtun zu können, der in den Beschlüssen des Stettiner Kongresses ebenfalls Aufnahme gefunden hat:

> „Das Recht an der Erfindung einschließlich des Anspruches auf das Patent ist grundsätzlich übertragbar. Eine gesetzliche Beschränkung der Vertragsfreiheit ist nicht zu empfehlen.“

Hiermit glaubte man die Möglichkeit zu geben, daß der Unternehmer in allen Fällen, in denen ihm dies wünschenswert oder notwendig erscheint, vertraglich die Wirkung des Rechtes der Angestellten an der Erfindung wieder aufheben könne. Es sollte mit einem Worte mit der linken Hand genommen werden, was die Rechte gab. Das Recht des Erfinders aus der Erfindung selbst wie auch die daraus gezogenen Folgerungen sollten durch einfachen Vertrag wieder aufgehoben werden können.

Nun mag dahingestellt sein, ob eine solche Regelung durch Vertrag wirklich in allen Fällen durchführbar sein wird, und ob nicht die Konkurrenz durch Nichtaufnahme solcher Bestimmungen in ihre Verträge ein Unternehmen zwingen kann, eine solche Regelung zu unterlassen. Es mag dahingestellt sein, ob nicht nach den bekannten Erfahrungen unter dem Gesichtspunkte des Verstoßes gegen die guten Sitten gesagt werden kann, die Aufhebung des Rechtes sei unzulässig und ungültig.

Ohne auf diese Frage weiter einzugehen — sie wird von anderer Seite noch behandelt werden —, muß doch der Ansicht Ausdruck gegeben werden, daß die Industrie nicht Vorschläge unterstützen kann, die, lediglich um der Theorie zum Siege zu verhelfen, Sätze aufstellen, deren praktische Unverwendbarkeit durch Beifügung einer Klausel, wonach sie in jeder Richtung wieder aufgehoben werden dürfen, in vollstem Umfange von ihren Urhebern anerkannt wird.

Ja, es darf sogar gesagt werden, daß eine solche Art der Gesetzesreform durchaus nicht dem entspricht, was der Industrie frommt. Derartige, unklare Verhältnisse und unsichere Beziehungen zwischen Unternehmer und Angestellten schaffende Bestimmungen sind im Gegenteil unter allen Umständen zu vermeiden.

Lieber noch Klarheit darüber, daß die Gesetzgebung, neuerlich schwere und drückende Belastungen auch auf diesem Gebiete der Industrie unabwendbar schafft, als die Ungewißheit darüber, ob man in der Lage sein wird, die von der Gesetzgebung angesonnenen Nachteile in rechtlich sicherer Weise abzuwenden. Im ersteren Falle ist eine bestimmte Rechnung möglich, im letzteren nicht.

Auch ist sehr zu bezweifeln, ob der Gesetzgeber, wenn er den ersten Satz von dem Recht des Erfinders auf das Patent annimmt, auch den zweiten Satz von der vollen Vertragsfreiheit, zumal aufgrund der sehr lauen Empfehlung des grünen Vereins, sich aneignen wird.

Aus all diesen Erwägungen ergibt sich:

Die Frage, ob dem Erfinder anstelle des Anmelders das Recht auf das Patent gewährt werden soll oder nicht, hängt sachlich mit der Frage, welche Befugnisse aus der Erfindung dem Angestellten gewährt werden sollen, nicht im mindesten zusammen.

Der Zusammenhang ist lediglich der juristischen Konstruktion entnommen, praktisch durchaus nicht vorhanden. Deshalb darf und muß an die Lösung dieser ersten Frage vollkommen unabhängig von der Frage der sogenannten Angestellten-Erfindung herangetreten werden.

III.

Gegengründe.

An die beabsichtigte Reform des Patentgesetzes wird aber nicht herangetreten werden können und dürfen, wenn nachweisbar nicht nur, wie dargelegt, keine Gründe für die Abänderung sprechen, sondern recht wesentliche Gründe und besonders auch außerordentlich praktische Nachteile dagegen vorhanden sind.

1. Nur kurz erwähnt soll der Umstand werden, daß auch nach den vorliegenden Vorschlägen der Erfinder nicht ohne Einschränkung die Befugnis erhalten soll, das Patent zu erwerben, sondern lediglich der Erfinder, den die Vorprüfung als solchen erscheinen läßt, und der Einwendungen bezüglich seiner Erfindung aus § 2 des Patentgesetzes nicht begegnet.

Bei allem Anerkenntnis des „Urrechtes" des Erfinders schaffen also seine Anhänger doch wiederum kein reines Recht des Erfinders.

2. Aber abgesehen davon erleidet auch das Recht des Erfinders eine sehr weitgehende Einschränkung durch die Vermutung, daß der Anmeldende der Erfinder ist und daß die vor Erteilung des Patentes eintretende Prüfung sich auf die objektiven Voraussetzungen beschränken muß, während der Nachweis der subjektiven Berechtigung einem besonderen Verfahren vorbehalten bleibt.

Demnach erscheinen die Ausführungen der Motive zum Gesetz vom Jahre 1877, wonach die Feststellung des Erfinders nicht so einfach und leicht ist, doch nicht so irrig, und es bleibt die Tatsache bestehen, daß das Patent formal nicht der Erfinder, sondern der als Erfinder vermutete Anmeldende erhält.

Freilich kann dieser formale Irrtum, wie noch zu zeigen, in allen möglichen Arten von Verfahren wieder gutgemacht werden, ja es kann sogar die Erteilung, wie gleichfalls noch zu zeigen sein wird, nach den „Vorschlägen zur Reform des Patentrechtes" zum Stettiner Kongreß gehindert werden; aber das ändert alles nichts daran, daß eben auch hier wieder der Schönheitsfehler des Gesetzes nicht zu vermeiden ist, den zu beseitigen durch die Einführung des Erfinderrechtes sich seine Verfechter vergeblich bemühen.

Will man nicht nach amerikanischer Sitte den Eid als ausschlaggebend für die Befugnis auf das Patent erachten, so muß hier wie dort zunächst der Formalakt der Anmeldung entscheidend sein.

3. So gerne nun dieser Schönheitsfehler vom praktischen Gesichtspunkte aus mit in Kauf genommen werden könnte, so wenig ist dies möglich bezüglich all jener Nachteile, die sich aus den mit dem Erfinderrecht verknüpften Rechtstreitigkeiten und Verfahren ergeben.

Man betrachte nur die reiche Liste von Maßnahmen, die dem Stettiner Kongreß zur Wahrung des Erfinderrechtes empfohlen waren*.

a) Recht auf Uebertragung des Patentes;
b) Aussetzung des Verfahrens durch die Anmeldeabteilung auf Antrag bei Glaubhaftmachung (also doch gewissermaßen Entscheidung, wenigstens dilatorische, im Erteilungsverfahren!);
c) einstweilige Verfügung durch das ordentliche Gericht auf Aussetzung des Anmeldeverfahrens;
d) Ermächtigung des Klägers durch das ordentliche Gericht, sich dem Anmeldeverfahren anzuschließen.

Bei Einführung des Rechtes des Erfinders auf das Patent wird man an diesen oder ähnlichen Bestimmungen nicht vorbeikommen.

Und da hofft man, daß die Anmeldungen der Erfindungen zum Patent durch das Erfinderrecht nicht gehindert werden sollen. Zutreffen mag das für jene Erfindungen, die einen Anspruch auf Wert nicht erheben können, nicht aber wird es zutreffen für alle jene Patente, die Bedeutung und Wert besitzen, und die sich fertig ausgearbeitet in den Händen von Leuten befinden, denen die Gefahr einer Bekämpfung durch Erfinderprätendenten es vorteilhafter erscheinen läßt, die Erfindung womöglich ohne Bekanntgabe zu verwerten.

Vor allem aber wird man suchen, die Erfindungen mit peinlichster Sorgfalt durch Geheimhaltung vor derartigen Anfechtungen sicherzustellen. Es ist unvermeidlich, daß nur ganz vertrauenswürdigen, jedes Mißbrauchs unfähigen Angestellten Einblick in den Werdegang der Erfindungen und in das Ergebnis der Forschungen gewährt werden wird.

Es mag dahingestellt sein, ob dies zum Vorteil der in ihrer Ausbildung dann wesentlich beschränkten Angestellten, ob es ferner zum Vorteil der deutschen Technik und der deutschen Industrie im allgemeinen gereicht, da auf diesem Wege unter Umständen wertvolle Kräfte von der Mitarbeit ausgeschlossen werden müssen.

Bedenkt man aber weiter, welche endlosen Rechtstreite entstehen werden, wie besonders bei der mangelnden Erfahrung auf technischem Gebiete der in diesen Rechtstreiten entscheidenden Richter ein Hinausziehen der Rechtstreite auf endlose Zeit sicher ist, überlegt man, daß unter Umständen diese Verschleppung der Nichterteilung des Patentes gleichkommt — bis zur Erledigung eines technischen Prozesses durch die ordentlichen Gerichte ist längst eine die angemeldete Erfindung weit überholende gemacht worden —, so wird ohne Einwand zugegeben werden müssen, daß die wertvollste wie die wertloseste Erfindung in ihrer Patentierung Hemmnissen entgegensieht, mit Rücksicht auf welche die Frage ihrer Anmeldung einer doppelten und dreifachen Prüfung unterzogen werden wird.

Man wird doch nicht glauben, daß derartige Klagen nur dann erhoben werden, wenn sie materiell begründet sind; auf keinem Gebiete ist der gute Glaube an das eigene Recht ausgedehnter vorhanden, als auf dem der Erfindungen. Was ist nicht alles von dem Einzelnen erfunden worden, an wievielen Erfindungen, die andere heute anmelden, haben nicht Dutzende ihrer Ueberzeugung nach entscheidenden Einfluß gehabt? Es bedarf noch gar nicht eines einzigen Prozesses, der wider besseren Glauben geführt wird — und auch derartige Prozesse werden vorkommen —, es werden trotzdem unzählige ungewollte Schikanen gegenüber dem Anmeldenden vorkommen.

Auch muß wohl erwogen werden, ob nicht die Möglichkeit einer solchen Erschwerung der Patentierung, die unter allen Umständen als Folge des so geschaffenen und so gesicherten Erfinderrechtes eintreten wird, den Wert unserer viel beneideten Patentgesetzgebung aufhebt.

Nicht umsonst hat das bisherige Gesetz vermieden, den Begriff der Erfindung festzulegen — die Schwierigkeiten hierfür lagen auf der Hand —; ungleich leichter war und ist es, das Ergebnis der Erfindertätigkeit, das Objekt, begrifflich festzulegen, als die subjektive Seite, das Verhältnis der Erfindung zu ihrem Schöpfer.

Ohne auch nur den Versuch einer solchen Definition zu wagen, soll aber dem nicht zu definierenden Erfinder eine Unsumme von Rechten gewährt werden, die dem Anspruch des Anmelders auf das Patent jeden Wert zu benehmen geeignet sind.

4. Damit aber sind die Nachteile der vorgeschlagenen Aenderung noch lange nicht erschöpft. An einen Nachteil, an eine Folge — die schlimmste vielleicht von allen — ist bis jetzt noch nicht herangetreten worden.

Die Rechtstreitigkeiten, die bei folgerichtiger Durchführung des Erfinderrechtes aus dessen Geltendmachung entstehen werden, werden nicht nur geraume Zeit in Anspruch nehmen, sondern naturgemäß behufs Feststellung der Tatsache, wer Erfinder war, eine Fülle von Beweisuntersuchungen erfordern.

Wenn in einem Konstruktionsbüreau festgestellt werden soll, wer die Erfindung zu Ende geführt hat, wer Erfinder war, der Aufgabesteller oder derjenige, der die Lösung brachte, so bedarf es naturgemäß der Vernehmung aller jener, die in die Sachlage auch nur einigermaßen eingeweiht sind, der Vorlage der Zeich-

* Sie sind zwar in den Beschlüssen des Kongresses als zu weitgehende Eingriffe in die Rechte des anmeldenden Erfinders wieder beseitigt worden; aber sie zeigen doch, daß die Veranstalter des Kongresses sich der Schwierigkeiten zumteil wenigstens bewußt gewesen sind.

nungen, die von den einzelnen auf die Erfindung Anspruch machenden Angestellten angefertigt wurden, der Erklärungen des Leiters der Abteilung, was von dem Einen, was von dem Andern bei den Beratungen, beim Zusammenarbeiten usw. Förderndes vorgebracht wurde, des Nachweises, welche Versuche auf diesem Gebiete erfolglos gemacht, welche anderen vorerst beiseite gelegt wurden und vielleicht späterer Nachprüfung vorbehalten blieben. Erfahrungen, die in bezug auf die angemeldete Erfindung gemacht wurden — positiver oder negativer Art —, werden kundgetan, werden in breiter Oeffentlichkeit — ein Ausschluß der Oeffentlichkeit ist nicht statthaft — mitgeteilt werden müssen.

Und dies alles wird unter Umständen gar nicht einmal erfolgen, weil ein Angestellter tatsächlich auf die betreffende Erfindung Anspruch erhebt, weil er sich Erfinder dünkt, sondern deshalb, weil die Konkurrenz diesen einfachen und billigen Weg wählt, um durch einen solchen Rechtstreit seitens eines Angestellten aus dem Munde seiner Mitarbeiter und Vorgesetzten zu vernehmen, auf welchem Wege bei der in Rede stehenden Erfindung das betreffende Unternehmen zu dem Ergebnis gelangt ist, in welcher Richtung Vorarbeiten gemacht worden sind, in welcher Richtung weitere Arbeiten noch ausstehen und welche Mißerfolge zu verzeichnen waren.

Der die Erfindung als seine eigene in Anspruch Nehmende wird mit leichter Mühe eine ganze Reihe von Fragen stellen, Erhebungen veranlassen können, durch welche die wertvollsten und wichtigsten Fabrikgeheimnisse, die schätzenswertesten Erfahrungen preisgegeben werden, die möglicherweise Unsummen verschlungen haben.

Und dieses alles bloß, weil gegenüber dem die Erfindung zum Patent Anmeldenden ein Anderer behauptet, daß die Erfindung seine eigene sei.

Man wird einwenden, daß das Gesetz dies nicht zulasse, und daß die Zivilprozeßordnung bestimme, daß das Zeugnis verweigert werden kann über Fragen, die der Zeuge nicht würde beantworten können, ohne ein Kunst- oder Gewerbsgeheimnis zu offenbaren (§ 384 Ziffer 3 R.Z.P.O.).

Welche Bedeutung hat aber dieses Zeugnisverweigerungsrecht in Theorie und Praxis erhalten?

Vor allem stellen die Kommentatoren fest, daß es sich bei diesem Zeugnisverweigerungsrecht nicht etwa um ein Recht zur Ablehnung des Zeugnisses überhaupt handelt, sondern nur um die Nichtbeantwortung einzelner Fragen; dies könne allerdings zu einer völligen Ablehnung des Zeugnisses führen, wenn die Prüfungen ergeben, daß sämtliche Fragen unter § 384 Ziffer 3 R.Z.P.O. fallen.

Zunächst hat also das Gericht bei jeder einzelnen Frage zu prüfen, ob ein Gewerbsgeheimnis vorliegt.

Was Gewerbsgeheimnis ist, wird vom Reichsgerichte (R.G.E. in Zivilsachen Bd. 54 S. 325) folgendermaßen ausgesprochen:

„Eine Tatsache kann nur unter der Voraussetzung als ein Gewerbsgeheimnis im Sinne des § 384 Ziffer 3 betrachtet werden, daß der Zeuge oder ein anderer, dem gegenüber der Zeuge zur Geheimhaltung der Tatsache verpflichtet ist, zur Zeit der Vernehmung ein erhebliches und unmittelbares gewerbliches Interesse an der Nichtoffenbarung der Tatsache hat".

Selbstredend ist es mit der Behauptung des Zeugen, daß bei Beantwortung der Frage ein solches Gewerbsgeheimnis preisgegeben werde, nichts weniger als abgetan.

Nach § 386 Ziffer 1 R.Z.P.O. hat der Zeuge die Tatsachen, auf die er seine Weigerung gründet, anzugeben und glaubhaft zu machen.

Sehr kennzeichnend bemerkt hierzu das Oberlandesgericht Hamburg in einer Entscheidung vom 2. März 1906:

„Daß unter Umständen eine Angabe und Glaubhaftmachung der in Betracht kommenden Tatsachen nicht möglich sein wird, ohne daß damit gleichzeitig das Geheimnis, dessen Kundgebung vermieden werden soll, offenbart wird, ist richtig".

Ein wahrer Trost für den das Zeugnis Verweigernden, daß er, wenn er zum Zwecke der Glaubhaftmachung das Geheimnis verraten hat, vielleicht dann vom Zeugnis entbunden sein wird!

Mit welchen Mitteln aber können die Gründe glaubhaft gemacht werden?

Hierzu sind alle Beweismittel zulässig (§ 294 R.Z.P.O.) mit Ausnahme der Eideszuschiebung; leider aber nicht auch die Versicherung an Eides Statt, denn dieses Mittel der Glaubhaftmachung ist nur dann anwendbar, wenn es sich um Verweigerung des Zeugnisses über Tatsachen handelt, nicht aber dann, wenn es sich um Feststellung eines Begriffes, nämlich den des Gewerbsgeheimnisses, handelt.

Nach der oben angeführten Entscheidung des Oberlandesgerichts Hamburg würde mit der eidlichen Versicherung des Zeugen nur die Ueberzeugung des Zeugen, daß ein Geschäftsgeheimnis in Frage komme, glaubhaft gemacht sein; es würde sich aber der Nachprüfung des Gerichtes entziehen, ob der Zeuge die vorliegenden Tatsachen richtig gewürdigt hat.

Aus dem Vorstehenden ergibt sich, daß durch die Anführung der Tatsachen, welche die Geheimhaltung rechtfertigen sollen, schon die Geheimhaltung in vielen Fällen überflüssig werden wird, und daß noch zu alledem gerade bei dieser Zeugnisverweigerungsart das Mittel der eidesstattlichen Versicherung zur Glaubhaftmachung entfällt. Man wird demnach Zeugen und Sachverständige darüber vernehmen müssen, ob es glaubhaft ist, daß ein Geheimnis vorliegt; was dann noch Geheimnis bleibt, kann ruhig auch noch gesagt werden!

Es folgt also, daß zu allen anderen Abhaltungsgründen von einer Anmeldung zum Patent noch der weitere weitgehende Grund treten wird, daß man nicht mit Unrecht wird befürchten müssen, viel Wichtigeres, viel Wertvolleres zu verraten und preiszugeben, als die angemeldete Erfindung selbst enthält.

Nun wird endlich noch geltend gemacht werden, daß sich die gleichen Gefahren ja auch aus der Erfinderehre (Nennung des Namens des Erfinders bei der Patentanmeldung) und aus einem Entschädigungsanspruch des Erfinders ergeben werden. — Zu Unrecht! Gewiß werden Fälle nicht ausbleiben, die bei einem Rechtstreit wegen Nennung als Erfinder ähnliche Vorkommnisse zeitigen; wenn aber lediglich ein Recht auf Nennung als Erfinder und nicht auch ein Recht auf die Bestreitung der Benennung anderer gegeben wird, so ist die Gefahr gering, weil eben durch die Gewährung der Namensnennung der Rechtstreit ohne weiteres vermieden werden kann.

Gewiß werden beim Anspruch auf Entschädigung für eine Erfindung ebenfalls ähnliche Folgen eintreten können. Inwieweit aber überhaupt ein solcher Anspruch gewährt werden wird, mag an dieser Stelle dahingestellt bleiben, und daher können auch füglich die Ausführungen über die sich hieraus ergebenden Nachteile dem späteren Berichte zu diesem Punkte überlassen werden.

Es kann deshalb nur wiederholt mit allem Nachdruck geltend gemacht werden, daß ein Recht des Erfinders auf das Patent anstelle des Rechtes des Anmelders wegen der damit für die Industrie verbundenen Gefahren nicht geschaffen werden darf.

IV. Leitsätze:

Ein Ersatz des bisherigen Rechtes des Anmelders auf das Patent durch das Recht des Erfinders hierauf erscheint weder notwendig noch empfehlenswert.

Insbesondere können zur Begründung dafür nicht die Ansprüche der Angestellten auf die sogenannten Angestellten-Erfindungen infrage kommen.

Gegen die Einführung eines allgemeinen Rechtes des Erfinders auf das Patent muß neben dem Mangel jedes zwingenden Grundes die schwere Gefahr endloser Rechtstreite und des dadurch herbeigeführten Verrates wichtiger Geschäftsgeheimnisse geltend gemacht werden.

Vorsitzender: Ich danke Hrn. Dr. Guggenheimer für seinen eingehenden Bericht und eröffne die Besprechung.

Hr. Direktor Dr. Waldschmidt-Berlin: M. H., wir sind in der Einladung zu der heutigen Sitzung aufgefordert worden, womöglich mit praktischen Beispielen zu dienen, und dieser Aufforderung möchte ich nachkommen. Meine Firma Ludwig Loewe & Co. hat schon vor ungefähr zehn Jahren in die Verträge mit ihren technischen Angestellten einen Satz aufgenommen, der ungefähr dem entspricht, was nach den Wünschen der Angestellten Gesetz werden soll. Es tut mir leid, daß ich den genauen Wortlaut nicht zur Hand habe, es heißt aber darin ungefähr, daß der Angestellte aus einer Erfindung, die er macht, einen Anspruch auf angemessenen Nutzen haben soll, während die Erfindung selbst Eigentum der Firma sein soll. M. H., das ist eine Reihe von Jahren gut gegangen, und zwar, weil es ein Grundsatz des früheren technischen Direktors der Firma war, Erfindungen überhaupt nicht zum Patent anzumelden. (Heiterkeit.) Er sagte: Patente auf dem Gebiete des Werkzeugmaschinenbaues haben wenig Wert, denn grundlegende Patente gibt es nicht mehr, es sind im wesentlichen Konstruktionspatentchen, die sich leicht umgehen lassen. Kurz und gut, er hielt nichts davon. Das ist dann später unter anderer Direktion anders geworden, es wurden Patente angemeldet.

Die Erfahrungen, die wir infolgedessen gemacht haben, sind, daß wir jetzt zwei Rechtstreite mit Angestellten auf den Hals bekommen haben, und daß ich eines schönen Tages unter Benutzung der Kündigungsklausel sämtlichen technischen Angestellten diesen Vertrag mit der schönen Erfindungsklausel gestrichen habe und wieder zu dem übergegangen bin, was heute geltendes Recht ist. M. H., da haben Sie an einem praktischen Beispiele dasjenige, was kommen wird, wenn das ins Gesetz hineinkommt, was die Angestellten wünschen — vorausgesetzt natürlich, daß es zwingendes Recht, nicht nur dispositives Recht, wird. Die Fälle, von denen ich sprach, die beiden Rechtstreite, sind meinem Empfinden nach so kraß, daß ich sie in aller Kürze darstellen möchte.

Der eine Herr erfand eine Verbesserung an einer Drehbank, die so sehr den Charakter einer Etablissements-Erfindung trug, wie eine Erfindung sie überhaupt nur tragen kann. Vorsteher des technischen Bureaus, worin der Kläger arbeitete, war damals der jetzige Professor Dr.-Ing. Schlesinger, der Ihnen ja allen, dem Namen nach wenigstens, wohl bekannt ist. Als die Klage zugestellt war, habe ich an Herrn Schlesinger, der zu diesem Zeitpunkte schon Professor war, geschrieben: „Das ist unter Ihrer Leitung im technischen Bureau entstanden, würden Sie wohl mir Auskunft geben, wie eigentlich die Erfindung zustande gekommen ist?“ Er hat mir ausführlich geantwortet und wörtlich hinzugefügt: „Diese Erfindung war ein Schulbeispiel für eine

Etablissements-Erfindung." Natürlich lehnte ich darauf den Anspruch des vermeintlichen Erfinders ab und glaubte, den Prozeß gewinnen wir doch spielend, mit einem solchen Zeugen und Sachverständigen in einer Person kann uns doch gar nichts passieren. Professor Schlesinger ist auch als Zeuge und Sachverständiger vernommen worden und hat dasselbe wiederholt, was er mir bereits geschrieben hatte. Das aber genügte dem Gerichte nicht, sondern es hat nunmehr einen andern Herrn zum Sachverständigen bestellt, ebenfalls einen Professor. Wir waren dann genötigt, da der ja die Vorgänge nicht wie Professor Schlesinger aus eigener Erfahrung kannte, ihm den ganzen Sachverhalt auseinanderzusetzen. Die Geschichte lag 5 oder 6 Jahre zurück; es war mühsam, in unserem Betriebe noch Ingenieure aufzubringen, die sich der Sache erinnerten, die sie mit erlebt hatten. Wir haben viele Stunden lang nach den ersten Entwürfen, den Zeichnungen, nach anderen Schriftstücken, auf die Hr. Professor Schlesinger sich bezogen hatte, suchen müssen; es hieß, sie müßten vorhanden sein, sie waren aber nicht zu finden. Wir haben mit dem ernannten Sachverständigen lange Zeit zugebracht, um ihn über die Sachlage ins Klare zu bringen. Was der Ausgang dieses Rechtstreites sein wird, weiß ich nicht. Er schwebt noch, er schwebt jetzt schon über ein Jahr. Ich bin auf alles gefaßt, m. H., aber ich habe mich für die Zukunft gewappnet — die Anstellungsverträge habe ich geändert.

Ganz kurz der andere Fall: Ein Chemiker hat ein neues Härtepulver erfunden. Es ist seine Pflicht und Schuldigkeit, das zu tun, denn er ist der Chemiker des Laboratoriums, das dafür da ist, solche Dinge zu finden. Ich war so unsagbar gutmütig und habe dem Herrn 33 vH. des Reingewinnes daran versprochen. (Heiterkeit.) Das war eine der größten Torheiten (Heiterkeit), die ich in meinem Leben gemacht habe. (Erneute Heiterkeit.) M. H., ich scheue mich nicht, das zu sagen, den Verdruß, den mir das schon gemacht hat, gönne ich keinem von Ihnen (Heiterkeit), ausgenommen denjenigen, die jetzt solche Anträge stellen. (Große Heiterkeit.) Ja, m. H., jetzt lachen wir über diese Sache, und ich lache selbst auch nicht mit, nur Sie tun es. Wir haben gar keinen Reingewinn an der Sache gehabt, überhaupt nicht, denn wir sind sehr bald schon wieder davon abgegangen und haben das Pulver nicht benutzt. Was geschah nun? Der Mann verklagt uns auf ein Drittel des Reingewinnes, den wir hätten machen können. (Heiterkeit.) Ich sagte: das ist doch rein unmöglich — und das Landgericht hat ihn auch abgewiesen. Das war eine Kammer für Handelssachen; da waren noch zwei Handelsrichter dabei. Es kam aber nun ans Kammergericht, und das hat erklärt: der Mann hat im Grunde recht, und es muß Beweis darüber erhoben werden, ob die Firma Loewe nicht den Reingewinn hätte machen können. Darin stecken wir noch. (Heiterkeit.) Es ist wiederum ein Professor von der Technischen Hochschule als Gutachter ernannt worden, der hat außerordentlich gewissenhaft die Sache untersucht und hat ein Gutachten abgegeben; ich glaube, es ist zu unseren Gunsten, aber ich maße mir gar kein Urteil mehr an. (Heiterkeit.) Die Ingenieure bei uns sagen: es ist ganz zu unseren Gunsten, jetzt kann die Sache nicht mehr schief gehen. M. H., das Gutachten hat 1000 ℳ gekostet; der ganze eingeklagte Streitgegenstand sind 600 ℳ. Wie der Prozeß ausgehen wird, wage ich nicht vorherzusehen, ich bin auf das Schlimmste gefaßt. (Heiterkeit.) M. H., ich bin ganz unsicher geworden durch diese Erfahrungen, schließen Sie nun daraus, was Sie wollen. (Beifall.)

Vorsitzender: M. H., die Ausführungen des Herrn Dr. Waldschmidt sind sehr beachtenswert. Sie gehören aber zum zweiten Punkte unserer Berichte; hier haben wir es mit der Angestellten-Erfindung noch nicht zu tun.

Berichterstatter Hr. Direktor Dr. Guggenheimer-Augsburg: Ich bemerke eben, daß ich in meinem abgekürzten Bericht einen sehr wichtigen Satz nicht scharf genug ausgesprochen habe; das möchte ich kurz nachholen. M. H., ich bekämpfe das Erfinderrecht ganz ohne Rücksicht darauf, wie das Recht der Angestellten an ihren Erfindungen ausfallen soll, und ich möchte grundsätzlich hervorheben, daß die beiden Fragen meines Erachtens gar nicht miteinander behandelt werden sollten und dürften. Man kann das Recht der Angestellten an ihren Erfindungen erstrecken, so weit man will, es kann ausfallen, wie es mag — man braucht darum doch noch kein allgemeines Erfinderrecht.

Hr. Direktor Gerdau-Düsseldorf: M. H., mir scheint, es handelt sich um die Frage: soll die Staatsbehörde den Erfinder suchen oder soll der Erfinder selbst sein Recht geltend machen. Es ist angeführt worden, daß Amerika das Erfinderrecht besitzt; ich glaube aber, Amerika hat keine Veröffentlichung der Erfindung, wie wir sie haben. (Sehr richtig!) Dadurch würden vielleicht und werden auch dort die Rechtstreite vermieden, da ja bei unserem Verfahren, wenn wir ein Erfinderrecht anstelle des jetzigen Anmelderrechtes bekommen, unzweifelhaft eintreten werden. Es würde dann nicht mehr nachgeforscht werden: ist die betreffende Anmeldung neu oder ist sie schon vorher ausgeführt worden —, sondern es würde sofort jeder daran gehen und sagen: bin nicht ich eigentlich der Erfinder der Sache? Es würde also zu endlosen Rechtstreiten führen. Nach der heutigen Rechtslage würde die Sache viel einfacher gelöst werden. Dem Erfinder ist es, wenn er wirklich Erfinder ist, durchaus nicht benommen, seine Erfindung anzumelden, und wenn er es sofort tut, so kann ihm eigentlich keiner zuvorkommen. Glaubt er, daß seine Erfindung aus irgendwelchen Gründen noch nicht angemeldet werden soll, z. B. weil er sie noch nicht genügend durchgearbeitet hat, so kann er sie ja so lange geheim halten, bis alles klargestellt ist. Er kann sich auf jeden Fall das Recht an der Anmeldung und damit auch das Ausnutzungsrecht dieses Patentes sichern. Hat er für die Ausführung Hülfe nötig, so ist es ihm auch unbenommen, auf rechtlichem Wege mit einem Gehülfen vorher einen Vertrag zu schließen, in welcher Weise die Rechte auf das spätere Patent verteilt werden sollen. Ich sehe also gar keinen Grund dafür ein, daß an unserem bestehenden Patentgesetze, soweit das Recht des Anmelders in Frage kommt, irgend etwas geändert werden soll. Im Gegenteil, ich muß sagen, daß es nach jeder Richtung, sowohl für den Erfinder als auch für das Unternehmen, mit dem etwa der betreffende Erfinder in Verbindung steht, das einzig Richtige ist und keiner Aenderung bedarf.

Es wurde hier erwähnt, daß in bezug auf sogenannte Etablissements-Erfindungen Verträge mit den Angestellten vorher gemacht würden. Auch in unserem Werk ist das der Fall. Jeder Beamte, den wir anstellen, geht einen Vertrag ein, daß eine Erfindung, die er macht und die in den Rahmen der Arbeitsgebiete des Unternehmens hineinreicht, zunächst uns, dem Werke, vorgelegt werden muß; das Werk entscheidet dann darüber, ob es an der Erfindung Interesse hat oder nicht. Hält es die Erfindung für wertvoll, so werden alle weiteren Kosten dafür vom Werk übernommen, und das Patent wird nachgesucht; wird es erteilt, so hat der betreffende Beamte einen bestimmten Anteil an den Aufschlägen, die an den Verkaufspreisen aufgrund des Patentes erreicht werden können. Das Patent selbst aber fällt dem Werk zu. Ich muß sagen, das geht so vorzüglich und glatt, daß ich mir nichts Besseres denken kann, sowohl für den Erfinder, also im Sinne des Angestellten gesprochen, als auch für das Werk selbst.

Hr. Rechtsanwalt Dr. Mittelstaedt-Leipzig: M. H., wenn ich hier ums Wort gebeten habe, so geschieht es, weil ich die Ehre gehabt habe, in Stettin Bericht erstatten zu dürfen; Hr. Dr. Guggenheimer war leider nicht in Stettin. Ich möchte zunächst seinen Ausführungen gegenüber sagen, daß der Stettiner Kongreß nicht eine Versammlung von grauen Theoretikern gewesen ist, die nur wegen Schönheitsfehlern im Gesetz und aus rein idealem Interesse ein Erfinderrecht forderten; m. H., der Stettiner Kongreß hatte eine ganz wesentlich praktische Zusammensetzung. Wir haben die Anwesenheitliste hier, es waren 103 Industrielle* zugegen, also 103 reine Praktiker, nicht Theoretiker. Da diese für die Stettiner Beschlüsse mitgestimmt haben und die Stettiner Beschlüsse mit ganz überwältigender Mehrheit gefaßt worden sind, so glaube ich doch vielleicht sagen zu können, daß ganz wesentlich praktische Erwägungen in Stettin mitgespielt haben.

M. H., darf ich Sie vielleicht daran erinnern, wie die Stettiner Beschlüsse überhaupt zustande gekommen sind. Die Vorschläge sind nicht etwa aus der Theorie heraus entstanden, nicht etwa, weil sich die Patentkommission des so oft genannten „Grünen Vereines“ gesagt hat, es wäre recht hübsch, wenn wir mal ein neues Gesetz machten, sondern sie sind entstanden aus der Angestellten-Erfindung heraus. Die Angestellten-Erfindung, dieses soziale Problem, hat doch schon Jahre vorher gespielt. Man hat schon vorher versucht, es zu lösen, man hat besonders auf den Juristentagen die Frage zu lösen versucht, und dort ist man gescheitert. Die einen sagten: es ist ein Problem des Erfinderrechtes, es handelt sich um den Schutz des Erfinders, die anderen sagten: es handelt sich um den Schutz des Angestellten. So kamen zwei verschiedene Fragen heraus. Diejenigen, die sagten: es handelt sich um den Schutz des Erfinders, kamen nicht weiter, weil das Gesetz keinen Erfinder kennt; und diejenigen, die sagten: es ist eine reine Angestelltenfrage, es handelt sich um den Schutz des Angestellten, kamen ebenfalls nicht weiter, weil Bestimmungen hierüber in die Gewerbeordnung hineingehören, und weil man demgegenüber nicht einsah, weshalb das, was dem angestellten Erfinder recht, nicht auch den übrigen Angestellten billig sein soll; warum sollten dann nicht die Angestellten überhaupt Beschränkung der Vertragsfreiheit fordern dürfen?

So kam man eben einfach nicht vorwärts. Da sagte sich die Patentkommission des „Grünen Vereines“: wir sind auf einem ganz falschen Wege, wenn wir das Problem der Angestellten-Erfindung als solches lösen wollen; wir müssen uns, ehe wir an dieses Problem herangehen, fragen, was darin enthalten ist, der Schutz des Erfinders oder der Schutz des Angestellten oder beides? Und wir wollen zunächst uns einmal fragen, wenn wir den Schutz des Erfinders als solchen behandeln, kommen wir dann nicht der Frage schon viel näher und wird nicht die Frage des Schutzes des angestellten

* Wieviele der 103 industriellen Teilnehmer (angemeldet waren etwas über 200 Teilnehmer) für die Beschlüsse I und II des Stettiner Kongresses gestimmt haben, läßt sich nicht mit Bestimmtheit sagen, da wegen der offensichtlichen Mehrheit (gegen den Beschluß I stimmten zehn und gegen den Beschluß II acht Teilnehmer) das Stimmenverhältnis nicht ausdrücklich festgestellt worden ist. Bei der sich unmittelbar anschließenden Abstimmung über die einzelnen Sätze des Beschlusses IV wurden zwischen 70 und 80 Stimmen abgegeben. *Die Geschäftsführung.*

Erfinders dann viel leichter? Das Problem ist, wie ja auch in der Denkschrift sehr richtig hervorgehoben wird, ein doppeltes, je nachdem man den Angestellten oder den Erfinder betont; und weil wir uns sagten: wenn wir zunächst den Erfinder betonen und diesen Teil des Problems zu lösen suchen, so kommen wir dem eigentlichen Angestelltenproblem viel näher, deshalb beschäftigten wir uns mit dem Erfinderrecht und kamen zu dem Ergebnis, daß wir ein Erfinderrecht anerkennen sollten; und zwar, weil wir in erster Linie damit praktisch dem Angestelltenproblem näher kommen und in zweiter Linie zugleich ein logisches Recht schaffen würden.

Nun wird gesagt, ein logisches Recht ist ein sehr schöner Begriff; es wird von Schönheitsfehlern gesprochen usw. Ein logisches Recht hat aber doch immer stark die Vermutung praktischen Wertes für sich; das können Sie den Juristen nicht bestreiten, und gerade die Herren Techniker der Maschinenbauanstalten werden das nicht bestreiten. Sie werden auch nicht sagen, eine Maschine erschöpfe sich mit dem äußeren Apparat, sondern die Gedanken, die dahinter stecken, der Zusammenhang der Konstruktion, der Zusammenhang der Erfindung, das ist das Wichtige. Wenn ich den Zusammenhang der Erfindung, ihre Grundlage, ihren geistigen Inhalt kenne, habe ich etwas ganz anderes, als wenn ich nur die Maschine habe. So liegt es doch auch im Recht. Wenn ich einen Rechtsatz habe, so kann er gut sein oder er kann schlecht ausfallen. Wenn ich aber die Gründe des Rechtsatzes, den Zusammenhang habe, so spricht doch die Vermutung dafür, daß der Rechtsatz stimmt. Das waren die theoretischen Gründe. Ich will nicht auf das Urheberrecht und die anderen rechtlichen Fragen zurückkommen. Dazu ist hier nicht der Platz; das war in Stettin, wo es sich um den Rechtschutz handelte, zu erörtern. Praktisch hat aber jeder logische Rechtsatz die Vermutung der Richtigkeit und der praktischen Durchführbarkeit für sich.

Und nun kommt der andere Gesichtspunkt, nämlich daß man mit der Einführung des Erfinderrechtes dem Angestelltenproblem näher kommt. M. H., daß dieser Gesichtspunkt richtig ist, das, glaube ich, hat die Praxis gezeigt. Seit den Stettiner Beschlüssen, seitdem der Wille, das Erfinderrecht einzuführen, allgemein bekannt geworden ist, seitdem sind die Angestellten viel ruhiger. Es ist eigentlich ganz ruhig geworden in den Kreisen der Angestellten, und zwar, weil man den Angestellten die wichtigste Waffe genommen hat. Der Schrei der Angestellten, die soziale Frage hatte ja eine Parole, die immer unbedingt durchschlug, weil sie logisch war. Die Angestellten sagten: wir haben ja gar kein Recht an unserer Erfindung, das Recht hat nur der Anmelder. Die Firma meldet an; ich bin der Angestellte, bin der Erfinder und habe keinerlei Recht. Das ist eine Parole, die logisch ist und deshalb wirkt. Diese Parole wird den Angestellten in dem Augenblick genommen, wo gesagt wird, wir wollen ein Erfinderrecht anerkennen. Das ist die praktische Folge, und das ist ein großer praktischer Vorteil. Die ganze Frage der Beschränkung der Vertragsfreiheit ist sofort viel milder geworden, die Stimmung viel sanfter, seit wenigstens das Erfinderrecht nach den Stettiner Beschlüssen anerkannt werden soll.

Damit komme ich auf eine taktische Frage. Die Industriellen, die in Stettin waren — und es waren, wie ich wiederhole, etwa 103 —, haben sich doch nicht alle in den Begriffshimmel verirrt, haben doch nicht alle wegen der Schönheit des Gesetzes den Stettiner Vorschlägen zugestimmt, sondern sie haben zugestimmt, weil sie anerkannten, daß diese Beschlüsse für die Frage der Angestellten-Erfindung eine außerordentliche taktische Bedeutung haben, und sie haben mit den Beschlüssen — brauchen wir den Ausdruck — einen Vergleich schließen wollen. Dieser Vergleich war sehr gut, denn solange er besteht, wird die Frage der Angestellten-Erfindung viel leichter zu lösen sein, und die Frage der Beschränkung der Vertragsfreiheit nicht mehr in der schroffen Form erscheinen, in der sie bisher angesehen worden ist. Da im Reichstag die Angestellten-Erfindung als soziale Frage eine sehr große Bedeutung haben wird, so meine ich, daß das praktische Lebensinteresse die Herren hier doch veranlassen sollte, der Frage des Erfinderrechts näher zu treten, sie nicht als eine Utopie, als eine ideale Begriffsverwirrung anzusehen, sondern sie in ihrer großen praktischen Bedeutung zu erkennen.

Das waren die Gründe, die zum Erfinderrecht geführt haben. Daß auch praktische Bedenken entgegenstehen, das, m. H., ist doch in Stettin nicht verkannt worden; es sind unendliche Bedenken erhoben worden. Die Herren haben aber schließlich ihre Bedenken zurückgestellt. Die Gründe der Herren, die in dem Erfinderrecht eine praktische Gefahr sahen, hatten stets eine Lücke, insofern als kein Mensch weiß, wie die Sache später werden wird. Es liegen gar keine praktischen Erfahrungen über das Erfinderrecht vor. Man kann hundertmal sagen: die dadurch entstehenden Rechtstreite sind eine große Gefahr; vielleicht sind sie gar keine Gefahr. Die Möglichkeit, daß das Erfinderrecht keine Gefahr ist, ist ebenso groß wie, daß es eine ist. Wir wissen es heute nicht, wir haben keine praktische Erfahrung; wir tappen mit unseren Bedenken vollkommen im dunkeln. Die Erfinder-Rechtstreitigkeiten werden sich praktisch kaum anders abspielen, als die jetzt schon vorkommenden Vorbenutzungs-Streitigkeiten. Das sind doch im großen und ganzen die gleichen Rechtstreitigkeiten, wie es später die Doppelerfinder-Streitigkeiten sein werden, d. h. der Streit des einen Erfinders gegen den andern Erfinder. Auch sonst kann ich heute schon über eine Erfindung zu Gericht gehen. Wenn ich wissen will, wie mein Gegner seine Erfindung macht, so brauche ich nicht erst nach dem neuen Recht als Erfinder zu klagen. Das habe ich viel einfacher. Ich klage auf Abhängigkeit, oder ich klage auf unlauteren Wettbewerb; ich stelle die Behauptung auf, der Patentinhaber verletzt meine Erfindung. Ich kann heute schon die Beweisaufnahme herbeiführen, die Hr. Dr. Guggenheimer als so außerordentlich gefährlich für die Unternehmungen hingestellt hat. Wäre diese Gefahr, die in der Veröffentlichung von Geheimnissen bei den Rechtstreitigkeiten liegt, so groß, dann dürften wir auch keine Klage wegen unlauteren Wettbewerbes, keine Abhängigkeitsklage, keine Vorbenutzungsklage zulassen, die Gefahren sind bei allen diesen gerade so vorhanden. Ich glaube daher nicht, daß man heute bereits von großen praktischen Gefahren sprechen kann.

Und nun noch ein letztes Wort zu der Denkschrift, die heute vorliegt. Die Herren glauben, das Namensrecht zugestehen zu können, das Recht, daß der Erfinder auf sein Verlangen genannt werden kann. Ja, wenn Sie das zugestehen, dann machen Sie doch zweifellos logisch nicht nur eine Halbheit, sondern einen Widerspruch in sich selbst. Der Erfinder soll kein Recht an der Erfindung, kein materielles Recht haben, aber er soll das ideale Recht haben. Denken Sie doch bitte daran, welche Parole Sie damit den Angestellten für den Reichstag und für andere Versammlungen schaffen! Kann da nicht der Angestellte an die bekannten Schillerschen Worte von dem Dichter erinnern: „Die Welt ist weggegeben, jedoch mein Himmel steht Dir offen!“ Sie geben durch diesen Widerspruch den Angestellten eine sehr gefährliche Waffe in die Hand, während Sie, wenn Sie das Erfinderrecht anerkennen, nicht nur keine Gefahr schaffen, sondern sogar den Angestellten die Waffe aus der Hand nehmen und damit verhindern, daß das kommt, was wir in Stettin als außerordentlich gefährlich angesehen haben, nämlich die Beschränkung der Vertragsfreiheit.

Hr. Geheimer Regierungsrat Professor Dr. Aron-Charlottenburg: Nach den klaren Ausführungen des Herrn Dr. Guggenheimer glaubte ich nicht, daß noch viel über diesen Gegenstand zu sagen sein würde. Auf die Gegenrede des Herrn Vorredners glaube ich aber doch einiges bemerken zu müssen. Ich finde zunächst, daß er das, was er widerlegen wollte, gerade durch seine Rede gerechtfertigt hat, nämlich daß es sich um eine theoretische Frage handelt. (Sehr richtig.) Er sagte: weil man das Recht des Angestellten-Erfinders konstruieren wollte, mußte man erst das allgemeine Erfinderrecht konstruieren. Ist das etwa kein theoretischer Gesichtspunkt? M. H., es handelt sich hier gar nicht in erster Reihe um eine Erfinderfrage, sondern um eine Angestelltenfrage. Sie greifen in ein Gebiet, dessen Bedeutung Sie noch gar nicht übersehen können; Sie wissen nicht, wohin das führen wird. Es ist geistiger Kommunismus, den Sie schaffen wollen, und dieser geistige Kommunismus wird einen materiellen Kommunismus nach sich ziehen. Die Herren Reichstagsabgeordneten, die darüber gesprochen haben, haben auch gar keine Ahnung davon gehabt, wohin sie auf diesem Wege gelangen. Man muß sich darüber klar werden: es ist eine soziale Frage in ureigenstem Sinne und daher auch in erster Reihe eine Angestelltenfrage. Daß man aus dieser Angestelltenfrage eine Erfinderfrage macht, das ist ein theoretischer Weg, und ich möchte wegen seiner Unklarheit sagen, ein demagogischer Weg. Wollen Sie durchaus den Angestellten zum Teilhaber der Fabrik machen, dann fassen Sie aber auch die Sache von der richtigen Seite, fassen Sie den Kern und sagen: jeder Mitarbeiter in einer Firma, jeder, der mitschafft, soll beteiligt werden. Meinetwegen! Dann diskutieren wir über diese Sache, dann wissen wir, was Sie und wir wollen, Hier aber greifen Sie ein Schlagwort auf, welches die Masse faßt. Erfindung! Der Mann hat eine Erfindung gemacht! Das ist etwas ungeheuer Großes. Die meisten wissen zwar gar nicht, was Erfindung ist; sie reden nur mit, sie reden nur nach ohne sich viel dabei zu denken. Ich will Ihnen aber sagen, was Erfindung ist. Erfindung ist nichts weiter als ehrliche Arbeit, Arbeit, die einen Gegenstand verfolgt vom Anfang bis zum Ende, bis man zum Ziele kommt, wie bei jeder anderen Arbeit. Sie bedarf der Ausdauer und des Fleißes wie jede andere ehrliche Arbeit. Das weiß die Masse nicht; sie glaubt, eine Erfindung fällt vom Himmel. Und gewissen Leuten scheint es recht zweckmäßig, diesen unklaren Begriff der Erfindung mit der Frage des Angestellten zu verbinden, um so unmerklich Bresche in unsere soziale Ordnung zu legen. Daher haben wir die Pflicht, klar auszusprechen, wie die Frage liegt; wir wollen sagen: es handelt sich um eine Angestelltenfrage, und wenn die erörtert werden soll, dann sind wir dazu bereit. Warum nicht? Dann weiß aber alle Welt, um was es sich handelt, dann wird nichts verschleiert. Man soll in Stellungen von so großer grundsätzlicher Bedeutung Niemanden durch eine Hintertür eindringen lassen. Man muß eben erst die Frage selbst klarstellen, wenn man zu einer richtigen Antwort kommen will.

Ich finde also nicht, daß wirkliche, praktische Gründe, die mit dem Patentrecht etwas zu tun haben, zu den Stettiner Beschlüssen geführt haben, sondern einfach theoretische Gründe, weil man zwei Dinge verbinden wollte, die man besser nicht miteinander verbinden soll.

Nun behauptet der Hr. Vorredner, daß, wenn etwas theoretisch richtig ist, die Vermutung besteht, daß es auch praktisch richtig ist. Ja, m. H., die Vermutung mag bestehen, wir Naturforscher kennen auch oft theoretische Ableitungen. Aber die Vermutung beweist noch gar nichts; erst der Versuch beweist. Theorien sind meist einseitig, und dieser Mangel wird gewöhnlich erst in der Praxis offenkundig, daher soll man sich hüten, solchen Vermutungen Folge zu geben, wenn man nicht wirklich ein praktisches Urteil und einen praktischen Beweis für ihre Richtigkeit besitzt.

„Vielleicht", sagt der Hr. Vorredner, „wird es doch ganz gut werden". M. H., man soll keine Versuche an einem gesunden Körper machen. (Sehr wahr!) Wollen Sie etwa mit diesen Versuch unsere ganze Industrie in Frage stellen? — und das tun Sie in diesem Falle! Wir haben eine gesunde Industrie, sie ist gesund und kräftig und wird von tüchtigen Männern geleitet; wollen Sie denen das Leben schwer machen, so daß sie sagen: dann verzichten wir, darin zu arbeiten? Dahin wird es kommen. Ich sage Ihnen im voraus, und es ist meine innerste Ueberzeugung, daß es dahin kommen wird, wenn Sie solche Gesetze einführen.

Ich habe mich hiermit nur gegen die Einsprüche und die scheinbar geschickten Einsprüche des Hrn. Vorredners wenden und sie entkräften wollen. Im übrigen verweise ich auf das, was Hr. Dr. Guggenheimer gesagt hat, und schließe mich seinen Ausführungen vollkommen an. (Beifall.)

Hr. Direktor Dr. Waldschmidt-Berlin: M. H., ich bin auch einer von den 103 Industriellen gewesen, die auf dem Stettiner Kongreß für die Anträge des „Grünen Vereines" gestimmt haben, und ich weiß deswegen die Tragweite zu ermessen, die für uns dieser Beschluß hatte. Wir haben uns diesem Antrage gefügt, weil wir uns gesagt haben: großes Unheil kann damit nicht angerichtet werden. Wir haben uns mit dieser Anschauung vielleicht getäuscht. Wir haben angenommen, daß großer Schaden mit dem Beschlusse nicht angerichtet werden kann, weil wir gewünscht haben, oder vielmehr dafür eingetreten und auch mit Erfolg dafür eingetreten sind, daß kein zwingendes Recht, sondern lediglich dispositives Recht geschaffen werden soll, so daß es jedem umsichtigen und vorsichtigen Arbeitgeber nach wie vor unbenommen bleiben würde, durch richtige Abfassung seiner Verträge mit den Angestellten den Schaden abzuwenden, der etwa aus einer allzu doktrinären Abfassung des Patentgesetzes entstehen könnte.

Ich kann über die Entstehung dieses Antrages noch etwas weiter aus der Schule plaudern, denn ich bin Mitglied der Patentkommission des „Grünen Vereines". Diese Patentkommission ist auf dem Papier sehr schön und sehr allseitig zusammengesetzt; aber als sie de facto hier in Berlin an den späten Winterabenden tagte, waren immer ganz bestimmte Gruppen überwiegend vertreten, und bei den Beratungen über Abänderung des Patentgesetzes und die Angestellten-Erfindung waren die Industriellen wahrhaftig nicht in der Mehrheit, sondern sehr stark in der Minderheit. Die Fassung, die dem Patentgesetz gegeben werden soll, daß dem Erfinder und nicht mehr dem Anmelder das Recht auf das Patent zustehen soll, rührt von Hrn. Prof. Dr. Osterrieth her, der ja auch anwesend ist. Hr. Prof. Osterrieth hatte gerade ein Buch über das Urheberrecht unter den Fingern, ein sehr schönes Buch, und da paßte es in die Systematik dieses Buches viel besser hinein (Heiterkeit), wenn das Erfinderrecht ebenso als ein Urheberrecht zu konstruieren war, wie die übrigen Urheberrechte. Und ich muß gestehen, ich habe mich blenden lassen durch den logischen Glanz, der um diese Idee schwebte. Zum mindesten habe ich nicht so sehr widersprochen, wie ich es vielleicht hätte tun sollen.

Hr. Dr. Guggenheimer hat ganz richtig vorhin gesagt: es soll durch das Patent nicht bloß der intellektuelle Urheber der Erfindung geschützt werden, sondern es soll gleichzeitig geschützt werden das Kapital, das bereits in die Erfindung hineingesteckt ist, bis sie patentreif ist. Es soll in der Tat die Sache geschützt werden, und nicht bloß die Person. Das ist es, was ich wenigstens damals übersehen habe, als die Osterriethsche Fassung zuerst auftauchte, die sich ja überdies auf den Vorgang einiger anderer, ausländischer Gesetze beziehen konnte.

M. H., das ist die Entstehungsgeschichte, und so ist es auch gekommen, daß schließlich auf dem Stettiner Kongreß die Industriellen keinen Widerspruch erhoben und dem Antrage zugestimmt haben als einer Sache, die vermeintlich kein großes Unglück anrichten kann, dabei außerdem logisch sehr gut aussieht und einen besseren Aufbau des Patentgesetzes ermöglicht, besonders auch, das ist ganz richtig, viel logischer das Recht des Angestellten auf Nennung seines Namens bei der Erfindung ergibt. Ich muß sagen, der Widerspruch, in den wir uns auf dem Stettiner Kongreß begeben haben, und in den sich jetzt scheinbar auch wieder die Anträge der Maschinenbauanstalten begeben, dieser Widerspruch ist vorhanden. (Zustimmung) Auch die vorliegenden Leitsätze wollen das Recht auf Nennung des Namens zugestehen, im übrigen aber nicht den materiellen Nutzen aus der Erfindung bewilligen; das scheint mir ein gefährlicher Weg. Wir haben auf dem Stettiner Kongreß einmal einen Fehler gemacht, vielleicht tun wir klug, hier nicht zum zweitenmal einen zu machen. Ich möchte hier doch dieses Warnungssignal aufstecken

Im übrigen, m. H., möchte ich stark unterstreichen, was Hr. Geheimrat Aron über den Begriff der Erfindung ausgeführt hat. Der Begriff der Erfindung hat sich ja im Laufe der Zeit vollständig gewandelt. Eine Erfindung war vor unserer heutigen Entwicklung der Naturwissenschaften mehr etwas Zufälliges, ein glücklicher Fund; es war wirklich das, als was Exzellenz Hamm noch auf dem Stettiner Kongreß sich eine Erfindung vorstellte, nämlich ein „Geistesblitz". Das stellen sich noch die meisten Juristen, überhaupt diejenigen, die mit diesen Dingen nicht praktisch zu tun haben, wahrscheinlich auch die HH. Regierungsvertreter, unter einer Erfindung vor. Seitdem aber die Naturwissenschaften so gewaltige Fortschritte gemacht haben, seitdem man mehr und mehr in den Zusammenhang der Erscheinungen eingedrungen ist und mehr und mehr das gefunden hat, was man Naturgesetze nennt, seitdem hat auch der Begriff der Erfindung sich gewandelt. Erfindung ist heutzutage weit mehr das Ergebnis geregelter und planmäßiger Arbeit. (Sehr richtig.) Ganz besonders gilt das von dem chemischen Gebiet, da gilt es sozusagen unbedingt; da muß schließlich das gefunden werden, was bei richtiger Ausnutzung aller Möglichkeiten durch den Versuch herauskommen kann. Es gilt, vielleicht nicht in demselben Maße, für die konstruktive Tätigkeit im Maschinenbau. Immerhin kann man bei der heutigen planmässigen Vorbildung unserer Ingenieure auf den Hochschulen ebenfalls behaupten, daß gewisse Konstruktionen gefunden werden müssen, wenn sie nur planmäßig durchgearbeitet werden, wenn die Aufgaben richtig gestellt und unter eine Reihe von Ingenieuren auf den technischen Bureaus verteilt werden. Auf diesen wesentlichen Unterschied der Erfindung von heute und von ehedem hat Hr. Geheimrat Aron sehr mit Recht hingewiesen. (Beifall.)

Hr. Oberingenieur Neumann-Cöln-Deutz: M. H., gestatten Sie mir einige Worte auf die Ausführungen des Hrn. Dr. Mittelstaedt. Hr. Dr. Mittelstaedt hat darauf hingewiesen, daß die Beschlüsse auf dem Stettiner Kongresse zumteil zustande gekommen sind unter Mitwirkung der Industrie in großem Maßstabe. Es müssen dabei einerseits die Gesichtspunkte berücksichtigt werden, die bereits von dem Herrn Vorredner und namentlich von Hrn. Prof. Budde in seinen Eingangsworten in so überzeugender Weise vorgebracht worden sind; anderseits werden als Vertreter der Industrie auch die Angestellten mitgezählt, die im allgemeinen nicht den Ueberblick über die Erfordernisse der Verwaltung und über die Beziehungen zwischen der Erfindung und den äußeren Erfolgen der Unternehmungen für das ganze Gebiet der Industrie haben können wie diejenigen, die in leitenden Stellungen stehen. Ich möchte Hrn. Dr. Mittelstaedt aber auch erwidern, daß seine Mitteilung, die Beschlüsse seien mit großer Mehrheit gefaßt worden, nicht für alle Beschlüsse richtig ist. Ich erinnere mich z. B. — ich habe den Bericht freilich noch nicht erhalten, da er jetzt erst herausgekommen —, daß der Beschluß betreffend die Entschädigung der Angestellten mit den vom Verein deutscher Maschinenbau-Anstalten vorgeschlagenen Abänderungen nur mit einer geringen Mehrheit gefaßt worden ist — das wird sich aus dem Bericht leicht feststellen lassen —, und daß auch der Beschluß über das Erfinderrecht nur gefaßt worden ist, nachdem ausdrücklich immer wieder von den Industriellen betont worden ist, daß wir uns in diesem Falle gegen schwere Schädigungen durch unbedingte Vertragsfreiheit sichern müssen.

Nun aber stellt sich heraus, daß es ein Fehler war, mit dieser Sicherung zu rechnen, denn die Angestellten sind nicht ruhig, wie Hr. Dr. Mittelstaedt annimmt. Sie haben jetzt den kleinen Finger bekommen und wollen die ganze Hand. Sie sagen: daß wir das Erfinderrecht bekommen, ist nicht mehr als recht und billig, selbstverständlich muß aber auch die Vertragsfreiheit eingeschränkt werden. Der Bund technisch-industrieller Beamten hat auf seinem Pfingsten 1909 abgehaltenen dritten Bundestage folgendes beschlossen:

> Die Sicherung des Eigentumsrechtes der Angestellten an ihren Erfindungen und die Entschädigungspflicht des Unternehmers für die praktische Verwertung sind die beiden Hauptpunkte einer durchgreifenden Patentreform. Die Beschlüsse, die der 29. Deutsche Juristentag und der Stettiner Kongreß zum Erfinderrecht der Angestellten gefaßt haben, verkennen vollständig den sozialen Charakter des Problems.

Also auch hier wird wieder betont, daß es eine soziale Frage und nicht eine Erfinderfrage ist.

> Im Gegensatze zu diesen Körperschaften, in denen die Angestellten ihre Anschauungen niemals in dem Maße zur Geltung zu bringen vermögen wie die Vertreter des Unternehmertums, hält der Bundestag der technisch-industriellen Beamten die Einschränkung der Vertragsfreiheit zugunsten des Angestellten für eine unerläßliche Vorbedingung eines wirksamen Erfinderschutzes.

Sie sehen also, m. H., daß es nach den Stettiner Beschlüssen nicht ruhig geworden ist; im Gegenteil, die Angestellten werden jetzt noch mit erheblich größeren Forderungen hervortreten, und es wird an späterer Stelle ausgeführt werden, daß auch nur nach schweren Bedenken, aber um den Forderungen der Angestellten entgegenzukommen, der Verein deutscher Maschinenbau-

Anstalten dem Ausspruch zugestimmt hat, daß wenigstens die Namensnennung zulässig sein soll.

Ich möchte nur noch auf einen Punkt zurückgreifen, den Hr. Dr. Guggenheimer in seinem Berichte schon gebührend gewürdigt hat, nämlich auf die Gefahr der Rechtstreitigkeiten. Wenn Hr. Dr. Mittelstaedt sagt: diese Gefahr kann deshalb wohl nicht bestehen, weil schon nach dem heutigen Gesetze derartige Rechtstreitigkeiten geführt werden könnten — beispielsweise könne man auf Abhängigkeit klagen, man könne widerrechtliche Entnahme usw. geltend machen —, so ist darauf hinzuweisen, daß man auf Abhängigkeit natürlich nur klagen kann, wenn man ein Patent in der Hand hat (sehr richtig!), also nur unter einer in den seltensten Fällen eintretenden Bedingung. Ebenso ist die widerrechtliche Entnahme als Grundlage für eine Klage etwas ganz anderes, als wenn einer lediglich zu behaupten braucht, daß er der Erfinder ist. Es ist ein großer Unterschied, ob ich nur nachzuweisen habe: ich habe etwas erfunden — oder: es ist mir widerrechtlich entnommen worden. Zu einer solchen Klage wegen widerrechtlicher Entnahme ist daher sehr viel weniger Gelegenheit gegeben und ein Entschluß dazu sehr viel schwerer zu fassen. Deshalb besteht die Gefahr vermehrter Rechtstreite, die Hr. Dr. Guggenheimer Ihnen so ausführlich ausgemalt hat, in hohem Maße.

Anderseits sehen Sie, daß wir mit der Klausel der Gewährung der Vertragsfreiheit nicht durchkommen. Ich möchte wiederholt im Einklang mit den Herren Vorrednern darauf hinweisen, daß wir von dieser Frage des Erfinderrechtes vollständig trennen müssen diejenige der Entschädigung der Angestellten. Wir werden hierüber bei dem nächsten Punkt beraten; es ist durchaus nicht gesagt, daß die Angestellten ohne die Einführung des Erfinderrechtes vollständig entrechtet sind. Wir können das Anmelderecht, wie es heute besteht, vollständig behalten, damit keine unklaren und unsichern Verhältnisse geschaffen werden, und trotzdem kann den Angestellten in geeigneter Weise eine Entschädigung gewährt werden.

Hr. Generalsekretär Dr. Soetbeer-Berlin: M. H., unter den vielen guten Worten, die ich hier gehört habe, hat mir besonders gut das Schlußwort in der Rede des Hrn. Professor Budde gefallen, daß es doch gelegentlich ganz gut sei, einmal direkt seine Meinung zu sagen und nicht Vergleiche und taktische Erwägungen in zu weitgehendem Maße um sich greifen zu lassen. Mein Beruf bringt es mit sich, daß ich in sehr weitem Umfange die Aeußerungen von Körperschaften und Vereinen zur Vertretung wirtschaftlicher Interessen zu verfolgen habe, und da mache ich die Beobachtung, daß dieser Ueberzeugung leider nicht hinreichend nachgelebt wird, daß sich in die Aeußerungen die Elemente der Taktik und des Herumsuchens nach einem Ausgleich in viel zu weitem Maße hineinschleichen. Nach meiner Meinung ist das Vergleichmachen und die Taktik in der Hauptsache erst angebracht bei den gesetzgebenden Körperschaften, zwischen den einzelnen Parteien. Die wirtschaftlichen Körperschaften sollten geradeheraus sagen, was ihre Meinung ist; sonst können sie sich nachher nicht darüber beklagen, daß man gar nicht weiß, welche Meinung sie eigentlich haben. (Sehr richtig!)

Der vorliegende Fall lehrt das ganz deutlich. Die berühmten 103 Industriellen in Stettin! Ich muß sagen, nachdem die Abstimmung damals in dieser taktischen Weise gemacht worden ist, weiß niemand von uns, was jene Industriellen für eine Meinung gehabt haben. Zwei Herren, die dort waren, haben hier erklärt: wir haben dem Grundsatz des Erfinderrechtes zugestimmt, weil wir uns bestimmt vorgenommen haben, die Sache in den Verträgen wieder auszuschließen. Vielleicht haben alle 103 Industriellen die gleiche Meinung gehabt. (Heiterkeit.) Was ist die Folge? Wem es paßt, wer im Reichstage in anderer Richtung vorgehen will, der wird geltend machen: diese Herren haben sich grundsätzlich für das Erfinderrecht, grundsätzlich für die Aenderung unseres Patentgesetzes ausgesprochen. Wie irrt man sich darin, — ich möchte sagen: wie leichtsinnig irrt man sich darin, — wenn man glaubt, durch solche Vergleichsvorschläge etwas herauszubekommen, um Schlimmeres zu verhüten. Es ist doch klar, m. H., wenn Sie denen, deren Gegner Sie sind, hier diese zwei Sätze anbieten: erstens: das Recht des Erfinders muß an die Stelle des Rechtes des Anmelders gesetzt werden, und zweitens: die Vertragsfreiheit muß aber erhalten bleiben, daß dann diese Gegner das erste annehmen und das zweite ablehnen werden (sehr richtig!) und dafür sagen werden: entgegenstehende Vereinbarungen sind nichtig.

Ich bedaure von diesem Standpunkte aus, daß die Stettiner Verhandlungen die erforderliche Klärung nicht herbeigeführt haben. Ich hoffe, daß die heutigen Verhandlungen nach dieser Richtung hin günstiger verlaufen. Für meine Person kann ich erklären, daß mich die Ausführungen des Herrn Berichterstatters überzeugt haben. (Beifall.)

Hr. Direktor ter Meer-Hannover-Linden: Ich halte es für gut, den vielen theoretischen Ausführungen gegenüber auch eine praktische Ausführung zu machen, ähnlich derjenigen, wie sie bereits Hr. Dr. Waldschmidt vorgeführt hat. Ich möchte auf den Vorgang hinweisen, wie er sich bei der Mehrzahl der Erfindungen in unserem Gebiete, dem Gebiete des Maschinenbaues, gewöhnlich abspielt. Meist verläuft die Sache folgendermaßen: Einem Ingenieur, der möglicherweise noch gar nicht lange in dem Betriebe tätig ist, und der sich erst auf Grund der Unterlagen, die ihm von der Maschinenfabrik geliefert werden, in das Arbeitsgebiet eingearbeitet hat, kommt bei der Bearbeitung der Gedanke: man könnte vielleicht, wenn man das so und so machte, etwas Besseres schaffen, als was bereits vorliegt. Der Gedanke wird geprüft und für gut befunden. Daran schließt sich, daß der betreffende Herr, vielleicht aber auch ein anderer, der besser geeignet ist, mit der Aufgabe betraut wird: arbeite einmal die Sache konstruktiv durch, dann wollen wir sehen, ob wir uns dazu entschließen können, Geldmittel für die Ausführung zu bewilligen. Es ist dies für jedes Werk ein schwerer Entschluß, da man aus Erfahrung weiß, daß man die aufzuwendenden Mittel stets unterschätzt und sehr häufig zehnmal so viel Geld verbraucht, als man im Anfang dafür glaubte aufwenden zu müssen. Nun wird in den Werkstätten gearbeitet und ausgeprobt. Meist stellt sich bei diesem Prüfen ein Mißerfolg heraus: es bleibt von dem ersten Gedanken gewöhnlich nur ein ganz kleiner Kern übrig, der aber noch so gesund ist, daß man sich sagt: wir wollen die Mittel, die wir hineingesteckt haben, nicht ganz hinausgeworfen haben, wir wollen die Sache weiter verfolgen. Die Arbeit, die ich vorhin geschildert habe, beginnt von neuem, es wird von neuem konstruiert, es wird von neuem gebaut und geprobt. Es kommt vielleicht von einem dritten, einem vierten Herrn ein neuer guter Gedanke dazu, der mit hineingewoben wird. Vielleicht nach drei-, vier-, fünfmaligem Mißerfolge kommt etwas Gutes heraus; es werden Zusatzpatente oder auch neue Patente genommen, so daß, wenn der Kern, der in der Sache steckte, praktische Bedeutung gewonnen hat, oft gar nicht mehr festzustellen ist, wer eigentlich der Vater der Neuerung gewesen ist, wem mehr der theoretische und wem der praktische Teil der Erfindung zuzuschreiben ist, und was dem Angestellten und was dem Werke zukommt. Ich glaube daher, daß wir die Gefahr, die Hr. Dr. Guggenheimer geschildert hat, daß durch das Recht des Erfinders ein unendlicher Wirrwarr in den praktischen Dienst der Fabriken hineingeschleudert wird, gar nicht hoch genug einschätzen können. Ich fürchte meinerseits, daß wir mit außerordentlich großen Schwierigkeiten zu kämpfen haben werden, und daß der gute Wille vieler Fabrikanten, ihr Geld in Neuerungen zu stecken, sehr beeinträchtigt werden wird — zum Schaden unserer deutschen Industrie. (Beifall.)

Hr. Rechtsanwalt Dr. Wassermann-Hamburg: M. H., ich stehe auf der Liste als „sonstiger Teilnehmer“. In dieser Eigenschaft glaube ich eine gewisse Unbefangenheit für mich beanspruchen zu dürfen. Ich habe seit ungefähr fünf Jahren sämtliche Veranstaltungen mitgemacht, die sich mit dieser Frage beschäftigt haben, besonders die deutschen Juristentage und die Kongresse für gewerblichen Rechtschutz. Ich bin auch Mitglied der Patentkommission des „Grünen Vereines“ gewesen. Die verschiedenen Ueberschriften, unter denen der Gegenstand auf die Tagesordnung gesetzt worden ist, erinnern mich an einen Besuch in Schweden, wo wir in einem feinen Hotel jeden Tag ein wunderschönes Gericht mit einem andern hochtönenden französischen Namen vorgesetzt erhielten, und jedesmal war es immer wieder „Hackbeefsteak“. Wir unterhalten uns hier, und das ist meiner Ansicht nach von Herrn Geheimrat Aron treffend ausgesprochen worden, über eine soziale Frage, und diese soziale Frage wird immer unter einem anderen, möglichst harmlos klingenden Namen aufgetragen. Es ist stets dasselbe Gericht, das allenfalls mit einer etwas anderen Sauce übergossen wird.

Die Frage ist wie jede soziale Frage furchtbar schwer, wenn nicht unmöglich zu lösen; der „Grüne Verein“ hat versucht — Hr. Dr. Mittelstaedt hat Ihnen vorhin auseinandergesetzt, daß wir die Frage ohne weiteres nicht haben lösen können —, auf die rechtliche Natur der Erfindung zurückzugreifen, um auf diese Weise eine Lösung zu finden. Und was ist dabei herausgekommen, m. H.? „Ein anderes Antlitz, eh' sie geschehn, ein anderes zeigt die vollbrachte Tat!“ Ich habe gestern Abend den dickleibigen Bericht über den Stettiner Kongreß durchgelesen und muß nun sagen: wie sehr hat sich die Sache verändert. Ich habe den mündlichen Verhandlungen beigewohnt; jetzt, wo man sie gedruckt liest, sehen sie sich ganz anders an. (Heiterkeit.) M. H., wir haben von Hrn. Direktor Dr. Waldschmidt gehört, wie die Beschlüsse des Kongresses zustande gekommen sind; Hr. Dr. Waldschmidt hat Ihnen auch erzählt, in welcher Weise die Kommission gearbeitet hat. Nach dem Verzeichnis des „Grünen Vereines“ hat sie 33 oder 35 Mitglieder, in den Sitzungen aber waren wir, wenn ich mich recht erinnere, in der Regel fünf oder sechs, und die Industrie hat sich nicht besonders lebhaft beteiligt. M. H., das Erfinderrecht ist auch eine Etablissements-Erfindung, und Hr. Dr. Waldschmidt hat den Beweis geliefert, daß es nicht ganz unmöglich ist, bei einer Etablissements-Erfindung den Erfinder ausfindig zu machen; er hat den Erfinder genannt: es ist Hr. Professor Osterrieth. Die meisten Mitglieder der Patentkommission werden vielleicht gern zugunsten von Hrn. Professor Osterrieth auf die Ehre der Mitvaterschaft verzichten. (Heiterkeit.)

Die Lösung, die die Frage auf dem Stettiner Kongreß gefunden hat, halte ich nicht für sehr glücklich. Wenn Sie aber hier die Angelegenheit vom reinen Interessenstandpunkt aus behandeln wollen, und das scheint mir durchaus logisch, dann dürfen Sie nicht in denselben Fehler verfallen, in den meiner Ansicht nach der „Grüne Verein" verfallen ist. Wenn Sie als Interessenversammlung abstimmen, dann sagen Sie doch einmal offen ihre Meinung; die Vertreter der übrigen Interessenverbände, besonders der Angestellten, lassen an Deutlichkeit gar nichts zu wünschen übrig. Im Schoße der Regierung werden dann diese Beschlüsse schon genügend gegeneinander abgewogen werden.

In Ihrer Denkschrift stimmt mich ein Punkt bedenklich: der Leitsatz über die Erfinderehre. Meine persönliche Ansicht ist zu unwichtig, um sie zu äußern, aber man kann doch den Standpunkt vertreten, der von hervorragender Seite bereits vertreten worden ist — ich nenne nur unsern Senior des Patentrechtes, Hrn. Senatspräsidenten a. D. Dr. Boltze —, daß die Angestellten gar keine Rechte haben sollen, daß die ganze Erfindung dem Unternehmer gehören soll. Ich kann mir wohl denken, daß sich jemand durch die Ausführungen des Hrn. Dr. Guggenheimer über die Folgen der Aenderung des jetzigen Systems zu einer solchen Anschauung bestimmen läßt. Wie wollen Sie aber damit den späteren Leitsatz vereinigen, wonach der Angestellte-Erfinder das Recht haben soll, in der Patentschrift genannt zu werden. Es muß doch Vorsorge getroffen werden, daß durch eine derartige Bestimmung keine Nachteile, vor allem keine Rechtstreitigkeiten zwischen Unternehmern und Angestellten und zwischen Angestellten unter einander herbeigeführt werden.

Vorsitzender (unterbrechend): Dieser Gegenstand steht erst später zur Beratung.

Hr. Rechtsanwalt Dr. Wassermann-Hamburg (fortfahrend): Ich wollte auch nicht über diesen Gegenstand sprechen; ich wollte Sie nur bitten, sich bei Ihren Beratungen davon leiten zu lassen, keine Vorschläge anzunehmen, die miteinander in Widerspruch stehen. Ich glaube, daß Ihre Denkschrift einen Widerspruch in sich selbst enthält, und mit Rücksicht hierauf möchte ich Ihnen von Ihrem Standpunkte aus, ohne meine persönliche Anschauung überhaupt zu verraten, Vorsicht bei der Abstimmung über den ersten Leitsatz empfehlen.

Hr. Patentanwalt Mintz-Berlin: M. H., ich möchte mich zunächst darauf beschränken, zu den Ausführungen des Hrn. Oberingenieur Neumann einige tatsächliche Bemerkungen zu machen.

Hr. Neumann hat die große Mehrheit bei den Abstimmungen in Stettin in Frage gestellt. Ich stelle aus dem Bericht über den Stettiner Kongreß fest, daß der Hauptbeschluß, der Beschluß I, mit allen gegen 10 Stimmen und der Beschluß IV mit allen gegen elf Stimmen angenommen worden ist. Die Anträge lauten, damit kein Zweifel herrscht:

Das Patentgesetz ist dahin abzuändern, daß der Anspruch auf ein Patent oder Gebrauchsmuster dem erstanmeldenden Erfinder oder Rechtsnachfolger zusteht, wobei als Erfinder oder Rechtsnachfolger des Erfinders der erste Anmelder vermutet wird.

Dieser Antrag ist mit allen gegen zehn Stimmen angenommen worden, und mit allen gegen elf Stimmen angenommen ist der Antrag:

Der Kongreß spricht aus: daß er es für undurchführbar und überaus nachteilig für die deutsche Industrie und zwar sowohl für die Unternehmer wie für die Angestellten selbst hält, einen Rechtsatz des Inhaltes aufzustellen, wonach jedem Angestellten, der eine Erfindung macht, schematisch ein Recht auf „Gewinnbeteiligung" daran zustehe.

Ferner möchte ich feststellen, daß die Mitteilung, die Hr. Neumann über eine Beschlußfassung der Angestellten vorgetragen hat, nach seiner eigenen Angabe aus dem Zeitpunkt vor Pfingsten 1909 stammt, also kaum als eine Wirkung der Vorgänge in Stettin angeführt werden kann.

Endlich möchte ich feststellen, daß bei den von Hrn. Dr. Mittelstaedt angegebenen 103 Industriellen in Stettin die Angestellten nicht mitgezählt waren, sondern daß hierzu lediglich Arbeitgeber zusammengefaßt worden sind.

Berichterstatter Hr. Direktor Dr. Guggenheimer-Augsburg: M. H., erlauben Sie mir, daß ich zu einigen Punkten in den Ausführungen der Herren Vorredner Stellung nehme. Vorausschicken möchte ich, daß ich nicht im Einklang stehe mit der Ansicht des Hrn. Dr. Wassermann, daß es sich bei der jetzt behandelten Frage um eine soziale Frage handelt. Hier handelt es sich um eine Frage, die — ich kann das nicht oft genug betonen —, gleichviel wie die Lösung der andern sozialen Fragen ausfällt, für sich allein gelöst werden muß. M. H., wenn soziale Gründe dafür sprächen, daß man auf anderen Gebieten vielleicht Vorschriften gibt und Gesetze macht, auch wenn sie nicht einwandfrei sind und möglicherweise schwere Nachteile nach sich ziehen, dann darf man doch dieses Uebel nicht noch dadurch vermehren, daß man über das hinausgehend, was aus diesen Gründen geschehen muß, noch ein weiteres Rechtsgebiet einbezieht und auch auf diesem Gesetzesvorschriften gibt, die noch viel weittragendere, schlimmere Folgen haben können. Lassen Sie auf dem Gebiete der Angestellten-Erfindung und Angestellten-Entschädigung — ich wiederhole, das ist eine soziale Frage, das unterschreibe ich — soziale Gründe ausschlaggebend sein, lassen Sie aber beim Recht auf das Patent rein praktische Gründe für die Gesetzgebung ausschlaggebend sein, die nicht mit sozialen oder andern Fragen verquickt werden dürfen. Ich kann Sie nicht genug bitten, diese

Fragen auseinanderzuhalten, weil — davon bin ich überzeugt — soziale Grundsätze auf anderen Gebieten uns wahrscheinlich Bestimmungen aufzwingen werden, die uns schon schwer genug schädigen werden. Halten Sie diese beiden Fragen auseinander und tun Sie es bei jeder Gelegenheit, damit nicht bei der Reform des Patentgesetzes diese Bestimmung noch zu den anderen hinzutritt. Klarer, meine ich, könnte ich mich auf diesem Gebiete nicht mehr ausdrücken.

Es ist gesagt worden, die Stettiner Beschlüsse sollen kein zwingendes Recht schaffen. Hr. Dr. Waldschmidt wird mir den Einwand gestatten, den ich mir bereits einmal zu machen erlaubte, als wir zum erstenmal über die Frage sprachen: wer gewährleistet, daß der Wettbewerb es ermöglicht, von der Vertragsfreiheit überhaupt Gebrauch zu machen? Ist es nicht denkbar, daß von irgendeiner Seite diese Vertragsfreiheit nicht ausgenutzt wird und damit der übrigen Industrie die Möglichkeit benommen wird?

Viel weitergehend ist aber der Einwand, daß uns wahrscheinlich, wenn von der Vertragsfreiheit Gebrauch gemacht wird, über kurz oder lang die Möglichkeit durch das Gesetz abgeschnitten wird, und das von Rechtes wegen; denn wenn man ein Recht gibt, sollte allerdings die Möglichkeit, es einfach wieder beiseite zu schieben, nicht mehr vorhanden sein.

Ich komme jetzt auf einen anderen Punkt. Es heißt, in Stettin haben 103 Industrielle mitgestimmt. Ich will auf die Frage, warum dies geschehen ist, nicht mehr zurückkommen. Aber ich kann feststellen: als nach dem Stettiner Kongreß die Herren zum erstenmal zusammengetreten sind, da hat der von mir sehr verehrte Vorsitzende des Stettiner Kongresses ausgesprochen — ich war Zeuge — : „Von allen meinen Getreuen von Stettin ist mir nicht einer für das Erfinderrecht geblieben“. M. H., das ist richtig, und vielleicht haben hierzu praktische Erwägungen mitgewirkt, während man gegenüber den vorzüglichen Ausführungen der Herren Berichterstatter in Stettin, gegenüber ihrer hervorragenden Gabe der Begründung ihrer Sätze praktische Erwägungen hatte zurücktreten lassen.

Es wird weiter gesagt: wenn ein Rechtsatz logisch ist, dann ist er auch gut. Wenn man also die Angestellten-Erfindung schaffen wolle, und diese Angestellten-Erfindung logisch damit begründe, daß man das allgemeine Erfinderrecht gebe, dann müsse auch das allgemeine Erfinderrecht gut sein. Hr. Dr. Mittelstaedt, erlauben Sie mir hier den Einwand: wenn man Ausnahmegesetze schafft aus Gründen, die mit dem Gesetzesgegenstand gar nichts zu tun haben, im vorliegenden Falle aus sozialen Gründen, und wenn man dann aus logischen Erwägungen heraus die Schlußfolgerungen verallgemeinern will, dann ist Ihr Grundsatz nicht anwendbar. Das mag anwendbar sein, wenn man ein ganzes Rechtsystem rein aus Gründen der Logik allein ausgestaltet. Wenn man aber ausgeschiedene Teile des Rechtsystems aus besonderen, nicht der Logik entnommenen Gründen als gegebene Größen erachten muß, dann darf man nicht aus diesen Teilen heraus im Wege der Logik das Rechtsystem selbst gestalten wollen. Das aber wäre hier der Fall.

Es ist ferner erwähnt worden, daß ein Vergleich vom Uebel sei, daß man aber im vorliegenden Falle an dem Vergleich festgehalten habe, weil man geglaubt habe, auf diesem Wege glatt über die Sache hinwegzukommen. Nun, m. H., man wirft uns heute einen ähnlichen Vergleich und den gleichen Widerspruch vor. Ob der Leitsatz über die Erfinderehre angenommen werden soll oder nicht, steht jetzt nicht zur Erörterung, ich will daher nicht dazu sprechen; aber selbst wenn er angenommen werden sollte, so gibt es eine ganze Menge von Gründen, die auch bei einem Vergleich bis zu einem gewissen Grade Entgegenkommen gestatten. Bei diesem Entgegenkommen ist man sich ganz klar, daß man damit in gewissem Sinne einen Widerspruch begeht, es spricht aber dafür die praktische Erwägung, daß alles, was man dagegen sagen wird, nicht mehr hilft. Diese Ueberzeugung haben viele von uns über diesen Punkt gewonnen, und lediglich die praktische Erwägung, daß man hier gegen Unmöglichkeiten ankämpfen würde, veranlassen uns zu diesem Entgegenkommen. Für meinen Teil gestehe ich ganz offen, daß ich mir über den Widerspruch völlig klar bin.

Von Hrn. Dr. Mittelstaedt ist dann hervorgehoben worden: wer weiß denn, daß solche Rechtstreite kommen werden, wie sie Hr. Dr. Guggenheimer uns in schwarzen Farben geschildert hat? M. H., das wissen wir alle. Ich verweise Sie auf die Beispiele, die Hr. Dr. Waldschmidt so treffend angeführt hat; derartige Beispiele können Sie, wenn das Erfinderrecht erst eingeführt ist, zu Dutzenden schon nach einem Jahre aufzählen. Wie kann man auf die Vorbenutzungsstreitigkeiten verweisen, wie auf Rechtstreite, welche die Abhängigkeit eines Patentes von einem anderen betreffen! Es ist bereits von Hrn. Neumann hervorgehoben worden, wie streng die Voraussetzungen für solche Rechtstreite festgelegt sind. Und selbst wenn man hiervon absehen wollte, man würde in diesen Rechtstreitigkeiten nie zu Beweiserhebungen von solcher Ausdehnung schreiten können. Der Vorbenutzer zwingt viel weniger den andern zu sagen, was bei ihm ausgeführt ist, sondern der Vorbenutzer muß zuerst sagen, was bei ihm ausgeführt worden ist. Das ist eine ganz andere Seite der Frage; die Vorbenutzungsprozesse können hier also nicht angeführt werden.

Ich will aber auf diesen Punkt nicht zu weit eingehen, sondern nur zum Schluß auf eine Aeußerung des Hrn. Dr. Mittelstaedt antworten. Er hat zugegeben, daß die Gefahr solcher Rechtstreitigkeiten möglich ist. Nun sollte doch das Vorhandensein einer solchen Möglichkeit — ein bündiger Beweis kann doch heute noch nicht geführt werden — und die auf Grund praktischer Erfahrungen dargelegte große Wahrscheinlichkeit derselben dagegen sprechen, daß man ein vorhandenes Gesetz auf den Kopf stellt, um so mehr, wenn man für das Aufdenkopfstellen gar nichts anderes in die Wagschale werfen kann als graue Theorie. (Beifall.)

Vorsitzender: Ich habe Hrn. Geheimrat Aron und Hrn. Dr. Wassermann dahin verstanden, daß sie sagen, es handle sich um eine soziale Frage, die soziale Frage sei hinter all diesen Dingen versteckt. Das ist auch richtig, und ich glaube, Hr. Dr. Guggenheimer hat die Herren nicht ganz richtig verstanden.

Berichterstatter Hr. Direktor Dr. Guggenheimer: Das ist zweifellos, aber bei der Erörterung des allgemeinen Erfinderrechtes kommt sie noch nicht in Frage.

Hr. Oberingenieur Neumann-Cöln-Deutz (zur faktischen Berichtigung): M. H., auf die Worte des Herrn Mintz zwei kurze Berichtigungen. Der von mir angeführte Beschluß des Bundes der technisch-industriellen Beamten ist nicht vor, sondern nach dem Stettiner Kongreß gefaßt worden, denn er enthält den Satz:

> Die Sicherung des Eigentumsrechtes der Angestellten an ihren Erfindungen und die Entschädigungspflicht der Unternehmer für die praktische Verwertung sind die beiden Hauptpunkte einer durchgreifenden Patentreform. Die Beschlüsse, die der 29. Deutsche Juristentag und der Stettiner Kongreß für gewerblichen Rechtschutz zum Erfinderrecht der Angestellten gefaßt haben, verkennen vollständig den sozialen Charakter des Problems.

Dann folgen die weiteren Ausführungen, aus denen hervorgeht, daß tatsächlich die Angestellten nicht mit den Beschlüssen des Stettiner Kongresses einverstanden sind.

Sodann habe ich nicht gesagt, daß alle Beschlüsse des Stettiner Kongresses mit geringer Mehrheit gefaßt worden sind, sondern ich habe mich nur dagegen gewehrt, daß behauptet worden ist: sie sind alle mit großer Mehrheit gefaßt worden. Ich habe besonders darauf hingewiesen, daß die Beschlüsse, die sich auf die Entschädigung der Angestellten beziehen, nur mit schwacher Mehrheit gefaßt worden sind. Nach dem Berichte des Kongresses sind z. B. die beiden Bedingungssätze zu Beschluß IV mit 43 gegen 35 Stimmen gestrichen; ebenso ist der zweite Satz des Beschlusses IV in der von der Kommission vorgeschlagenen Fassung mit 42 gegen 35 Stimmen gestrichen worden.

Also sowohl Herr Dr. Mittelstaedt wie ich haben Recht: es sind einige Beschlüsse mit großer Mehrheit gefaßt worden, aber nicht alle.

Hr. Regierungsrat Dr. Bartels-Berlin: Ich möchte nur einige kurze Bemerkungen zu der Frage der Zustimmung der Industriellen zu den Stettiner Beschlüssen machen. Der Centralverband Deutscher Industrieller, den zu vertreten ich heute die Ehre habe, war auch in Stettin, abgesehen von einem Mitgliede seiner Geschäftsführung, selbstverständlich durch eine Reihe hervorragender Industrieller vertreten. Wie deren Abstimmung gewesen ist, entzieht sich natürlich meiner Kenntnis. Ich kann aber wenigstens nach den mir gewordenen Mitteilungen feststellen, daß der Vertreter der Geschäftsführung des Centralverbandes gegen die Umänderung des Anmelderrechtes in ein Erfinderrecht gestimmt hat. Ich gebe zu und möchte damit an die Worte des Hrn. Generalsekretär Dr. Soetbeer anknüpfen, daß es für die Industrie gefährlich sein kann, an derartigen Kongressen teilzunehmen. Anderseits sind aber gerade die Arbeiten des „Grünen Vereines“, den auch die Industrie lebhaft unterstützt, in vieler Hinsicht und besonders auch bei den hier erörterten Fragen von großem Nutzen für die Industrie gewesen. Die meisten Industriellen haben sich bei den Stettiner Beratungen, bei denen Juristen und andere Berufstände vertreten waren, wohl aus taktischen Erwägungen zu sehr ins Schlepptau nehmen lassen, und zwar im wesentlichen aus juristisch-logischen und formalen Gründen.

In denselben Fehler verfällt meines Erachtens Hr. Rechtsanwalt Dr. Wassermann, der jetzt die Stellung des Vereines deutscher Maschinenbau-Anstalten — ich greife damit ebenfalls etwas den späteren Beratungen vor — zu der Frage der Erfinderehre bemängelt. Ja, m. H., denjenigen, die über die vorliegenden Leitsätze abzustimmen haben, ist es völlig gleichgültig, ob das ganz logisch ist oder sich juristisch fein rechtfertigen läßt (Heiterkeit); sie sagen sich, das können wir praktisch zugestehen, dagegen haben wir keine Bedenken, und zwar auf Grund ihrer wirtschaftlichen und industriellen Erfahrungen und Interessen. Der Gesetzgeber ist dann sehr wohl in der Lage, solche Bestimmungen in das Gesetz aufzunehmen, gleichviel, ob sie sich wissenschaftlich oder formal-juristisch unter ein rechtliches Dogma unterbringen lassen, oder nicht. Man hat sich bei der Gesetzmacherei längst über solche Bedenken hinweggesetzt. In der Betonung der juristisch-technischen Seite liegt der grundlegende, der Kardinalfehler der Beschlüsse des Stettiner Kongresses. (Beifall.) Ich verwahre ausdrücklich den Centralverband Deutscher Industrieller dagegen, daß er für die

Umänderung des Anmelderrechtes in ein Erfinderrecht gestimmt hat. Der Centralverband hat selbst einen Patentausschuß, in welchem die verschiedensten an der Frage beteiligten Industriegruppen vertreten sind; dieser hat sich mit diesen Fragen bereits eingehend befaßt und wird sich noch weiter eingehend damit zu befassen haben.

Exzellenz Krüger-Berlin: M. H., auch ich muß feststellen, daß ich, als Vertreter der drei Verbände der Maschinenindustrie, deren Geschäfte zu leiten ich die Ehre habe, in Stettin anwesend, nicht für den im Beschluß I ausgesprochenen Grundsatz des Erfinderrechtes gestimmt habe, weil ich die Folgen, die sich in der Praxis daraus ergeben werden, bereits damals so beurteilte, wie sie jetzt von den berufensten Vertretern der mechanischen Industrie dargestellt worden sind. Ohne von jeder einzelnen der etwa 200 Firmen, die in den drei Verbänden meiner Verwaltung vereinigt sind, beauftragt zu sein, wußte ich, daß sie mit wenigen Ausnahmen hinter dieser Verneinung stehen würden. Ich bitte daher, sich zu vermerken, daß auch recht ansehnliche Vertretungen der Maschinenindustrie zu den Verneinern gehört haben, und schließe mich darin dem Centralverband Deutscher Industrieller an, dem meine Verbände als korporative Mitglieder angehören.

Ich habe auch zu den Industriellen gehört, die in geringer Zahl dem Beschluß II nicht zustimmen konnten, weil ich der Ansicht war und bin, daß die Vertragsfreiheit unbedingt gewahrt werden muß und den Wortlaut: „Es empfiehlt sich nicht, die Vertragsfreiheit zu beschränken", zu pflaumenweich fand. Ich hätte allenfalls den Beschluß I annehmen können, wenn man gesagt hätte: die unbeschränkte Vertragsfreiheit ist die conditio sine qua non; ein solcher Zusatz wäre nach meiner Ansicht eine annehmbare Ergänzung des Beschlusses I gewesen. Jetzt bin ich allerdings auch der Ansicht, daß man mit Sicherheit auf die Vertragsfreiheit nicht wird rechnen können. Exzellenz Hamm hat uns schon in Stettin darauf aufmerksam gemacht, daß die heute schon durch das B.G.B. beschränkte Vertragsfreiheit nach Einführung des Erfinderrechtes auf sehr schwachen Füßen stehen würde. Nach meiner Ansicht würde es jedenfalls zu ganz unhaltbaren Zuständen führen, wenn die Vertragsfreiheit der Unternehmer angetastet werden sollte, soweit sie nicht gegen die guten Sitten verstößt.

Aus diesen Gründen habe ich nach dem Stettiner Kongreß beim Centralverband Deutscher Industrieller den Antrag gestellt, eine Revision der Stettiner Beschlüsse durch die in ihm vereinigten Vertretungen der Industrie zu veranlassen und davon auch dem V. d. M.-A. Mitteilung gemacht, der inzwischen gleichfalls bereits in Verhandlungen über den Gegenstand eingetreten war.

Hr. Justizrat Direktor Haeuser-Höchst a. M.: M. H., es wird für Sie vielleicht von Wert sein, zu hören, welchen Standpunkt gegenüber den Beschlüssen des Stettiner Kongresses die chemische Industrie eingenommen hat. Der Verein zur Wahrung der Interessen der chemischen Industrie Deutschlands hat in seiner letzten Hauptversammlung in Bonn, nachdem er schon auf seiner vorigen Hauptversammlung die Frage ungefähr im Sinne der Anträge, wie sie heute vorliegen, behandelt hatte, beschlossen, sich den Stettiner Beschlüssen anzuschließen. M. H., das war auch, wenn Sie wollen, eine Art Kompromißmacherei oder eine Art Taktik. Man ließ sich nämlich bei dieser uneingeschränkten Zustimmung zu den Stettiner Beschlüssen von dem Gedanken leiten, daß es doch vielleicht Eindruck machen werde, wenn diese Beschlüsse von einer großen Zahl wirtschaftlicher und industrieller Vereinigungen angenommen werden würden, und man glaubte hoffen zu können, daß dann seitens der gesetzgebenden Körperschaften diese Beschlüsse die nötige Beachtung finden würden. Ob man sich in dieser Auffassung nicht getäuscht hat, ob es nicht vielleicht besser gewesen wäre, lediglich den eigenen Standpunkt mit aller Energie zum Ausdruck zu bringen und abzuwarten, was nachher geschieht, lasse ich dahingestellt sein. (Sehr richtig!)

M. H., gestatten Sie mir noch einige kurze Bemerkungen zur Sache. Ich möchte Hrn. Dr. Guggenheimer ganz entschieden darin widersprechen, daß die Frage des Erfinderrechtes eine große Bedeutung hat, wenn man sie losgelöst von der Frage der Entschädigung und des Rechtes der Angestellten auf ihre Erfindungen betrachtet. Sie haben ja aus verschiedenen Ausführungen hier schon gehört, daß diese ganze Frage des sogenannten Erfinderrechtes überhaupt erst in zweiter Linie aufgetaucht ist neben der Frage: welche Entschädigung gebührt dem Angestellten für seine Erfindung? Weil es eben nicht möglich war, für diese Entschädigung überhaupt einen Rechtsgrund zu finden, ist man schließlich dazu gekommen zu sagen, wir müssen erst für den Angestellten ein Erfinderrecht haben; hat er dann dieses Recht, so können wir sagen, unter welchen Umständen, Voraussetzungen und gesetzlichen Beschränkungen er über dieses Recht vertragsmäßig verfügen kann. Die erste Frage nach dem Erfinderrecht ist also nach meinem Gefühl ganz untergeordnet der zweiten Frage nach der Entschädigung des Angestellten. Ich glaube, m. H., die meisten Redner, die ich gehört habe — Herr Geheimrat Aron hat dies z. B. ausgesprochen, und auch Exzellenz Krüger hat es eben noch ausdrücklich ausgeführt —, würden das Erfinderrecht als verhältnismäßig harmlos ansehen, wenn nicht die zweite Frage sofort dahinter stände, und wenn nicht, wie Exzellenz Krüger sagte, an die Anerkennung eines Erfinderrechtes nachher die Bedingung geknüpft würde, daß die Vertragsfreiheit eingeschränkt werden müsse. Das ist der Kern der ganzen Sache. M. H., ich war auf dem Juristentage in Karlsruhe, weil mich diese Frage sehr beschäftigt, und habe gehört, was dort die Vertreter des Bundes der technisch-industriellen Beamten ausgeführt haben. Deren Ausführungen gingen eigentlich gar nicht dahin, daß der Erfinder als Erfinder eine besondere Entschädigung bekommen soll; das war eigentlich nur das Mäntelchen. Was sie an praktischen Beispielen anführten und was sie zur Begründung ihrer Stellungnahme angaben, waren ganz allgemeine Klagen darüber, daß die Angestellten zu schlecht bezahlt würden. M. H., man befürwortet in Deutschland schon vielfach Tarifverträge, durch welche Mindestlöhne festgelegt werden sollen; wir haben aber im allgemeinen noch immer auf dem Standpunkt gestanden, daß man diese Regelung nicht auf die höheren Leistungen übertragen kann, mit anderen Worten, daß an der Vertragsfreiheit bei der Bewertung höherer Leistungen nicht gerüttelt werden darf. Die Bewegung des Bundes der technisch-industriellen Beamten wäre also ganz aussichtslos, wenn sie dahin ginge, die Vertragsfreiheit in dem Verhältnis von Unternehmer zum Angestellten ganz allgemein auch bei höheren Leistungen zu beschränken. Man greift daher aus dem großen Gebiete dieses Verhältnisses eine bestimmte Arbeitsleistung heraus, die sogenannte erfinderische Tätigkeit, und sagt sich: allgemein kommen wir mit der Forderung nicht durch, daß in gewissem Sinne der Richter bestimmen soll, welcher Lohn oder welches Gehalt für den betreffenden Angestellten angemessen ist, oder daß ein Vertrag — um im Sinne der heutigen Verhandlungen zu sprechen — zwischen Unternehmer und Angestellten nichtig ist, wenn der Unternehmer dem Angestellten nicht ein angemessenes Gehalt in dem Vertrage zugesagt hat; allgemein erreichen wir das nicht, aber verlangen wir es zunächst für die erfinderische Tätigkeit, dann kommen wir vielleicht damit durch. Diese erfinderische Tätigkeit ist in ganz besonderer Art beleuchtet worden; das Laienpublikum, wozu in diesem Falle auch die meisten Mitglieder des Reichstages gehören, vermag die Sachlage nicht zu beurteilen. Der arme Erfinder wird allgemein bedauert, er vollbringt nach allgemein verbreiteter Anschauung ganz außerordentliche Leistungen, die nicht mit den Leistungen anderer Personen in Vergleich gesetzt werden dürfen; für ihn soll daher festgesetzt werden, daß wenigstens die Verfügung über die erfinderische Tätigkeit nur mit besonderen Beschränkungen gültig ist, die Vertragsfreiheit soll für diesen Fall aufgehoben werden, und der Unternehmer soll dem Angestellten für seine erfinderischen Leistungen eine angemessene Vergütung geben müssen, andernfalls soll der betreffende Vertrag über die erfinderische Tätigkeit nichtig sein.

Das ist der innere Grund, und um diesen Ansprüchen der Angestellten eine Unterlage geben zu können, muß man das Erfinderrecht schaffen. Wenn der Beamte kein Eigentum an der Erfindung hat, so kann er keinen Anspruch auf eine Vergütung für die erfinderische Tätigkeit erheben. Wenn man nicht erst verfügt: das ist dein Eigentum, darüber kannst du frei verfügen, so fehlt die Grundlage, denn der Angestellte kann nur dann eine Vergütung erhalten, wenn er ein Recht hat, über das er verfügen kann; er kann sich nicht für etwas bezahlen lassen, was ihm gar nicht gehört hat. Das ist also die unbedingt notwendige, nicht nur juristisch-logische, sondern auch wirtschaftlich-logische Voraussetzung. Man muß ein Gut haben — die Erfindung —, und es muß auch ein Erfinder vorhanden sein; über das Gut soll dann nur unter bestimmten Voraussetzungen verfügt werden können, die von vornherein zugunsten des Beamten festgelegt werden sollen.

Deshalb halte ich es für sehr gefährlich, sich auf den Standpunkt des Berichterstatters Hrn. Dr. Guggenheimer zu stellen, der ausführte: wenn wir ein Erfinderrecht zugestehen und demnächst aussprechen, die Vertragsfreiheit darf nicht beschränkt werden, so nehmen wir mit der rechten Hand, was wir mit der linken gegeben haben. Diese Schlußfolgerung halte ich nicht für notwendig und richtig. Wenn der Angestellte ein Gut hat, wenn man ihm ein Erfinderrecht gibt, so ist doch noch nicht die logische Folgerung, daß er nun auch nicht frei sollte verfügen können. Die organisatorische Tätigkeit steht manchmal viel höher als die erfinderische Tätigkeit, über sie verfügt der Angestellte frei und schließt mit dem Unternehmer seinen Vertrag ab. An sich kann also, wenn man ihm das Recht gibt, ganz gut die Vertragsfreiheit aufrecht erhalten bleiben. Das wäre nur dann falsch, wenn in der Tat der Angestellte gar nicht in der Lage wäre, gleichberechtigt über dieses Recht zu verfügen, sondern wenn er gegen die Uebermacht des Unternehmers geschützt werden müßte, und dieser Uebermacht durch das Gesetz gewisse Schranken gezogen werden müßten.

M. H., ich bin also der Ansicht: wenn wir das Erfinderrecht verneinen, dann geschieht es hauptsächlich, weil wir aussprechen wollen: das ist bloß das Sprungbrett für die weitergehende Forderung auf eine Beschränkung der Vertragsfreiheit. Diese Beschränkung der Vertragsfreiheit wollen wir aber nicht, und daher wollen wir von vornherein nach dem Grundsatz: „principiis obsta“, handeln. Wir brauchen kein Erfinderrecht, denn irgendwelche Uebelstände in unserem jetzigen Rechtzustande sind durchaus nicht hervorgetreten; wir haben an sich kein Bedürfnis, an dem Grundsatz, daß dem Anmelder das Recht auf das Patent zusteht, irgend etwas zu ändern. Ein gewisses Recht des Erfinders an seiner Erfindung haben wir bereits in unserer Gesetzgebung und Rechtsprechung, und das genügt vollständig allen berechtigten Ansprüchen.

Ich lasse die Frage der sogenannten Erfinderehre, der Namensnennung beiseite. Diese Frage hat eine praktische Bedeutung nur, wenn sie mit der zweiten Frage, der Entschädigung der Angestellten für ihre Erfindungen, verknüpft wird. Eine Verknüpfung der Frage der Erfinderehre mit der Entschädigungsfrage und mit der Frage des Rechtes auf Entnahme des Patentes erachte ich nicht für geboten. Daher kann ich auch im Falle der Bejahung der Frage der „Erfinderehre“ mich doch hinsichtlich der Frage der Entschädigung und des sogenannten Erfinderrechtes ablehnend verhalten, und der Standpunkt Ihres Ausschusses, der ein Erfinderrecht in dem hier besprochenen Sinne nicht anerkennen will, erscheint mir annehmbar. (Beifall.)

Hr. Professor Dr. Osterrieth-Berlin: M. H., als der Deutsche Verein für den Schutz des gewerblichen Eigentumes der außerordentlich liebenswürdigen Einladung, hier zu erscheinen, Folge leistete, war er sich dessen voll bewußt, daß der Standpunkt, von dem aus die Frage hier behandelt werden würde, notwendigerweise ein anderer sein müsse als der, der in unserem Verein maßgebend gewesen ist. Ich glaube, Hr. Dr. Soetbeer war es, der diesen Unterschied hier am schärfsten ausgesprochen hat. Ich halte es für selbstverständlich, m. H., daß Sie hier den Standpunkt der Industrie aussprechen und nicht in erster Linie nach Kompromissen, nach ausgleichenden Lösungen suchen. Ich glaube aber auch, daß, wenn Sie von diesem durchaus berechtigten Standpunkt ausgehen, Sie sich darüber klar werden müssen, daß die Frage in dieser Gestalt keine Rechtsfrage ist, keine Frage des Ausbaues unseres Rechtes, sondern eine soziale Frage, und daß sie durch Machtfaktoren entschieden werden wird. Das ist selbstverständlich ein Standpunkt, auf den sich der Deutsche Verein nicht stellen kann, da es nicht Sache des Deutschen Vereines ist, Interessen, sei es der Industrie, sei es der Angestellten, sei es freier Erfinder, oder überhaupt irgendwelche umgrenzte Interessen irgendwelcher Art zur alleinigen Richtschnur seiner Arbeiten zu machen. Es ist vielmehr seine Aufgabe — dazu ist er gegründet worden und darin erblickt er mit Stolz den Erfolg seiner ganzen bisherigen Arbeit —, für die Verschiedenheiten der Interessen ausgleichende Lösungen zu finden, die eine gesetzgeberische Verwirklichung ermöglichen. Unter diesen Gesichtspunkten sind wir in der hier beratenen Frage zu dem Ergebnis gekommen, daß eine richtige Lösung, eine allen Interessen in billiger Weise entsprechende Lösung nicht möglich ist, wenn man die Frage als eine soziale Frage, als eine Machtfrage betrachtet; ich kann in dieser Beziehung Hrn. Justizrat Haeuser nur vollkommen recht geben. Die Frage der Gewährung eines Anteiles, die Forderung der Angestellten, daß dem Angestellten-Erfinder unter allen Umständen ein Anteil aus der Verwertung der Erfindung gewährt werde, ist mit rechtlichen Gründen nicht zu bekämpfen, wenn man nicht überhaupt das Erfinderrecht als rechtliche Grundlage jeder Regelung anerkennt. Sie können von Ihrem Standpunkt aus sagen, es wäre der größte Schaden für die deutsche Industrie; andere Gesichtspunkte aber können Sie nicht geltend machen. Wie ich bereits gesagt habe, würde es sich dann bei den gesetzgebenden Körperschaften lediglich um folgendes handeln: hier steht die eine Forderung, dort steht die andere Forderung. Wo ist die größte Macht? Das gibt den Ausschlag.

Nein, m. H., wir sind zu der Ueberzeugung gekommen, daß zur Lösung dieser Frage nur geschritten werden kann auf dem Wege — ich will nicht sagen, juristischer Konstruktion, denn dem Ausdruck haftet ein unangenehmer Beigeschmack an, aber — auf dem Wege der Erörterung aller rechtlichen Folgen, die sich an die Verwirklichung des einen oder anderen Standpunktes knüpfen. Und da sind wir auf den Boden des Erfinderrechtes gekommen.

M. H., ich muß den liebenswürdigen Ausführungen des Hrn. Dr. Waldschmidt, der mich gewissermaßen als den Erfinder dieses Gedankens hingestellt hat, widersprechen. Ich bin erstens nicht der Erfinder des Erfinderrechtes, dieser Gedanke ist außerordentlich viel älter; sodann ist der Gedanke bei uns nicht deshalb angenommen worden, weil er von dem oder jenem — auch unser verehrter, leider jetzt hoffnungslos erkrankter Vorsitzender hat sich unbedingt auf diesen Standpunkt gestellt — vertreten worden ist, sondern weil er in unserer Kommission und auch auf unseren Kongressen tatsächlich als eine mögliche, logische und richtige Lösung des Interessengegensatzes angesehen worden ist. In diesem Sinne haben, glaube ich, auch die Herren aus der Industrie für den Beschluß gestimmt, soweit sie in der Kommission und auf dem Kongreß mitgearbeitet haben. Ich glaube auch, daß der Standpunkt dieser Herren durchaus richtig war, und daß man nicht einen Widerspruch konstruieren kann zwischen ihrer Abstimmung in der Kommission und auf dem Kongreß und ihrem Auftreten hier. Ich halte es für durchaus richtig, daß man sagt: das ist mein grundsätzlicher Standpunkt, aber ich erkläre mich auch bereit, von diesem Standpunkt bis zu einem gewissen Grade abzugehen, wenn es sich darum handelt, eine gemeinsame und richtige Lösung der Frage anzubahnen.

In dieser Beziehung möchte ich mit einem Wort an das anknüpfen, was Hr. Regierungsrat Bartels gesagt hat. Er hat gemeint, es könnte vielleicht in gewissem Maße eine Gefahr für die Industrie darin liegen, sich an unseren Kongressen zu beteiligen. M. H., ich glaube das nicht; vom Standpunkt des Deutschen Vereines aus kann ich nur sagen, daß wir wünschen und den größten Wert darauf legen, daß die Industrie in der entschiedensten und unzweideutigsten Weise ihre Wünsche ausspricht und ihren Standpunkt darlegt. Wir bitten Sie aber auch zu gleicher Zeit darum, mit Unbefangenheit und freiem Blick an der Lösung mitzuwirken, die schließlich doch nötig ist, wenn der Gesetzgeber etwas Richtiges und für die Zukunft Brauchbares schaffen soll. (Beifall.)

Hr. Direktor Professor Budde-Berlin: M. H., ich möchte mich doch mit wenigen Worten gegen einiges wenden, was der Herr Vorredner ausgeführt hat, besonders gegen den Satz, daß soziale Fragen immer als reine Machtfragen gelöst werden. (Sehr richtig!) Ich glaube, soziale Fragen lassen sich auch als Entwicklungsfragen auffassen, und zwar nicht bloß vom juristischen Standpunkt aus, sondern vom einfachen Standpunkt des gesunden Rechtsgefühls. Gerade das möchte ich mit ein paar Worten betonen. Es wird immer gesagt: der Erfinder muß entschädigt werden. Von der Schwierigkeit, einen Erfinder festzustellen, von den Umständlichkeiten und Bedenken, die darin liegen, daß die Erfindung nicht, wie man gewöhnlich meint, etwas Besonderes ist, sondern einfach eine Sache der Arbeit, von alledem, was drum und dran hängt, will ich kein Wort sagen. Ich möchte nur auf einen Punkt hinweisen, den ich schon in Stettin betont habe, der aber nicht genug wiederholt werden kann. Es gibt ganze Klassen von Leuten, deren gewerbliche Tätigkeit nichts anderes ist als Erfinden. Das sind in unserer Maschinenindustrie alle die Leute, die wir als Konstrukteure bezeichnen, (Sehr richtig!) und in der Chemie haben sie gar keinen besonderen Namen, sondern heißen gewöhnlich einfach Chemiker. Unsere Konstrukteure, die wir alle am besten kennen, haben, wie jeder von Ihnen weiß, nichts anderes zu tun als zu erfinden; denn alle Konstruktionen, welche nicht einfache Normalkonstruktionen oder Kopieen sind, enthalten dieses erfinderische Element, und es läßt sich gar keine Grenze ziehen zwischen der Tätigkeit eines Beamten, der 99 vH abgeschrieben und 1 vH hinzugefügt, und der Tätigkeit eines anderen Beamten, der 99 vH erfunden und 1 vH auf der Straße liegende, vorhandene Elemente benutzt hat. Ein solcher Mann muß also, wenn er überhaupt seine Tätigkeit gewinnbringend verkaufen will, seine ganze Tätigkeit verkaufen, und damit ist m. E. der Einwurf abgewiesen, der in Stettin wiederholt erhoben wurde, es sei eigentlich gegen die gute Sitte und Moral, wenn ein Erfinder sein ganzes Dasein, wie gesagt wurde, für ein Linsengericht — unter Umständen ist das übrigens eine recht gute Nahrung — verkauft. Wenn der Unternehmer einem solchen Manne gegenübersteht, der ihm seine erfinderische Tätigkeit verkauft hat, so liegt die Entschädigung eben in dem Gehalt, das der Mann bekommt, und in der ganzen Stellung, die er in dem Unternehmen hat. Das ist schon hundertmal gesagt worden, kann aber nicht oft genug wiederholt werden. Es muß auch zugleich hinzugefügt werden, daß in jeder anständigen Firma darauf gehalten wird, daß die Entschädigung den Mann befriedigt. (Sehr richtig!) Wir möchten den Juristen, der erst entscheiden soll, was angemessen ist, nicht dabei haben. „Angemessen" ist überhaupt eines der nichtsnutzigsten Worte, die es in der ganzen Technik gibt. (Sehr wahr!) Wer will im einzelnen Falle sagen, was angemessen ist. Die ewige Anwendung des Wortes „angemessen" läuft schließlich nur darauf hinaus, daß in allen Fällen der Richter entscheiden soll, was dem einen und was dem anderen zukommt. Wenn der Richter im Erfindungswesen diese Verpflichtung haben soll, so hat er sie auch in allen menschlichen Beziehungen, und es muß schließlich auch der Richter entscheiden, ob ein angemessener Preis bezahlt worden ist, wenn ich ein halbes Dutzend Aepfel kaufe. Eine Grenze ist da nicht zu ziehen.

Ausgehend also von der Tatsache, daß die obigen Klassen von Leuten nichts anderes zu verkaufen haben als ihre erfinderische Tätigkeit und daß ihre gesamte Tätigkeit nicht anders als durch ihre gesamte Stellung bezahlt werden kann, bin ich der Meinung, daß gerade in der nur von dem Vorgesetzten richtig zu erkennenden Regelung dieser Verhältnisse eine teilweise Regelung der sozialen Frage gegenüber den Angestellten liegt, die gar keines besonderen Eingriffes von seiten des Richters und der Gesetzgebung bedarf. (Beifall.)

Hr. Geheimer Regierungsrat Professor Dr., Dr.-Ing. et Dr. med. h. c. Duisberg-Elberfeld: Mit dem Vorredner bin ich im großen ganzen einig und habe mich auch als Gast dieses Hauses gefreut, daß die Auffassung über Erfindung, wie eine solche zustande kommt, und was sie ist, so klipp und klar ausgesprochen worden ist, vor allen Dingen im Beisein der Herren Regierungsvertreter. Ich wollte nur, der ganze Reichstag säße hier und hörte dieses auch, aber der eine Abgeordnete, der anfangs zugegen war, ist schleunigst wieder verschwunden (Heiterkeit.)

M. H., ich möchte noch das eine sagen, daß wir ja sehr gut hier vom Standpunkte des

Unternehmers und vom Standpunkte des Maschinenfabrikanten aus feste Stellung nehmen können, ebenso wie der Bund der technisch-industriellen Beamten auf der anderen Seite Stellung genommen hat, daß aber schließlich im Reichstag die Brücke geschlagen wird zwischen beiden widerstreitenden Meinungen, und wer dann Recht bekommt, wissen wir ganz genau im voraus. (Heiterkeit.) Deswegen stehe ich, im Gegensatz zu dem hochverehrten Hrn. Dr. Soetbeer, auf dem Standpunkt, daß es für den Unternehmer nicht richtig ist, immer zu verneinen und sich nachher auf eine Brücke begeben zu müssen, die dem Unternehmer nicht paßt, sondern daß es viel richtiger ist, von vornherein eine Vergleichsbrücke zu konstruieren, die stabil ist und beiden Anschauungen Rechnung trägt. Aus diesem Grunde sind mir auch Vereinigungen, wie der Deutsche Verein für den Schutz des gewerblichen Eigentumes und auch der neu entstandene Hansabund so sympathisch, wo beiden Parteirichtungen die Möglichkeit der Aussprache des Gedankenaustausches, aber auch der Verständigung, wie dies auf dem Stettiner Kongreß geschah, gegeben ist.

M. H., wir stehen bei der hier zur Erörterung kommenden Frage auch in der chemischen Industrie ganz auf Ihrem Standpunkt. Dabei betreiben wir auch sehr erheblich mechanische Industrie, wie Sie wissen; große Firmen von uns beschäftigen Hunderte von Maschinen-Ingenieuren und Technikern. Aber das Eine wollen wir doch nicht vergessen: es ist ganz richtig, daß Erfinden ehrliche Arbeit ist, aber im Gegensatz zu der ehrlichen Arbeit des Organisierens, des Verkaufens und des Einkaufens wird die Erfindung vom Staat belohnt mit einem Monopol, das dem Unternehmer viel Geld einbringt. Das können wir nicht bestreiten. Es wird auch sehr oft viel Geld dabei verloren; im großen und ganzen steht jedoch dem Publikum, dem Reichstag und allen gegenüber die Tatsache fest, daß zahlreiche patentierte Erfindungen viel Geld einbringen. Nun kommt es meiner Meinung nach sehr darauf an, daß dem Publikum einmal klar gemacht wird, wer denn der eigentliche Erfinder ist. Das ist sehr wichtig. Im Allgemeinen glaubt man, daß in den großen Unternehmungen immer ein oder mehrere Angestellte diejenigen sind, welche die gewinnbringenden Erfindungen allein gemacht haben. Die eigentliche Etablissements-Erfindung, die die Regel ist, kennt das Publikum nicht, und weiß nichts davon. Wir haben — Hr. Dr. Guggenheimer wird mir darin recht geben — nicht nur auf dem Kongreß für gewerblichen Rechtschutz, sondern auch an anderer Stelle große Mühe gehabt, klar zu machen, daß tatsächlich die Etablissements-Erfindung eigentlich die maßgebendste Erfindung ist, diejenige Erfindung, die am meisten vorkommt, mit der wir immer zu tun haben. Wie können wir das aber dem Publikum gegenüber zum Ausdruck bringen? Bisher haben wir keine Möglichkeit gehabt, es zu tun. Bisher heißt es immer, den Indigo hat der und der erfunden, das Kontaktverfahren der und der, den Diesel-Motor hat Herr So und So gemacht und dergleichen mehr. Daß in vielen Fällen, in erster Linie in der chemischen Industrie, vielleicht zu 90 vH. das betreffende Unternehmen, die Fabrik genannt werden müßte, das ist nirgendwo bekannt. Das müßte bekannt werden, und das könnte auf dem Wege geschehen, der hier vorgeschlagen worden ist.

M. H., ich habe lange gewartet, ehe ich mich zum Worte meldete. Als Gast und als Vertreter der chemischen Industrie wollte ich erst alle Vertreter der mechanischen Industrie zu Wort kommen lassen. Nachdem diese aber, auch die, welche dem Stettiner Kongreß beigewohnt haben und den dort gefaßten Resolutionen zustimmten, jetzt gegen diese Beschlüsse sind, muß ich hier feststellen, daß ich das Meerweib gewesen bin, das auf dem Kongreß für gewerblichen Rechtschutz die widerstrebenden Industriellen, darunter auch meinen Freund Professor Budde — halb zog ich ihn, halb sank er hin — dahin gebracht habe, diesen Vergleichsweg zu beschreiten. Es ist m. E. auch heute falsch und nicht richtig, wenn wir nur verneinen; wir müssen auch hier einen Ausgleich suchen. Und warum müssen wir es? Sie haben es in Ihrer Denkschrift selbst ausgeführt; der Reichstag hat einstimmig beschlossen, den Reichskanzler zu ersuchen, bei der bevorstehenden Reform des Patentgesetzes in das Gesetz Bestimmungen aufzunehmen, durch die die Erfindungen der technischen Angestellten und Arbeiter in geistiger und materieller Beziehung — ich mache darauf aufmerksam, daß von Arbeitern Erfindungen, wenigstens in unserer Industrie, gar nicht gemacht werden — mehr als bisher geschützt werden. Mit dieser Tatsache haben wir zu rechnen. Was wollen Sie nun tun? Wollen Sie sagen: das ist zwar beschlossen, aber wir sträuben uns dagegen, weil es eine Lösung nicht gibt? Trotzdem muß die Reichsregierung einen Weg suchen; sie hat die Aufgabe, sie ist schon bei der Arbeit. Unter diesen Umständen ist es doch richtiger, wenn wir uns bemühen, auch einen Weg zu finden? — Sie entschuldigen gewiß, Hr. Vorsitzender, wenn ich die zweite Frage hier mithineinziehe, sie ist gar nicht von der ersten zu trennen. — Es ist gar keine Rechtsfrage, es ist eine soziale Frage. Auf dem Kongreß für gewerblichen Rechtschutz in Stettin fingen auch unsere Herren Berichterstatter sehr schön theoretisch-praktisch, rein juristisch an, auf einmal waren wir mitten auf dem Tummelplatz der Sozialpolitik angelangt. Von dem sozialpolitischen Gesichtspunkte aus müssen wir auch hier diese Frage betrachten. Wir müssen sehen, wie wir der Forderung des Reichstages Rechnung tragen können, ohne daß die Industrie dabei zu Schaden kommt. Und da bin ich der Meinung, mein Freund Haeuser ist der Meinung, und die anderen Industriellen, die in überwiegender Mehrheit auf dem Kongreß für gewerblichen Rechtschutz sich, wenn auch zögernd, auf denselben Standpunkt gestellt haben, waren gleichfalls der Meinung, daß die Beschlüsse des Stettiner Kongresses hierfür geeignet sind. Das Gespenst, das von Hrn. Dr. Guggenheimer an die Wand gemalt worden ist, sehe ich nicht, er hat auch allzusehr grau in grau gemalt. (Widerspruch.) Tatsächlich ist auf dem Gebiete der chemischen Industrie die Gefahr nicht in dem Maße vorhanden, wie sie geschildert worden ist. M. H., wir haben doch amerikanische Patente. Da kommen ja die Erfinder zur Geltung, leider immer nur die Angestellten, nicht die Firmen. Die Firma kommt nicht zur Geltung, weil sie einen Eid nicht schwören kann. In Deutschland wird es anders werden. Da wird es nachher nicht mehr heißen: das Verfahren oder den Farbstoff hat Herr Dr. So und So allein gemacht; sondern die Farbenfabrik und Herr Dr. So und So haben dies und jenes erfunden. Dann wird das Publikum sehen, daß es sich in den meisten Fällen um Etablissements-Erfindungen handelt. Schon den dadurch zu erzielenden Erfolg halten wir für außerordentlich bedeutungsvoll.

M. H., Sie sagen, es werden Rechtstreite aller Art entstehen, wenn Sie die Stettiner Vorschläge annehmen. Das verstehe ich nicht. Es bleibt doch genau so, wie es vorher war, wenn Sie nur den richtigen Vertrag mit Ihren Angestellten machen. (Zuruf.) Selbstverständlich müssen wir darauf bestehen, daß die Vertragsfreiheit nicht beschränkt wird. (Zuruf: Ja, das ist es eben!) Das müssen wir durchsetzen, und wir setzen es viel besser durch, wenn wir Entgegenkommen zeigen, als wenn wir nichts weiter bewilligen wollen, als den Namen des Erfinders bekannt zu geben. Ich weiß nicht, ob die hier anwesenden Herren Vertreter des Reiches und von Preußen und Bayern sich hierzu äußern dürfen; aber ich bin fest überzeugt, auch diese werden bestätigen, daß wir damit nicht weiter kommen. Wir müssen also einen Mittelweg suchen, und da ist der vom „Grünen Verein“ vorgeschlagene gangbar und auch für den Reichstag eine geeignete Grundlage.

Allerdings, und das ist in dem Bericht über den Stettiner Kongreß, der heute erschienen ist, auch deutlich zu lesen — conditio sine qua non ist — Herr Budde und ich haben es genügend laut und oft in die Versammlung hineingerufen und es an praktischen Beispielen deutlich bewiesen —, daß unter keiner Bedingung eine Beschränkung der Vertragsfreiheit vorgenommen werden darf.

Nun sagen Sie: die Angestellten werden gern die ihnen in Stettin geschlagene Brücke betreten, werden sie dann aber als Sprungbrett benutzen, um die gesetzlich festgesetzte Gewinnbeteiligung usw., oder vielleicht die „angemessene Entschädigung“ wie im österreichischen Patentgesetz durchzusetzen. M. H., ich glaube, ein praktisches Beispiel wird Ihnen zeigen, daß die Gefahr nicht so groß ist. Den Bund der industriellen Beamten befriedigen wir überhaupt nicht; der besteht ja auch gar nicht aus Erfindern. Wie aber steht es z. B. bei den Chemikern? Da haben wir — the proof of the pudding is to eat it — den Beweis erbracht; er liegt vor in den im September in Frankfurt gefaßten Beschlüssen des Vereines deutscher Chemiker. Von den diesem großen Verein angehörenden 4200 akademisch gebildeten Chemikern sind etwa 60 vH. Angestellte. Zur Beratung der Frage der Angestellten-Erfindung —, seit Jahren hat man gerufen: der Angestellte muß geschützt werden, seit Jahren hat man gesagt, es müsse etwas geschehen — haben wir einen sozialen Ausschuß eingesetzt, der paritätisch aus Angestellten und Arbeitgebern besteht. Dieser Ausschuß und weiter die Hauptversammlung in Frankfurt a. M. haben, ersterer einstimmig, letztere mit überwiegender Mehrheit, sich den Beschlüssen des Stettiner Kongresses angeschlossen. In der Debatte ist ganz scharf zum Ausdruck gekommen, und die Angestelltenvertreter haben es anerkannt — es freut mich, daß ich gerade das hier mitteilen kann, wo die Regierungen vertreten sind —, daß eine Beschränkung der Vertragsfreiheit, auch vom Standpunkte der Angestellten aus, unstatthaft ist und für den Angestellten nicht förderlich, sondern nur schädlich sein würde.

M. H., da haben Sie den Beweis dafür, daß wir mit unserm vermittelnden Standpunkt schon etwas erreicht haben. Und was für die Chemiker gilt, wird auch bei den Ingenieuren zutreffen. Deshalb möchte ich Sie dringend bitten, sagen Sie von Ihrem Standpunkt aus: es ist für unsere Industrie außerordentlich bedenklich und schwierig, und es hat eine Unmenge von Nachteilen zur Folge, wenn wir einer Veränderung des Gesetzes zustimmen. Aber suchen Sie einen Weg, wie Sie aus den Schwierigkeiten herauskommen. Der Weg, den Sie in Ihren Leitsätzen zum nächsten Punkte der Tagesordnung einschlagen wollen, befriedigt nicht. Er ist meiner Ansicht nach auch, wie ich hier vorgreifend schon bemerken will, ganz unlogisch; Sie kommen damit auf eine ganz falsche Bahn. Sie würden richtiger tun, wenn Sie dann die Beschlüsse des Stettiner Kongresses mit entsprechenden Abänderungen annehmen. Glauben

Sie nur nicht, daß ich die Leitsätze, die in Stettin aufgestellt worden sind, alle Wort für Wort unterschreibe. Weit gefehlt! Das sind Vergleichsversuche, und die Reichsregierung muß erst den richtigen Weg finden; er wird vielleicht nicht einmal sofort, sondern erst später im Laufe der Zeit gefunden werden. Aber die Stettiner Beschlüsse sind wenigstens eine Brücke, die die Möglichkeit bietet, den Wünschen der Angestellten entgegenzukommen.

M. H., stellen wir uns doch einmal auf den Angestellten-Standpunkt; die meisten von uns sind doch im gewissen Sinne auch nur Angestellte. Wir kommen um die soziale Frage der Angestellten-Erfindung nicht ohne weiteres herum, wir wollen doch auch alle gern etwas für die Angestellten tun. Wir sind ja überzeugt, daß wir sie jetzt schon entsprechend entschädigen, aber man kann auch noch einen Schritt weiter gehen — ich kann Ihnen das an dem Beispiel unserer Fabrik zeigen —, man kann ihnen zB. Prämien gewähren, wie wir es tun. Wir geben den Angestellten heute schon einen bestimmten Anteil am Nutzen ihrer Erfindungen. Seit 20 Jahren haben wir eine solche Klausel in unseren Anstellungsverträgen. Wir haben noch nicht ein einziges Mal die unangenehmen Erfahrungen gemacht, die Hr. Dr. Waldschmidt hier vorgetragen hat. Allerdings muß ich gestehen, — ich hätte beinahe gesagt: Heinrich, mir graut vor dir! (Heiterkeit.) als er die Klausel seiner Verträge mitteilte —, die ist, rein juristisch betrachtet, fürchterlich leichtsinnig abgefaßt. (Zuruf von Dr. Waldschmidt: Habe ich vorgefunden!) Ich darf Ihnen vielleicht unsere Klausel empfehlen. Man ist dabei allerdings nicht in der Lage, allen Erfindern eine Entschädigung in Form von Gewinnbeteiligung zuteil werden zu lassen, man muß sich vorbehalten, das in einzelnen Fällen durch Erhöhung des Gehaltes, Verbesserung der Stellung und dergleichen zu tun. Ich spreche auch im Namen der Angestellten, wenn ich Sie bitte, berücksichtigen Sie auch deren Standpunkt, betrachten Sie die Stettiner Vorschläge als Vergleichsvorschläge, die zu einer befriedigenden Lösung führen sollen. Ich glaube, wir tun besser daran, als wenn wir nur nein sagen. (Beifall.)

Hr. Fabrikbesitzer Topf-Erfurt: M. H., mir ist durch die Herren Vorredner schon vieles vorweg genommen. Ich habe mich auch nicht deswegen zum Wort gemeldet, um Ihnen viel Neues zu sagen, sondern um der Aufforderung Folge zu leisten, daß man doch die Ansicht der Industriellen hier möglichst persönlich zum Ausdruck bringen möchte. Wenn ich manchen Punkt einfach wiederhole, so wollen Sie das damit entschuldigen.

Ich habe zuerst das Gefühl, daß in der Hauptsache die ganze Frage immer wieder auch unter uns dadurch aufgerollt wird, daß wir zu Vergleichen geneigt sind, weil wir uns nicht nachsagen lassen wollen, wir wären nicht sozial oder wären nicht geneigt, den sozialen Forderungen Folge zu geben. Ich habe auch oft in den Verhandlungen der Handelskammer, der ich als Mitglied angehöre, gehört: taugen tut ja die Sache nichts, wir werden schlecht dabei fahren, aber wir müssen schon zustimmen, wenigstens zu drei Viertel, damit man uns nicht nachreden kann: ihr seid nicht bereit, den sozialen Anforderungen nachzukommen.

Was das Erfinderrecht anbetrifft, so habe ich mit sehr vielen anderen Unternehmern die Ueberzeugung, daß es sich hier nicht eigentlich um ein Recht handelt, das die Angestellten haben, sondern um ein Recht, das die Unternehmer haben, und das ihnen gewissermaßen von den Angestellten entrissen werden soll. Ich kann nur das zusammenfassen, was von den verschiedenen Vorrednern gesagt worden ist: werden Sie sich doch immer wieder darüber klar, wie eine sogenannte Erfindung zustande kommt. Man weiß, daß oft ein Patent auf ein verhältnismäßig kleines Teil eines größeren Ganzen — einer Maschine oder einer maschinellen Vorrichtung — der betreffenden Firma, die vielleicht zehn Jahre Versuche gemacht hat, um etwas Bestimmtes zu erreichen, Unsummen gekostet hat. Wenn Sie nun dem letzten, der vielleicht gefunden hat, daß man ein Loch an einer Trommel, das bisher rund gewesen ist, zukünftig länglich machen müsse, damit eine gewisse bedeutungsvolle Wirkung in die Erscheinung tritt, das Erfinderrecht zusprechen wollen, was für Folgen entstehen daraus? Die Konstruktionsneuerung ist ein Erfolg, der von sehr vielen Leuten und mit großem Aufwande der Firma angestrebt und schließlich erreicht worden ist. Dem letzten, der endlich gesagt hat: wir wollen statt des Loches einen Schlitz machen, dem soll nun das Patent gehören! M. H., ich habe das Empfinden, es wäre ein großes Unrecht, wenn das den Industriellen zugefügt werden sollte.

Ich möchte noch auf ein weiteres aufmerksam machen. Ich glaube, die meisten Industriellen haben die Erfahrung gemacht, daß tiefergehende Meinungsverschiedenheiten in dieser Beziehung zwischen ihnen und ihren Angestellten bisher gar nicht bestehen; sie hören auch nicht die wirklich erfinderischen Geister Klage führen, daß sie etwa zu schlecht bezahlt werden, daß es ihnen schlecht ginge usw. Solche Leute sind meistens außerordentlich schnell vorwärts gekommen, verdienen große Summen, nicht, weil sie eine bestimmte Erfindung gemacht haben, sondern weil sie sich überhaupt als tüchtige Mitarbeiter des Unternehmens bewährt haben. Ich glaube sicher, Sie werden auch die Empfindung haben, daß diese Dinge künstlich von solchen Leuten aufgebauscht werden, die nicht vom Glück begünstigt sind, deren Arbeit sich nicht als lohnend und nützlich für das Geschäft erwiesen hat; diese sagen natürlich, wir befinden uns in fürchterlichem Nachteil. Die anderen werden aber meist nicht die Ansicht haben, daß in Wirklichkeit eine große Lücke in der Entschädigung der Angestellten besteht, die ausgefüllt werden muß.

Ich schließe nochmals mit dem Bemerken, daß ich das nur als eine Empfindung von vielen meiner Berufskollegen aus der Praxis hier bekannt geben wollte.

Berichterstatter Hr. Direktor Dr. Guggenheimer-Augsburg: M. H., die wie immer vorzüglichen Ausführungen des Hrn. Geheimrat Duisberg machen es mir außerordentlich schwer, erstens der Verlockung zu widerstehen, auf das Gebiet des Brückenbauens einzugehen, das er zuletzt berührt hat, und zweitens, daran festzuhalten, daß es sich hier tatsächlich nicht um eine Frage zweiten Grades handelt. Weder Hr. Geheimrat Duisberg, noch die anderen beiden Redner haben mich in dieser Beziehung überzeugt. Ich bin vielmehr ganz im Gegensatz zu ihnen der Ansicht, daß sie gerade gezeigt haben, wie notwendig es ist, eine scharfe Scheidewand zwischen den beiden Fragen aufzurichten. Hr. Geheimrat Duisberg und Hr. Justizrat Haeuser haben von der Frage des Erfinderrechtes als einer Frage zweiter Ordnung gesprochen und haben gesagt, man dürfe in industriellen Verbänden nicht nur verneinen, sondern man müsse auch die Gründe und Auswege suchen. Vollkommen unterschrieben! Es soll auch von uns gar nicht verneint werden. Das habe ich bereits vorhin, übergreifend auf die zweite Frage, mir zu sagen erlaubt. Hr. Professor Duisberg meint, die Brücke müsse breiter sein. Auch das sei zugegeben; ich will in diesem Punkte gar nicht mit ihm rechten, das ist Sache eines anderen. Aber, Hr. Geheimrat, man braucht nicht eine Brücke, die nicht verlangt wird, man braucht kein allgemeines Erfinderrecht zu schaffen und die Brücke so weit zu machen, wenn schon eine ganz andere Brücke genügt, um den weitestgehenden Ansprüchen zu entsprechen. Das ist der Unterschied zwischen uns beiden. Ich entsinne mich, daß Hr. Geheimrat Duisberg auch nicht immer so ganz für das Erfinderrecht im allgemeinen sich erwärmen konnte, und ich meine, man müßte auch bei dem „Grünen Verein" davon ausgehen, daß man, wenn man einen Vergleich sucht, diesen Vergleich nicht sofort mit allem Möglichen ausstattet, das gar nichts damit zu tun hat. Suchen Sie einen Vergleich, die Regierung wird diesen Weg auch einschlagen müssen! M. H., die Regierungen müssen, nachdem sie uns hier zuhören — das ist auch an anderer Stelle betont worden —, davon überzeugt sein, daß wir eine viel größere Gefahr darin erblicken, wenn man nicht nur eine Brücke schlägt, sondern gleich alles mögliche andere mit zugesteht, was mit der Sache an sich nichts zu tun hat.

Ich brauchte das alles nicht auszuführen, wenn ich mich auf die vorzüglichen Worte des Hrn. Dr. Bartels stütze, der ganz richtig gesagt hat: ob es ein logischer Weg ist, daß man die Erfinderehre der Angestellten schafft, daß man mit der Namensnennung der Angestellten bei ihren Erfindungen eine Entschädigung der Angestellten schafft, das kümmert bei der Gesetzgebungsarbeit niemanden, wenn man es nur gibt und das andere wahrt, was man nicht geben muß und nicht geben kann.

M. H., es ist davon gesprochen worden, daß die Herren, vor allem auch Exzellenz Krüger — es wurden noch andere von Hrn. Duisberg angeführt — sich ganz gern mit dem allgemeinen Erfinderrecht abfinden würden, wenn es nur nicht das der Angestellten nach sich zöge. Ich habe die Herren nicht so verstanden, ich habe sie so verstanden, daß man, wenn man auch das Erfinderrecht den Angestellten geben würde, dann doch der viel weitergehenden Gefahr des allgemeinen Erfinderrechtes begegnen müsse. (Zustimmung.) Und daran halte ich fest.

Nun kommt die Vertragsfreiheit. Hr. Geheimrat Duisberg hat gesagt, daß diese als eine conditio sine qua non in den Stettiner Beschlüssen dargestellt worden ist. Ganz so pflegt man allerdings eine conditio sine qua non nicht auszudrücken, wenn man sagt: man empfiehlt, es zu tun. (Heiterkeit.) So steht es im Beschluß II. Von einer conditio sine qua non ist da doch nicht die Rede. Aber wollen die Herren doch abwarten, ob sie diese conditio sine qua non überhaupt bekommen, und wollen sie abwarten, wie diese conditio sine qua non in der Rechtssprechung ausgelegt werden wird, und wollen sie endlich abwarten, wie lange sie sich erhalten wird. Das hat m. E. Hr. Dr. Soetbeer sehr richtig gekennzeichnet, indem er sagte: Bilden Sie sich nicht ein, daß, wenn man die eine Forderung genehmigt, man Ihnen auch die andere Forderung in vollem Umfange wird genehmigen können. Der Meinung bin ich auch. Wenn Sie die Vertragsfreiheit in vollem Umfange wahren, so ist das jedenfalls gegenüber dem Erfinderrecht der Angestellten eine sehr wirksame und weitgehende Maßnahme. Ob sie notwendig und ausreichend ist oder nicht, das zu entscheiden überlasse ich dem nächsten Herrn Berichterstatter. Aber beim allgemeinen Erfinderrecht brauchen Sie sie überhaupt nicht, weil das allgemeine Erfinderrecht selbst nicht verlangt wird. So gern ich dem zustimme, daß man nicht nur verneinen, sondern daß man auch Brücken schlagen soll, so unbedingt möchte ich daran festhalten, daß man zu dieser Brücke kein Material verwenden soll, das von der anderen Seite nicht verlangt wird.

Hr. Geheimer Regierungsrat Professor Dr. Aron-Charlottenburg: M. H., es ist hier darauf hingewiesen worden, daß der Reichstag in seiner Gesamtheit einen Beschluß gefaßt hat, der notwendig das Erfinderrecht verlangt. Wir sind überzeugt, daß der besser zu unterrichtende Reichstag anders beschließen wird, und unsere Aufgabe ist es, alles dazu hier zusammenzutragen, um die Herren, die den früheren Beschluß gefaßt haben, besser zu unterrichten. Dazu will ich noch etwas beitragen, insbesondere gegenüber Hrn. Geheimrat Duisberg, der einen Punkt erwähnt hat, der vollkommen irre führt und der, wenn er im Reichstag erwähnt wird, sicher Glauben finden wird. Er sagte nämlich: Ein Patent ist ganz etwas anderes als jede andere Arbeit; durch das Patent wird ein Monopol verliehen, und für das Monopol haben wir auch Pflichten gegenüber den Angestellten. Das klingt so wunderschön, daß es als ein Schlagwort überall dem Laien richtig erscheinen wird, und dennoch ist es nicht richtig. Das Patent wird gar nicht als Monopol für die Erfindung gegeben, und darin ist auch der Standpunkt des „Grünen Vereines" falsch. Das Patent wird als Entgelt für die Veröffentlichung der Erfindung gegeben, dafür, daß man seine Geheimnisse preisgibt. Jedes Patent verlangt, daß mitgeteilt wird, wie die Sache gemacht wird. Dafür muß eine Entschädigung gegeben werden, und das ist das Patent. Das ist der ganze Sinn des Patentrechtes. Darum stimmt auch die Schlußfolgerung des „Grünen Vereines" nicht: es soll dem Erfinder das Monopol gegeben werden. Nein, dem rechtlichen Veröffentlicher der Erfindung wird das Monopol gegeben! Der leistet der Gesamtheit etwas, er teilt ihr etwas mit, aufgrund dessen sie weiter arbeiten kann; darum soll er 15 Jahre lang geschützt werden. Dieser Zeitraum ist oft wenig genug. Deswegen, m. H., wollen wir das gleich festlegen, das Patent ist kein Monopol für die Erfindung, es ist der Lohn für die frühzeitige Preisgabe seiner Geheimnisse an die Oeffentlichkeit.

Ich kann Ihnen sagen: wenn Sie so weiter vorgehen, das Patent so erschweren, so werden wir alle wieder zu den Geheimnissen zurückgreifen müssen; das wird der Erfolg sein. Wir wollen aber gerade keine Geheimnisse haben. Verfolgen Sie die Entwicklung der Patentgesetzgebung; Preußen hatte schon vor dem neuen Patentgesetz ein Patentrecht, damals wurde das Patent geheimgehalten. Mit Recht mußte dann die Gesetzgebung, als sie die Geheimhaltung aufhob, etwas dagegen gewähren, und als logische Entschädigung wurde das Recht des Anmelders eingeführt.

Die Logik, die hier von unseren Gegnern aufgestellt wird, fällt damit in sich zusammen. Das Patent wird nur dem gegeben, der es anmeldet, das heißt demjenigen, der es vor der Oeffentlichkeit als sein Eigentum, natürlich als rechtliches Eigentum, kundgibt. Wir haben in Deutschland die großen Fortschritte in der Technik deshalb gemacht, weil alles veröffentlicht wird, und weil die Gesamtheit sich die Hülfsmittel die in diesen Patenten liegen, aneignen konnte, um weiter zu arbeiten. Mit den Angestellten-Erfindungen und überhaupt mit den Erfindungen an sich hat das gar nichts zu tun; man kann im Gegenteil logisch folgern: das Patent gehört dem Anmelder, vorausgesetzt, daß er der rechtliche Besitzer ist, denn er besitzt ja auch die Geheimnisse.

Nun hat Hr. Geheimrat Duisberg immer auf die chemische Industrie hingewiesen. Mir scheint doch ein großer Unterschied zwischen der chemischen Industrie und anderen Industrien zu bestehen. Wir wehren uns mit aller Macht gegen das, was die chemische Industrie teilweise zugibt. Darin liegt ein Widerspruch, der aufgeklärt werden muß; ich will das versuchen. Die chemische Industrie wendet meist nicht so große Mittel auf, um ein gutes Patent zu erlangen, so wie wir es tun müssen (Widerspruch); der Chemiker arbeitet in seinem Laboratorium mit verhältnismäßig kleinen Mitteln. (Widerspruch.) Wenn der Chemiker im Probierglase seine Versuche angestellt hat, so ist damit vielfach die Sache erledigt. (Erneuter Widerspruch.) Nicht immer, m. H., aber doch vielfach; ich kenne auch die Chemie, chemisches Arbeiten ist ganz etwas anderes als mechanisches. Ein beredtes Beispiel dafür bilden die Kraftwagen. Wie viele kostbare Modelle wurden gebaut, die sich nicht bewährt haben; eine wie große Anzahl mußte als Bruch zurückgenommen werden, weil sie der Probe der Praxis, wie sich erst später zeigte, nicht genügte. Solchen Gefahren sind Sie in der chemischen Industrie nicht in dem Maße ausgesetzt. Die chemische Arbeit kann man mehr überwachen, man braucht nicht die Opfer zu bringen, die wir tragen müssen, nicht die Sorge der Arbeit und auch der Gewähr, die man übernimmt, wenn man das Erzeugnis hinausgibt. (Sehr richtig!) Es muß eben zwischen uns und Ihnen ein grundlegender Unterschied bestehen; denn wir verlangen doch auch nicht alles nur für uns. Die chemische Industrie ist nicht die einzige Industrie, die wir haben, so gut sie auch ist, und daher müssen auch die Interessen der anderen Industrieen berücksichtigt werden. Ich weiß, daß ein Einzelner in der chemischen Industrie sehr viel leisten kann; in der mechanischen Industrie kann er im allgemeinen viel weniger leisten, er ist nur ein Glied in der Kette. Ich gebe zu, es können viele Fälle auch in der chemischen Industrie ebenso liegen wie bei uns, jedenfalls aber ist das dort nicht die Regel. Bei uns ist jedoch beinahe in allen Fällen, wenn der Gedanke gegeben ist, noch nichts da; dann setzt erst die schwere Arbeit der Versuche ein, die nicht nur mühevoll, sondern auch außerordentlich kostspielig sind, und meist noch nicht einmal zum Ziele führen. Wir sehen ja, daß von 100 Patenten nur 3 schließlich die 15 Jahre aufrecht erhalten werden; es gibt keinen schlagenderen Beweis dafür, wie sorgenvoll ein Patent ist. Die chemische Industrie muß in diesem Punkt auf unsere Verhältnisse Rücksicht nehmen und kann nicht verlangen, daß es nur nach ihr gehen soll, denn in anderen Industrieen liegen die Verhältnisse anders.

Hr. Geheimrat Duisberg hat weiter auf die amerikanischen Patente aufmerksam gemacht und erwähnt, daß bei ihnen der Anmelder angegeben werden muß. M. H., die amerikanischen Verhältnisse sind, wie jeder von uns weiß, von den unsrigen ganz verschieden. Genau habe ich die amerikanischen Verhältnisse nicht studiert, ich weiß daher nicht, ob die Leute mit den dortigen Bestimmungen zufrieden sind; aber man kann die amerikanischen Verhältnisse mit den unsrigen in keiner Weise vergleichen. Ich will Ihnen nur eine Erfahrung mitteilen. Ich hatte bis vor kurzem einen Uhrmacher, Leiter einer Versuchswerkstatt, der rd. 15 Jahre bei mir war und die Arbeiten nach meinen Ideen ausführte. Weil er nun an einer Sache eine Kleinigkeit hinzugefügt hatte, nahm ich ihn, um auch ein amerikanisches Patent zu erlangen, auf das amerikanische Konsulat und nannte ihn neben mir als Erfinder. Seitdem war der Mann unbrauchbar; er überhob sich und wurde für seine Vorgesetzten und Mitarbeiter unerträglich. Jüngst kam er sogar zu meinem Geschäftsführer und sagte, er habe jetzt etwas ganz Neues, er werde es aber, wenn man ihm nicht 20 000 ℳ gebe, nicht verraten. Ich habe mit dem Mann nicht weiter verhandelt, ich hatte nur das Gefühl, daß ich mit ihm nicht weiter arbeiten könne, und habe ihn zunächst zur Disposition gestellt, doch wird er niemals mehr meine Fabrik betreten. Das sind deutsche Anschauungen, die amerikanischen mögen anders sein; es braucht eben, was für den einen gut ist, für den andern doch noch nicht zu taugen.

Dann möchte ich noch auf einige Worte des Hrn. Professor Osterrieth erwidern. Ich selbst gehöre zu denen, die die Tätigkeit des Hrn. Professor Osterrieth sehr anerkennen und schätzen, ebenso die Tätigkeit des „Grünen Vereines". Aber in den letzten Beschlüssen des Vereines habe ich eine glückliche Hand nicht erblickt. Hr. Professor Osterrieth beruft sich darauf, daß die Industrie in Stettin zugestimmt hat; ich war nicht in Stettin, aber er sprach auch von der Kommission, und der gehörte ich an. In diesem Punkte kann ich ihm nicht recht geben; ich habe in der Kommission genau so gesprochen wie hier, habe dieselbe Ueberzeugung vertreten. Daß wir natürlich durch Zusätze die Mängel zu lindern suchten, nachdem der Beschluß einmal zustande gekommen war, ist ganz erklärlich. So naiv sind wir nicht, daß wir sagen: weil wir die Sache an sich nicht wollen, wollen wir sie auch nicht mildern, wenn sie zustande kommt. Ich habe daher meine geringe Kraft eingesetzt, um die Sache zu mildern, aber, soviel ich mich erinnere, waren in der Kommission alle technischen Mitglieder gegen das Erfinderrecht. Kongreß und Kommission sind in der Tat ganz verschiedene Dinge; in der Kommission wird die Sache viel gründlicher behandelt, in der Kommission spricht jeder seine wahre innere Meinung über den Gegenstand aus. Wir sehen ja, beim Kongreß ist durch langes Verhandeln so viel zugegeben worden, daß die Herren jetzt bedauern, ihre Zustimmung gegeben zu haben.

Es ist auch gesagt worden, die soziale Frage sei eine Machtfrage. Ich hoffe im Interesse des deutschen Vaterlandes, daß das bei uns nicht der Fall sein wird. Die soziale Frage ist nicht notwendig eine Machtfrage, sie kann auch eine Entwicklungsfrage sein. Aber sie muß sich gesund entwickeln, sie muß sich in ihrer Entwicklung nicht gegen die Entwicklung der Praxis richten. Wenn sie sich nur auf theoretischer Grundlage entwickelt, wird sie vielleicht schließlich zu einer Machtfrage; entwickelt sie sich aber auf einer praktischen Grundlage — und ich hoffe, es wird so kommen —, so kann auch diese Frage der Angestellten freundschaftlich und in Güte gelöst werden. Nur soll man nicht ein Kapitel herausgreifen, dem wir gerade zum großen Teil die Leistungen der deutschen Arbeit verdanken, und daran Aenderungen vornehmen, die uns aufs tiefste treffen. (Beifall.)

Vorsitzender: Ich hatte mich selbst zum Worte vorgemerkt, um auf diesen Unterschied hinzuweisen, den Hr. Geheimrat Aron eben hervorgehoben hat. Ich stehe auf dem Standpunkt, m. H., daß den Beamten unbedingt in dieser Frage soweit als möglich entgegengekommen werden soll. Ich stehe aber auch anderseits auf dem Standpunkte: die Industrie darf nicht geschädigt werden. In meiner Firma, in der mir eine große Zahl technischer Beamte untersteht, habe ich seit 35 Jahren eine konstruktive Tätigkeit ausgeübt. Sie können sich wohl denken, daß in diesen 35 Jahren unzählige Patentanregungen von seiten der Beamten an mich gekommen sind. Von diesen Patentanregungen, die aus Technikerkreisen gekommen sind, hat eine einzige sofort in der Konstruktion zur Verwertung übergeführt werden können — eine einzige! —, eine zweite zwar bald, aber immerhin erst nach verschiedenen Versuchen; alle übrigen Patente, die von Beamten gekommen sind, waren konstruktive Einzelheiten und Ergänzungen ohne besonderen Wert, die auch umgangen werden konnten, also keine durchschlagenden Patente, so daß man hätte sagen können: der Beamte kann daraus das Recht auf größere Gewinnbeteiligung herleiten. (Sehr richtig!) In dieser langen Zeit habe ich auch sehr viel mit anderen Firmen zu verhandeln Gelegenheit gehabt, denen wir Lizenzen auf Konstruktionen gegeben haben. Von den Lizenznehmern wurde dabei stets betont: auf Ihre Patente legen wir weniger Wert, als auf Ihre praktischen Erfahrungen, auf das, was uns die Firma mitbringt. (Sehr richtig!) Nun entscheiden Sie einmal, wenn Sie dafür etwas hereinbekommen: was soll davon der Beamte erhalten?

Dann noch ein Wort über die Erfindungen, die von auswärts zu uns gekommen sind. Unsere Firma ist dafür bekannt, daß wir bereit sind, neue Anregungen aufzunehmen. Es laufen stets mehrere große Versuche, von denen jeder viel Geld kostet. Ich kann ruhig sagen: auch bei diesen Anregungen ist von der ursprünglichen Idee, von der eigentlichen Erfindung meist wenig geblieben.

Deshalb behaupte ich: eine Lösung im Sinne der Wünsche der Erfinder ist für den Maschinenbau praktisch unmöglich. So sehr ich den Standpunkt des Stettiner Kongresses theoretisch anerkenne, so wenig sehe ich eine Möglichkeit, ihn durchzuführen. Wir würden nichts als Streit in den ganzen Beamtenkörper hineinbringen. Die Meldungen von Beamten, daß sie dies und jenes erfunden haben, werden sich noch mehren; es wird Meinungsverschiedenheiten mit den Vorgesetzten geben, es wird zu Streitigkeiten führen — alle die Schattenseiten werden sich zeigen, die Hr. Dr. Guggenheimer ausgemalt hat. Es ist daher die Forderung wohl berechtigt, der Industrie eine solche Last nicht aufzubürden.

Hr. Direktor Häbich-Sterkrade: M. H., anschließend an die Worte unseres Hrn. Vorsitzenden möchte ich die Behauptung, die heute durch die Versammlung wie ein roter Faden ging, daß die Industrie hier nur ihre Interessen vertrete und zu vertreten habe, nicht unwidersprochen lassen, und zwar deshalb, weil diese Behauptung von verschiedenen Seiten so scharf ausgesprochen worden ist. Diese Behauptung ist nur teilweise richtig; ja, sie ist falsch, wenn Sie darunter verstehen, daß die Industrie die Interessen ihrer Angestellten überhaupt nicht berücksichtigt. Das ist widerlegt durch die wiederholt gemachten Ausführungen der HH. Professor Budde und Geheimrat Duisberg, und Hr. Baurat von Rieppel hat es ebenfalls berührt; die Industrie, wenigstens eine sehr große Anzahl der bedeutenden Werke, gewähren ihren Angestellten bereits Vergütungen für ihre Erfindungen. Durch diese Tatsache also widerlegt sich von selbst der Vorwurf, daß die Industrie nicht für ihre Angestellten sorgt.

Sie werden nun sagen: Ja, warum kämpfen Sie dann gegen diesen Vergleichsvorschlag? M. H., wenn wir uns dagegen wehren, so wehren wir uns gegen gesetzliche Bestimmungen, die mißbräuchlich ausgelegt und gegen uns angewendet werden können. Das ist der Kampf, den wir führen, nicht der Kampf gegen unsere Angestellten. Wenn wir aber den Finger dazu bieten, wenn wir eine Brücke schlagen, wie Hr. Geheimrat Duisberg ausführte und vorschlug, so begeben wir uns auf einen gefährlichen Weg. Wir sehen mit Schrecken die Streitigkeiten kommen, die sich an die mißbräuchliche Auslegung der gesetzlichen Bestimmungen knüpfen werden. Der Angestellte wird behaupten: aufgrund des Gesetzes bist du mir verpflichtet, der Arbeitgeber wird sagen, nein, das ist eine Etablissements-Erfindung. Daraus müssen sich die Rechtstreitigkeiten entwickeln, auf die auch Hr. Baurat von Rieppel hingewiesen hat; davor schrecken wir zurück, und deshalb möchte ich Ihnen empfehlen: bauen Sie keine Brücke, mindestens nicht in der Breite, wie sie Hr. Geheimrat Duisberg vorgeschlagen hat.

Wir würden uns auch selbst widersprechen. Denn wenn wir durch die tatsächlichen Verhältnisse, also dadurch, daß unsere Beamten bereits Entschädigungen bekommen, beweisen, daß eine Aenderung an den bestehenden Verhältnissen überhaupt gar nicht notwendig ist, so würden wir durch das Schlagen einer Brücke uns selbst widersprechen. Wir würden damit zugeben, daß eine Aenderung notwendig ist; denn sonst hätten wir gar keine Veranlassung, eine Brücke zu schlagen. M. H., aus diesen tatsächlichen und logischen Gründen möchte ich empfehlen, diese Brücke nicht zu bauen.

Hr. Generalsekretär Dr. Soetbeer-Berlin (persönliche Bemerkung): Meine Ausführungen sind in einem Punkte mißverstanden worden, nämlich dahin, als ob ich es nicht für empfehlenswert hielte, daß Industrielle sich an der Arbeit des „Grünen Vereines“ beteiligen. Das habe ich nicht sagen wollen. Ich bin durchaus der Ansicht, daß es sehr erwünscht ist, daß in jenem Verein die Industriellen und Kaufleute als die Hauptbeteiligten an den Fragen, die dort verhandelt werden, neben den Rechtsanwälten und Patentanwälten in viel weiterem Maße zu Worte kommen, als dies bisher geschieht.

Vorsitzender: Die Rednerliste ist erschöpft. Ich erteile dem Herrn Berichterstatter das Schlußwort.

Berichterstatter Hr. Direktor Dr. Guggenheimer-Augsburg: Ich habe nichts mehr hinzuzufügen; ich verzichte aufs Wort.

Vorsitzender: M. H., eine Abstimmung wollen wir nicht herbeiführen; sie hätte auch keinen Zweck. Wir können also diesen Gegenstand verlassen.

Zum

Punkt IV:

die Entschädigung der Angestellten für ihre Erfindungen,

habe ich Ihnen mitzuteilen, daß unser Berichterstatter Hr. Professor Zechner plötzlich unwohl geworden ist und nicht selbst den Bericht vortragen kann; er konnte nicht hierher reisen, sondern mußte in ein Sanatorium übergeführt werden. Sie werden alle mit mir bedauern, daß Hr. Professor Zechner verhindert ist. Hr. Frölich wird den Bericht des Hrn. Zechner, der Ihnen außerdem gedruckt vorliegt, in seinen Hauptzügen vortragen.

Hr. Dipl.-Ing. Frölich-Düsseldorf: M. H.! Ich bitte zu entschuldigen, wenn mein Bericht über diesen Gegenstand etwas zu wünschen übrig läßt, denn da wir die Nachricht von der Erkrankung des Hrn. Professor Zechner erst gestern abend hier vorgefunden haben, so blieb mir keine Zeit mehr zu eingehender Vorbereitung. Ich will jedoch im Interesse Ihrer Zeit versuchen, Ihnen die Hauptpunkte des Berichtes in gekürzter Form vorzutragen.

(Der Bericht des Hrn. Prof. K. F. Zechner-Mannheim ist im Folgenden in vollem Wortlaute wiedergegeben.)

I.

Gegenwärtige Sachlage.

Wenn man von „Angestellten-Erfindungen“ spricht, so versteht man im allgemeinen darunter nur solche Erfindungen, an denen Angestellte eines Unternehmens in ihrer Eigenschaft als Angestellte mitgewirkt haben, d. h. bei denen der Gegenstand der Erfindung in einen ursächlichen Zusammenhang mit der Tätigkeit des Angestellten und dem Arbeitsgebiet des Unternehmens gebracht werden kann. Liegt die Erfindung eines Angestellten nicht auf dem Arbeitsgebiet des Unternehmens, so wird von einer „Angestellten-Erfindung“ nicht die Rede sein können.

Heute ist allgemein üblich, daß Angestellte über Erfindungen, die in den Bereich ihrer dienstlichen Tätigkeit fallen, nicht frei verfügen können, sondern daß die Rechte an diesen Erfindungen dem Unternehmen zufallen. Man geht dabei von dem Grundsatze aus, daß der Angestellte dafür bezahlt wird, seine Tätigkeit in vollem Umfange in den Dienst des Unternehmens zu stellen, und daß Erfindungen oder Verbesserungen, die er im Bereich seiner dienstlichen Tätigkeit macht, zwar unter Umständen als eine besonders hervorragende Arbeitsleistung, jedoch stets als für das Unternehmen geleistet zu betrachten sind.

Ob und in wie weit ein Arbeitgeber oder die Leitung eines Unternehmens sich zu größerer Gegenleistung für solche besonderen Leistungen verpflichtet fühlt, als bei dem Dienstantritt des Angestellten vereinbart wurde, muß freier Vereinbarung überlassen bleiben, denn einerseits kommt hierbei die Stellung des Angestellten im Unternehmen, die Höhe seiner Dienstentschädigung, die Art seiner Tätigkeit und der Umfang der ihm vom Unternehmen zur Verfügung gestellten Hülfsmittel infrage, anderseits kann nur der Unternehmer den Wert solcher Leistungen im Verhältnis zu dem der Unternehmung daraus erwachsenden Vorteil abwägen.

Um den Beziehungen zwischen Unternehmer und Angestellten von vornherein eine, spätere Zwistigkeiten ausschließende Form zu geben, wird in den meisten Betrieben die Frage der Rechte an etwaigen Erfindungen und häufig auch die der Entschädigung für solche in Form einer Vereinbarung von vornherein geregelt. Eine übliche Form dafür ist, daß der Angestellte, wenn er während der Dauer seiner Anstellung eine in das Arbeitsgebiet des Unternehmens fallende, schutzfähige Erfindung oder Verbesserung macht, verpflichtet ist, sie seiner Firma vorzulegen und ihr, wenn sie Anspruch darauf erhebt, abzutreten.

Zahlreiche Firmen der Maschinenindustrie, Mitgliedsfirmen des V. d. M.-A., führen in den Verträgen mit ihren Angestellten Bestimmungen dieser Art, an die häufig die weitere Bestimmung geknüpft ist, daß den Angestellten für besondere Leistungen im Erfinden besondere Entschädigungen in Aussicht gestellt werden, deren Höhe jedoch in das Ermessen des Unternehmens gestellt bleibt.

Unbillige Bestimmungen z. B. die Abtretung aller Erfindungen, gleichviel welcher Art, wie sie in Anstellungsverträgen früherer Zeit vorgekommen sind, finden sich heute kaum mehr vor und sind auch wertlos, da die Rechtsprechung in solchen Bestimmungen einen Verstoß gegen die guten Sitten sieht und sie demgemäß als ungültig erklärt. Gegen eine Ausbeutung durch zu weitgehende vertragliche Bindung sind die Angestellten somit heute bereits ausreichend geschützt.

Wird also einerseits dem Angestellten durch den jetzigen Rechtzustand das Recht an seinen Erfindungen, soweit er ein solches billigerweise verlangen kann, gewährleistet, so gebietet anderseits die Klugheit dem Unternehmer, daß er einen Angestellten, der ihm durch seine erfinderische Tätigkeit besonderen Nutzen bringt, auch entsprechend belohnt, da dieser sonst seine Stellung verlassen und in den Dienst des Wettbewerbes treten wird.

So regelt sich das Verhältnis der Angestellten zu ihrem Unternehmer auf dem Gebiete der von ihnen gemachten Erfindungen auf ganz natürliche Weise; Angestellte und Unternehmer sind bei diesem Zustande nicht schlecht gefahren, und die deutsche Industrie hat einen allseitig anerkannten Aufschwung genommen.

II.

Abänderungsvorschläge.

Dennoch sind in der letzten Zeit, namentlich aus den Kreisen von Angestelltenverbänden, Forderungen laut geworden, die eine Aenderung des bestehenden Rechtzustandes verlangen. Diese Forderungen werden von außerhalb der Industrie stehenden Kreisen unterstützt, es ist daher notwendig, daß auch die Industrie zu diesen Forderungen Stellung nimmt.

In der Sitzung des Reichstages vom 21. April 1909 ist beschlossen worden:

> Den Reichskanzler zu ersuchen, bei der bevorstehenden Reform des Patentgesetzes in dasselbe Bestimmungen aufzunehmen, durch die die Erfindungen der technischen Angestellten und Arbeiter diesen in geistiger und materieller Beziehung mehr als bisher geschützt werden.

Das Recht, eine Entschädigung für die von ihm geleistete Arbeit zu verlangen, hat jeder Angestellte; wenn aber gefordert wird, daß denjenigen Angestellten, die eine Erfindung machen, ein Recht hierauf durch eine besondere gesetzliche Bestimmung zugesprochen werden soll, so würde damit ein Sonderrecht für bestimmte Leistungen geschaffen. Darum ist dieser Forderung gegenüber die Frage berechtigt, ob für eine solche einseitige gesetzliche Bestimmung genügend Veranlassung vorliegt, und ob die Vorteile, die eine solche Bestimmung vielleicht dem einen Teil bringen wird, in gerechtem Verhältnis zu den Nachteilen stehen, die dem anderen Teil daraus erwachsen.

Daß die gegenwärtige Rechtslage eine solche Veranlassung nicht bietet, ist bereits dargelegt worden. Die Rechtsprechung hat in zahlreichen Fällen Vertragsbestimmungen über das Recht an Erfindungen dahin ausgelegt, daß die Form des Dienstverhältnisses und der Zusammenhang der Erfindung mit den Dienstobliegenheiten für das Eigentumsrecht an der Erfindung maßgebend sind. Vertragsbestimmungen, wonach Erfindungen, die nicht in den Bereich der dienstlichen Tätigkeit des Angestellten fallen, dem Unternehmer zufallen sollen, sind nach der ständigen Rechtsprechung ungültig.

Der Reichstagsabgeordnete Hr. Nacken hat zwar in der Sitzung vom 21. April 1909 gesagt:

> Ich könnte da mit Beispielen sogar aus der allerjüngsten Zeit, auch hier aus Berlin, dienen, wo es sich um Erfindungen handelt, die meines Erachtens vielleicht in absehbarer Zeit von weittragender Bedeutung werden können.

Die Belege sind aber bis heute noch nicht der Oeffentlichkeit übergeben worden, wie überhaupt Fälle, in denen Angestellte mit Bezug auf ihre Erfindungen von dem Unternehmen, in dem sie angestellt waren, ausgebeutet worden sind, trotz oftmaliger Aufforderung nicht namhaft gemacht sind.

Die bloße Behauptung, daß auf diesem Gebiete Mißstände vorliegen sollen, kann aber doch nicht genügen, um gesetzliche Bestimmungen zu rechtfertigen, die, wie noch gezeigt werden wird, schwere Schäden nach sich ziehen werden.

Die geforderten Abänderungsvorschläge sind zweifacher Art: sie fordern einmal, daß den Angestellten ein Recht an ihren Erfindungen zugestanden werden soll, sodann daß ihnen für ihre Erfindungen eine Entschädigung, und zwar eine angemessene, gesetzlich sichergestellt werden soll. Diese beiden Forderungen, die meist miteinander verquickt und namentlich bei der Beurteilung der heutigen Verhältnisse nicht scharf genug auseinandergehalten werden, sollen im Folgenden getrennt betrachtet werden.

Zunächst gehen die Gründe, die für diese Forderungen aufgestellt werden, von der Auffassung aus, daß die Tätigkeit eines Erfinders eine rein persönliche Leistung ist; man scheint die Auffassung zu haben, daß der Erfindungsgedanke stets in dem Kopfe einer einzelnen Person reife und eine besondere geistige Leistung darstelle, der die Anerkennung und Entschädigung nicht versagt werden dürfe. Weitere Gründe werden auf sozialem Gebiete gesucht, wobei der Wunsch leitet, die wirtschaftlich schwächeren Angestellten vor einer Ausbeutung durch die im allgemeinen wirtschaftlich stärkeren Unternehmer zu schützen.

Mit Recht ist aber schon in der erwähnten Reichstagsitzung ausgeführt worden, daß es außerordentlich schwierig sein werde, die gewünschten Abänderungen des bestehenden Rechtes in gesetzliche Bestimmungen zu fassen.

III.

Gegengründe.

Um den Standpunkt, den die Industrie in der Frage einnimmt, klarzulegen, ist es zweckmäßig, zu untersuchen, welche verschiedene Arten von Erfindungen inbetracht kommen, die von den Angestellten gemacht werden. Diese können:

1. in das Arbeitsgebiet des Unternehmens gehören;
   und zwar:
   a) in dem Bereich der dienstlichen Tätigkeit des Angestellten liegen,
   b) außerhalb des Bereiches der dienstlichen Tätigkeit des Angestellten liegen,
2. nicht in das Arbeitsgebiet des Unternehmens gehören.

Zunächst möge die Frage nach dem Anrecht der Angestellten an den Erfindungen selbst erörtert werden.

Kurz mag nur darauf hingewiesen sein, daß der Begriff der „Erfindung“ gesetzlich noch nicht festliegt, welcher Umstand allerdings nicht gehindert hat, daß im Patentgesetz ein Schutz für Erfindungen geschaffen worden ist, ohne daß das Patentgesetz einen „Erfinder“ kennt. Während aber bei der Gewährung oder Versagung des Erfindungsschutzes der Anmelder des Patentes nur dem Patentamte gegenüber seine Ansicht durchzusetzen hat, und für die Entscheidung des Patentamtes über die Erteilung oder Versagung des Patentes lediglich die in der Erfindung selbst enthaltenen technischen Verhältnisse maßgebend sind, kommen bei einem Streit zwischen Angestellten und Unternehmer über Angestellten-Erfindungen zahlreiche andere Verhältnisse mitbestimmend hinzu, welche die Entscheidung darüber, ob eine Erfindung vorliegt oder nicht, und wer ihr Erfinder ist, sehr erschweren.

Wer ist nicht überzeugt davon, daß, wenn seine Arbeiten mit einer Erfindung in Zusammenhang stehen, er den entscheidenden Anteil an der Erfindung gehabt hat, also er als Erfinder anzusehen ist; und am meisten „erfinden“ in der Regel diejenigen Personen, die sich nur oberflächlich mit der betreffenden Frage befaßt haben und daher die Schwierigkeiten nicht kennen, die sich der praktischen Durchführung ihrer Gedanken entgegenstellen.

Ein gesetzliches Anrecht auf die Erfindung, noch mehr aber ein gesetzlicher Anspruch auf eine Entschädigung würde daher zahlreiche Meinungsverschiedenheiten und Rechtstreitigkeiten zwischen Unternehmer und Angestellten herbeiführen.

Welche Erfindungen der Angestellten sind nun besonders geeignet, solche Meinungsverschiedenheiten hervorzurufen?

Die unter 2 genannten Erfindungen, also diejenigen, die nicht in das Arbeitsgebiet des Unternehmens fallen, sind keine eigentliche Angestellten-Erfindungen und können von dem Unternehmen auch nicht beansprucht werden, denn sie haben mit der dienstlichen Tätigkeit des Angestellten nichts zu tun. Wenn ein Angestellter einer Maschinenfabrik irgend eine mit seiner außerdienstlichen Tätigkeit oder mit einer gelegentlichen Beschäftigung zusammenhängende Erfindung macht, z. B. ein chemisches Verfahren, ein Musikinstrument, einen Gebrauchsgegenstand oder dergleichen erfindet, so kann die Maschinenfabrik hierauf keinerlei Anspruch erheben. Sie wird dies auch wohl kaum tun, selbst wenn die Bestimmungen des Anstellungsvertrages so allgemein gefaßt wären, daß daraus ein Anspruch gefolgert werden könnte. In solchen Fällen würde auch nach ständiger Rechtsauffassung der Anspruch des Unternehmens vom Gericht zurückgewiesen werden. Eine solche Erfindung kann nur in dem besonderen Falle Bedeutung für das Verhältnis zwischen Angestellten und Unternehmen gewinnen, wenn die dienstliche Tätigkeit des Angestellten durch die Beschäftigung mit seiner Erfindung beeinträchtigt wird; tritt dieser Fall ein, so steht dem Unternehmen wie bei jeder anderen Vernachlässigung der dienstlichen Pflichten durch den Angestellten das unbestrittene Recht zu, das Dienstverhältnis durch Kündigung zu lösen.

Auch auf die unter 1 b angeführten Erfindungen, also diejenigen, die zwar in das Arbeitsgebiet des Unternehmens gehören, aber nicht in dem Bereich der dienstlichen Tätigkeit des Angestellten liegen, erhebt das Unternehmen nicht unter allen Umständen Anspruch. Ob und in welchem Umfange ein Anspruch im Einzelfalle besteht, wird von der Art des Unternehmens und der Tätigkeit des Angestellten abhängen, besonders davon, inwieweit beim Zustandekommen der Erfindung Erfahrungen und Einrichtungen des Unternehmens mitgewirkt haben. In jedem Falle aber wird bei solchen Erfindungen das Unternehmen eine Vorzugstellung gegenüber dritten Personen beanspruchen können, da eine gewisse Mitwirkung seiner Erfahrungen und Einrichtungen unter allen Umständen anzunehmen ist. Die Art dieser Vorzugstellung wird sich bei der Mannigfaltigkeit der Fälle nicht allgemein festlegen lassen. Der Stettiner Kongreß für gewerblichen Rechtschutz hat sogar für diejenigen dieser Erfindungen, die geeignet erscheinen, in dem Betrieb des Unternehmens verwendet zu werden, für die Verwendung im eigenen Betriebe eine freie Lizenz beansprucht, für ihre weitere Verwertung jedoch eine angemessene Entschädigung verlangt.

Anders verhält es sich mit den unter 1 a) genannten Erfindungen, die in das Arbeitsgebiet des Unternehmens fallen und im Bereich der dienstlichen Tätigkeit des Angestellten liegen, also den eigentlichen Angestellten-Erfindungen. Hierbei können zwei Fälle eintreten: entweder ist die Erfindung die unmittelbare Folge eines dem Angestellten gewordenen Auftrages, oder sie ist ohne einen bestimmten Auftrag im Laufe der üblichen dienstlichen Tätigkeit zustande gekommen. In beiden Fällen wird die Erfindung ohne weiteres dem Unternehmen zufallen müssen, wenn nicht die Industrie außerordentlich geschädigt werden soll.

Dem entspricht auch durchaus der jetzige Rechtzustand; die Entscheidungen des Reichsgerichtes sehen als maßgebend für die Entscheidung der Frage nach dem Eigentumsrecht an einer Erfindung die tatsächlichen Feststellungen über die Art des Dienstverhältnisses, sowie das Verhältnis der Erfindungstätigkeit zu den Dienstobliegenheiten an. Den gleichen Standpunkt hat auch der Stettiner Kongreß für gewerblichen Rechtschutz in seinem Beschluß IV B eingenommen, der lautet:

Mangels einer ausdrücklichen Vereinbarung soll das Recht an der Erfindung stillschweigend auf einen anderen übergehen, insoweit als der Erfinder kraft seines Dienst- oder sonstigen Vertragsverhältnisses dem anderen zu einer Beschäftigung verpflichtet ist, in deren Bereich Gegenstand oder Verfahren von der Art des Erfundenen fallen.

Für diese Auffassung sprechen auch mancherlei Gründe:

Der Fall, daß die Erfindung im Laufe der üblichen dienstlichen Tätigkeit zustande kommt, ist besonders häufig in der mechanischen Industrie, und zwar bei den konstruktiven Patenten. Fast alle konstruktiven Patente stellen sich entweder als Verbesserungen bereits vorhandener Konstruktionen, oder als andere Lösungsformen für einen angestrebten Zweck dar. Sie sind ein Ergebnis der konstruktiven Tätigkeit der Angestellten und verdienen vielfach kaum die Bezeichnung von Erfindungen. Inwieweit die konstruktive Tätigkeit eines Angestellten zu Erfindungen und zu Patenten führt, hängt sehr häufig von den bei seinem Unternehmen herrschenden Anschauungen ab; bei manchen Unternehmungen werden neue Konstruktionen regelmäßig zum Patent angemeldet, während andere Unternehmungen dies nicht in gleichem Umfange als notwendig erachten. Der Angestellte ist für eine konstruktive und demgemäß auch in gewissem Sinne erfinderische Tätigkeit von dem Unternehmen angestellt worden, und somit müssen auch seine Erfindungen ohne weiteres dem Unternehmer zufallen.

Ferner fallen unter diese Art von Erfindungen die sogenannten Etablissements-Erfindungen, die ebenfalls für die mechanische Industrie besondere Bedeutung haben, obwohl ihr Vorhandensein von manchen Seiten, die außerhalb der Praxis stehen, geleugnet wird. Wie kommt nun eine solche Etablissements-Erfindung zustande? Jedes Unternehmen, das auf der Höhe der Technik bleiben will, ist gezwungen, mit der Entwicklung der Technik fortzuschreiten und die neuen Erfolge der Wissenschaft sich nutzbar zu machen. Mit dieser Arbeit sind stets mehrere Angestellte beschäftigt, denen die gesamten Erfahrungen des Unternehmens zur Verfügung stehen, und die in ständigem Gedankenaustausch untereinander und mit ihren Vorgesetzten sich gegenseitig stützen und fördern. Wenn einer von diesen bei seinen Arbeiten einen Erfindungsgedanken zu Tage fördert, der zu einer Anmeldung und zu einem Patent führt, dann ist doch nicht er allein als der Erfinder anzusehen; der Gedankenaustausch mit seinen Mitarbeitern, die Erfahrungen des Unternehmens, sowohl gute wie schlechte, die Anregungen und Anleitungen seiner Vorgesetzten, sie alle haben Anteil an der Erfindung und deren Zustandekommen, häufig ist sogar der Anteil anderer, ja der Anteil von Mißerfolgen größer als der derjenigen Person, die schließlich den letzten Schritt getan und die Erfindung in ihrer endgültigen patentfähigen Form herausgebracht hat. Wollte man solche Erfindungen nicht dem Unternehmen, sondern dem Angestellten zusprechen, so würde nicht nur das Unternehmen wirtschaftlich schwer geschädigt werden, sondern auch die Rechtsfrage, wer als der wirkliche Erfinder anzusehen ist, würde mit allen ihren bedenklichen Folgeerscheinungen aufgerollt werden.

Der zweite Fall, daß die Erfindung als unmittelbare Folge eines dem Angestellten gewordenen Auftrages zustande gekommen ist, ist nicht weniger häufig. Er kommt zwar verhältnismäßig seltener in der Maschinenindustrie als in der chemischen Industrie vor, wo er gang und gäbe ist. Der leitende Beamte, der aufgrund seiner eingehenderen Kenntnis genau weiß, auf welches Ziel bei den Versuchen hingearbeitet werden muß, wird seinen Hülfskräften dieses Ziel nicht von vornherein nennen, sondern er wird sie Schritt für Schritt mit kleineren vorbereitenden Aufgaben betrauen, damit die Entwicklung stufenweise vor sich geht, und in dem Entstehungsgange der Erfindung alle Möglichkeiten erschöpft und in die Untersuchung einbezogen werden. Derartige planmäßige Arbeiten sind in der wissenschaftlich arbeitenden Industrie nicht etwa nur häufig, sondern ganz selbstverständlich; wenn dann schließlich das gewünschte Endziel erreicht wird, vielfach erst nach jahrelanger Arbeit, wobei die Hülfskräfte mehrfach gewechselt haben, und jeder Hülfsarbeiter immer wieder auf den Arbeiten seines Vorgängers aufgebaut hat, ist dann derjenige der Erfinder, der schließlich den letzten entscheidenden Schritt tut, oder der leitende Beamte, der diesen Schritt durch planmäßige Auftragerteilung vorbereitet hat, oder schließlich das Unternehmen, dessen Glieder alle Angestellte, auch der leitende Beamte, sind? Und wenn, wie dies häufig vorkommt, bei solchen Arbeiten nach langem fruchtlosem Suchen ein Hindernis durch einen glücklichen Zufall aus dem Wege geräumt wird, ist dann derjenige etwa als der Erfinder anzusehen, der diesen glücklichen Zufall gerade beobachtet oder ihn veranlaßt hat? Es soll nicht verkannt werden, daß diejenigen Arbeitskräfte, die in solcher Weise an dem Entstehen von Erfindungen mitarbeiten, eine erfinderische Tätigkeit ausüben; aber sie sind gerade für diesen Zweck angestellt worden, die erfinderische Tätigkeit ist ein nicht abzusondernder Bestandteil ihrer dienstlichen Obliegenheiten, und nur in dem Rahmen des Unternehmens, aufgrund der in ihm angesammelten Erfahrungen usw., ist es dem Angestellten möglich gewesen, die Erfindung zustande zu bringen. Daß solche Erfindungen nicht dem Angestellten, sondern dem Unternehmen zufallen müssen, und daß es möglich sein muß, durch Vertrag das Unternehmen gegen die Unterschlagung solcher Erfindungen zu schützen, dürfte für jeden unbestritten sein, der die Verhältnisse der Praxis kennt.

Und selbst, wenn eine Erfindung zwar nicht in unmittelbarem Zusammenhang mit den Arbeiten steht, die ein Angestellter innerhalb seiner dienstlichen Tätigkeit auszuführen hat, aber doch mit seinen Arbeiten oder mit den Arbeitsgebieten des Unternehmens in irgend einer Weise verknüpft ist, z. B. eine Vereinfachung eines in dem Betrieb des Unternehmens ausgeübten Verfahrens, eine Verbesserung einer bei dem Unternehmen üblichen Konstruktion usw. darstellt, auch dann wird die Erfindung fast immer auf Anregungen zurückzuführen sein, die der Angestellte innerhalb des Unternehmens empfangen hat; die besondere Kenntnis der Verhältnisse und Bedürfnisse, die ihn zu der Erfindung führte, ist ihm aus seiner Tätigkeit in dem Unternehmen geworden, sie ist dem Erfahrungsschatze des Unternehmens entnommen. Auch in diesem Falle wird das Unternehmen mit Recht die Erfindung oder wenigstens ein Mitanrecht an der Erfindung für sich beanspruchen können. Bis zu welchem Grade diese Forderung berechtigt ist, wird bei der Vielgestaltigkeit der Praxis von den Verhältnissen des Einzelfalles abhängen müssen.

Der bereits heute von der Rechtspflege anerkannte Grundsatz, daß Erfindungen, die in den Bereich der dienstlichen Tätigkeit des Angestellten fallen, dem Unternehmen zufallen müssen, wird daher auch für die Zukunft gelten müssen, wenn man den tatsächlichen Verhältnissen der Praxis Rechnung tragen und nicht der Industrie unabsehbaren Schaden zufügen will.

Unabhängig hiervon ist die Frage der Entschädigung der Angestellten für ihre Erfindungen zu betrachten.

Wenn im Vorstehenden ausgeführt ist, daß Erfindungen, die in den Bereich des Unternehmens fallen, diesem ohne weiteres gehören müssen, so bedeutet das, daß dafür eine besondere Entschädigung nicht gefordert werden darf. Die Entschädigung liegt hier bereits in den Dienstbezügen des Angestellten, und wenn die Industrie an dieser Forderung festhält, so befindet sie sich im völligen Einklang mit der bisherigen Rechtsanschauung. Trotzdem hat die Industrie und auch die mechanische Industrie es stets als eine Ehrenpflicht angesehen, diejenigen Angestellten, die ihr durch ihre erfinderische Tätigkeit besondere Vorteile bringen, für diese Tätigkeit über die Dienstentschädigung hinaus besonders zu entschädigen; dies ist auch, wie bereits ausgeführt wurde, ein Gebot der Klugheit, das jedes einsichtige Unternehmen befolgen wird, da sonst seine tüchtigsten Angestellten zu einem Wettbewerbsunternehmen übergehen würden.

Hiermit ist die Anschauung völlig vereinbar, daß für andere Erfindungen der Angestellten diesen die ihnen zukommende Entschädigung nicht versagt werden soll. Daß diese Anschauung von der Industrie bislang auch bereits praktisch durchgeführt worden ist, läßt sich daraus ersehen, daß, wie ebenfalls bereits erwähnt wurde tatsächliche Unterlagen dafür, daß ein Angestellter um seine Erfindung oder die ihm hierauf billigerweise zukommende Entschädigung gebracht worden ist, von denjenigen Kreisen, die eine Aenderung des heutigen Rechtzustandes anstreben, trotz wiederholter Aufforderung und ihnen gebotener Gelegenheit, wie noch kürzlich auf dem Stettiner Kongreß, nicht vorgebracht worden sind. Eine im V. d. M.-A. abgehaltene Umfrage hat ergeben, daß bei den dem Verein angehörigen Firmen Streitigkeiten zwischen dem Unternehmen und seinen Angestellten über die von den Angestellten gemachten Erfindungen oder die hierfür zu leistenden Entschädigungen äußerst selten sind und, wenn sie wirklich einmal vorkommen, sich durch einen Vergleich mühelos zu beiderseitiger Zufriedenheit schlichten lassen.

Die Forderung der Angestellten geht aber dahin, daß die Entschädigungspflicht des Unternehmers für die von seinen Angestellten gemachten Erfindungen gesetzlich festgelegt werden soll. Dieser Forderung muß auf das Entschiedenste entgegengetreten werden. Ganz abgesehen davon, daß in den bestehenden Verhältnissen kein ausreichender Grund für derartige neue Bestimmungen vorliegt, zeigt die bereits vorher dargelegte Vielgestaltigkeit der Verhältnisse, unter denen eine Erfindung in der Praxis zustande kommt, und die hier nur zu einem kleinen Teil berührt werden konnte, daß die Verhältnisse der Praxis sich nicht in den engen Rahmen einer gesetzlichen Bestimmung von solcher Form, wie sie vorgeschlagen wird, einzwängen lassen. Welche Form und Höhe die Entschädigung haben soll, das muß dem Ermessen des Unternehmers oder freier Vereinbarung zwischen Unternehmer und Angestellten überlassen bleiben, wenn man nicht eine Unzahl von Rechtstreitigkeiten heraufbeschwören will. Ob die Entschädigung in Form einer Lohnerhöhung oder Gehaltszulage, einer Rangerhöhung der Stellung des Angestellten, einer einmaligen Entschädigung, einer Lizenzgebühr oder endlich gar einer Gewinnbeteiligung geleistet, und in welcher Höhe sie geleistet werden soll, dafür lassen sich allgemein gültige Regeln oder gar gesetzliche Bestimmungen nicht aufstellen.

Derartige Bestimmungen würden auch gar nicht im Interesse der Angestellten liegen, denn eine Entschädigungsform, die für den einen Angestellten vielleicht zweckmäßig ist, kann für den anderen Angestellten unerwünscht und unzweckmäßig sein. Eine gesetzliche Entschädigungspflicht würde in zahlreichen Fällen Meinungsverschiedenheiten und Streitigkeiten zwischen den Unternehmern und Angestellten herbeiführen sowohl darüber, ob im einzelnen Falle überhaupt eine Erfindung vorliegt, als auch darüber, ob der Angestellte als Erfinder anzusehen ist. Die

Furcht vor solchen Streitigkeiten würde dazu führen, daß der Unternehmer in vielen Fällen es ablehnt, sich mit Erfindungen seiner Angestellten zu befassen, ein Zustand, unter dem auch der Angestellte mit leiden würde, denn in vielen Fällen ist das Unternehmen, in dem er beschäftigt ist, überhaupt das einzige, das von seiner Erfindung mit Erfolg Gebrauch machen kann. Daß die ganze Fortentwicklung unserer Technik und Industrie aus solchen Verhältnissen nur Nachteile zu erwarten hätte, da der Fortschritt dadurch hintangehalten würde, ist einleuchtend.

Weiter ist zu berücksichtigen, daß mit der Erfindung allein in der Praxis noch nichts erreicht ist; die Erfindung gewinnt erst Bedeutung durch ihre gewerbliche Verwertung. Das Wagnis aber, das in der Aufnahme der für die Verwertung einer Erfindung erforderlichen Arbeiten liegt, muß von dem Unternehmer allein getragen werden. Die Verwertung einer Erfindung ist häufig mehr das Verdienst des Kaufmannes als des Erfinders; an sich wertlose Erfindungen können durch geschickte Verwertung große Gewinne abwerfen, ohne daß dieser geschäftliche Erfolg auch nur im geringsten auf den Erfinder selbst zurückzuführen ist. Reklame und Wagemut des Unternehmers sind hierbei von nicht zu unterschätzender Bedeutung. Der geschäftliche Erfolg läßt sich nicht von vornherein übersehen, und ebenso wie der Unternehmer mit einem ihm fremd gegenüberstehenden Erfinder die Entchädigung für seine Erfindung in privater Vereinbarung festsetzt, so muß auch die Festsetzung der Entschädigung für die Angestellten-Erfindungen freier Vereinbarung zwischen Unternehmer und Angestellten überlassen bleiben.

Und wie sollte der Wert einer Teilerfindung abgeschätzt werden, wie derjenige einer Verbesserung? Gerade in der mechanischen Industrie sind die Fälle außerordentlich häufig, in denen sich der Fortschritt der Technik nicht in durchgreifenden Umwälzungen, sondern in kleinen Verbesserungen ausdrückt. Wie läßt sich abschätzen, inwieweit der geschäftliche Erfolg zB. einer Dampfmaschine auf ein gesetzlich geschütztes Einzelteil der Steuerung oder des Getriebes zurückzuführen ist, oder in welchem Maße gar von mehreren gesetzlich geschützten Einzelteilen jedes einzelne zu dem geschäftlichen Erfolg des Ganzen beiträgt?

Auch darf nicht vergessen werden, daß bei weitem die meisten konstruktiven Erfindungen nur Verbesserungen darstellen, deren unmittelbarer Geldwert sich gar nicht feststellen läßt. Bei diesen zahlreichen konstruktiven Verbesserungen muß der Unternehmer im allgemeinen sich damit zufrieden geben, daß seine Erzeugnisse im Wettbewerb vorgezogen werden, ohne daß er einen höheren Verkaufspreis erzielen kann; sehr häufig wird das Erzeugnis sogar in seiner Herstellung durch die Verbesserung verteuert, und damit sogar der unmittelbare Gewinn beeinträchtigt. Für die Verwertung vieler Erfindungen ist sogar lediglich die Rücksicht auf den Absatz maßgebend; inwieweit aber eine Steigerung des Absatzes oder auch nur das Ausbleiben eines Rückganges im Absatze auf die betreffenden Erfindungen zurückzuführen ist, das wird sich überhaupt niemals nachweisen lassen. Besonders ist dies der Fall bei den sogenannten Reklamepatenten, bei denen der Wert der Erfindung als geistige Leistung völlig verschwindet.

Wie wird man endlich bei denjenigen Erfindungen verfahren sollen, die gar nicht in die Praxis eingeführt werden; bei Erfindungsgedanken, die ihr Entstehen lediglich einer Einzelaufgabe und ihre Patentierung lediglich dem Umstand verdanken, daß das Unternehmen sich vor etwaigen Nachahmungen oder Nacherfindungen von anderer Seite schützen will. Solche Erfindungen, sogenannte Abwehrerfindungen, werden häufig gar nicht ausgeführt, weil in dem betreffenden Falle nicht diese, sondern eine andere Ausführungsform gewählt worden ist. Bei der großen Zahl von Entwürfen, die heute bei den Vorarbeiten für jede geplante Anlage aufgestellt werden, tritt dieser Fall sehr häufig ein; besonders in der Maschinenindustrie hat sich diese Art von Patenten als notwendig erwiesen, die allerdings meist nur eine kurze Lebensdauer aufweisen.

In allen den genannten Fällen würde zweifellos die Anschauung des Unternehmers mit der Ueberschätzung, die der Erfinder seiner Erfindung zuteil werden läßt, in Widerstreit kommen. Rechtstreitigkeiten würden die erste Folge sein, und bald würde der Unternehmer es vorziehen, nur in besonderen Fällen die Verwertung von Erfindungen seiner Angestellten und die Entnahme von Patenten in Erwägung zu ziehen.

Der Wunsch, solche Meinungsverschiedenheiten und Rechtstreitigkeiten zwischen Unternehmer und Angestellten auszuschließen, hat aber, wie schon erwähnt, dazu geführt, Bestimmungen über die Rechte an zukünftigen Erfindungen der Angestellten in den Anstellungsvertrag aufzunehmen, und ebenso die Frage einer etwaigen Entschädigung von vornherein zu regeln. Diese Vertragsfreiheit muß der Industrie in vollem Umfange gewahrt bleiben, und wenn dahingehende Vertragsbestimmungen vorliegen, so muß jeder weitere Anspruch des Angestellten entfallen. Nur so kann den sonst unvermeidlichen Rechtstreitigkeiten wirksam vorgebeugt werden, deren Zahl und Dauer sonst imstande sein würde, lähmend und zersetzend auf die gesamte Industrie zu wirken. Wenn die heute bestehenden Verträge zwischen Unternehmer und Angestellten dennoch angegriffen werden, so wird dabei im allgemeinen übersehen, daß, sobald dieselben wirklich unbillige Vertragsbestimmungen enthalten, diese gemäß der ständigen Rechtsprechung gegenwärtig bereits rechtlich unwirksam sind.

Man wird einwenden, es sei garnicht notwendig, in dem Gesetz genaue Einzelbestimmungen zu treffen, es werde genügen, wenn ganz allgemein die Entschädigungspflicht des Unternehmers für die Erfindungen der Angestellten festgesetzt und eine angemessene Entschädigung vorgeschrieben werde. Nichts wäre schädlicher als eine derartige farblose Bestimmung, denn sie würde durch ihre Fassung die Angestellten geradezu zu einer Ueberschätzung der Bedeutung ihrer Erfindungen herausfordern und Rechtstreitigkeiten heraufbeschwören. Allerdings ist es leichter, derartige allgemeine Leitsätze aufzustellen, als entsprechende gesetzliche Bestimmungen mit klarem Wortlaut zu fassen und dabei allen billigen Ansprüchen gerecht zu werden. Nichts aber ist gefährlicher für das Verhältnis zweier Parteien zueinander, als unklare und nicht scharf umgrenzte Bestimmungen, deren Auslegung von der Anschauung des Richters abhängig ist.

Auch die Bestimmung des österreichischen Patentgesetzes, die in verneinender Form Vertragsbestimmungen als unwirksam erklärt, durch die einem Angestellten der angemessene Nutzen aus seiner Erfindung entzogen werden soll*, kann hier nicht mit Recht angezogen werden, da sie einmal erst zu kurze Zeit besteht, um ein Urteil über ihre Wirksamkeit zu ermöglichen, und weil ferner in Oesterreich wegen der weit geringeren industriellen Entwicklung die Zahl der vorkommenden Fälle an sich sehr viel geringer ist, als bei uns, so daß eine solche Bestimmung für die Entwicklung der Industrie nicht von solcher Tragweite ist, als dies bei uns der Fall sein würde.

Was endlich die amerikanischen Verhältnisse anbelangt, so kann das dort geltende Recht des Erfinders am Patent noch lange nicht zugunsten der gesetzlichen Festlegung einer Entschädigungspflicht für die Unternehmungen ins Feld geführt werden.

IV.

Leitsätze:

Die heutige Rechtsprechung gibt den Angestellten-Erfindern bereits ein Anrecht auf diejenigen Erfindungen, die nicht in den Bereich ihrer dienstlichen Tätigkeit fallen; sie schützt sie außerdem vor einer Ausbeutung durch zu weitgehende vertragliche Bindung. Daher liegt kein Anlaß vor, ein besonderes Recht der Angestellten an den von ihnen gemachten Erfindungen aufzustellen.

Erfindungen, die in das Arbeitsgebiet des Unternehmens gehören und in dem Bereich der dienstlichen Tätigkeit der Angestellten liegen, müssen ohne weiteres in den Besitz des Unternehmens übergehen.

Bei Erfindungen, die in das Arbeitsgebiet des Unternehmens gehören, die aber nicht in dem Bereich der dienstlichen Tätigkeit des Angestellten liegen, muß das Unternehmen wenigstens eine Vorzugstellung gegenüber dritten Personen beanspruchen.

Die gesetzliche Festlegung eines grundsätzlichen Entschädigungsanspruches oder eines Gewinnanteiles der Angestellten für ihre Erfindungen, wie auch Bestimmungen über deren Höhe sind zu verwerfen, sie würden überaus nachteilig nicht nur für die weitere Entwicklung unserer Technik und Industrie, sondern auch für die Angestellten und für die Allgemeinheit sein.

Die Maschinenindustrie hat es von jeher als eine Ehrenpflicht betrachtet, Angestellte, die durch ihre erfinderische Tätigkeit dem Unternehmen Vorteile bringen, hierfür ententsprechend zu entschädigen; die Form, in der dies geschieht, muß jedoch privater Vereinbarung zwischen den Unternehmern und den Angestellten überlassen bleiben, vor allem muß es zulässig sein, die Entschädigung für zukünftige Erfindungen im Anstellungsvertrage zu regeln.

Vorsitzender: Ich danke dem Hrn. Berichterstatter und stelle den Bericht zur Besprechung.

Hr. Direktor Dr. Waldschmidt-Berlin: M. H., die Gründe, die gegen jegliche Art von gesetzlicher Regelung der Bezahlung von Angestellten für ihre Mitwirkung an Erfindungen sprechen, sind so vollständig vorgetragen worden, daß kaum etwas hinzuzufügen ist. Wenn der Reichstag in seinem vorhin angeführten Beschlusse die Reichsregierung auffordert, eine dahingehende Vorlage zu machen, so hat das offenbar zwei Gründe: zum ersten hat er keinen klaren Einblick in das Wesen der heutigen Erfindungen, darüber haben wir schon eingehend bei dem vorigen Punkt unserer Verhandlungen gesprochen, zum andern geht der Reichstag aus den allgemeinen Wahlen hervor, und es gibt eben mehr Angestellte als Arbeitgeber. Aus diesem Grunde ist der Beschluß wohl nicht so tragisch zu nehmen.

Ich bin der Meinung, daß wirklich hervorragende Leistungen niemals so glänzend bezahlt und so rasch anerkannt worden sind, wie in der heutigen Zeit. Das gilt von Leistungen auf allen Gebieten, auf kaufmännischem, auf juristischem, auf künstlerischem und auch auf dem Gebiete des Ingenieurwesens, für die konstruierende und erfindende Tätigkeit. Es ist

---

* § 5, Absatz 4 des österreichischen Patentgesetzes lautet:

Vertrags- oder Dienstbestimmungen, durch welche einem in einem Gewerbsunternehmen Angestellten oder Bedientesten der angemessene Nutzen aus den von ihm im Dienste gemachten Erfindungen entzogen werden soll, haben keine rechtliche Wirkung.

nicht bloß eine Ehrenpflicht der deutschen Maschinenindustrie, ihre Erfinder, d. h. ihre wirklichen Erfinder, gut zu bezahlen, sondern es ist eine Selbsterhaltungspflicht für sie. (Sehr richtig!) Man dankt doch Gott, wenn man mal einen Menschen hat, der etwas leistet (sehr richtig!), und hält ihn fest auf jede Weise; man gibt ihm ein höheres Gehalt, man hebt ihn in seiner Stellung. Der Mann wird schon in sehr jungen Jahren technischer Direktor, in viel jüngeren Jahren, als es früher üblich war; in dieser Beziehung haben wir uns in den letzten Jahren die amerikanischen Verhältnisse zum Vorbild genommen.

Aber freilich, die große Menge derer, die äußerst mittelmäßige Leistungen aufweisen, wird auf dem Ingenieurgebiet ebenso schlecht bezahlt wie alle höchst mittelmäßigen Geister auf allen anderen Gebieten auch. Wenn ich besonders an das Gebiet denke, das mir am nächsten liegt, die Werkzeugmaschinenindustrie: welch gewaltigen Wettbewerb haben wir in der amerikanischen Werkzeugmaschinenindustrie zu bekämpfen, und wie müssen wir darauf halten, daß Leute, die einigermaßen konstruktiv befähigt sind und erfinderisch tätig sein können, unserer Firma erhalten bleiben und nicht von einer anderen Firma uns weggenommen werden. Und so geht es doch jeder anderen Firma auf meinem Gebiete auch. Ich erkläre, daß nicht das allermindeste Bedürfnis besteht, Leute, die wirklich erfinderisch Hervorragendes leisten, durch das Gesetz noch besonders zu schützen. (Zustimmung.)

M. H., ganz besonders möchte ich noch vor irgendeiner Beteiligung am Reingewinn warnen. Es gibt gar keinen Begriff, den die Gerichte so wenig verstehen, wie den des Reingewinns. (Sehr wahr!) Woher kommt das? Weil die meisten Richter keine Ahnung von kaufmännischer Buchführung haben, und infolgedessen nicht den Ausführungen folgen können, die man ihnen hierüber vorträgt. Sie wissen nichts von Abschreibungen, nichts von Handlungsunkosten, nichts von Generalunkosten, nichts von Bruttogewinn, kurz und gut, der Begriff Reingewinn ist den allermeisten Richtern ein Buch mit sieben Siegeln. Ich habe schon vorhin praktische Erfahrungen zum besten gegeben und möchte noch eine anfügen.

In einem schiedsgerichtlichen Verfahren hat ein früheres Mitglied des Reichsgerichtes erklärt, daß bei der Frage, ob ein Reingewinn vorhanden sei, unter die Verlustposten nicht Abschreibungen auf Patente eingesetzt werden dürfen. Warum? Weil das Patent bis zum letzten Moment seiner Dauer für den Besitzer noch von vollem Wert sei (Heiterkeit), und daher in die Bilanz mit seinem vollen Betrage eingesetzt werden müsse. Ich habe darauf gesagt, wenn ich nach diesen Grundsätzen meine Bilanz aufstellen würde, so würde ich in das Gefängnis wandern können, wenn meine Firma das Unglück hätte, Konkurs zu machen. (Sehr richtig!) Noch etwas anderes! Derselbe Herr hat bei der Frage nach dem Reingewinn einer Gesellschaft mit beschränkter Haftung, an dem eine andere Firma beteiligt ist, gesagt, es könne immer nur der Reingewinn des einzelnen Jahres in Betracht gezogen werden, es dürfe zu dessen Ermittelung dabei der Verlust des Vorjahres nicht vorgetragen werden. M. H., wenn wir nach diesem Grundsatz unsere Dividende verteilen würden, dann wären wir sehr bald alle miteinander bankerott. (Heiterkeit.) Und nach diesen Grundsätzen sollen wir Anteile am Reingewinn für die erfindenden Ingenieure feststellen. Hüten Sie sich davor! (Beifall.)

Hr. Generaldirektor Bergrat Zörner, Kalk bei Köln: M. H., ich hatte mich zum Worte gemeldet, bevor Hr. Direktor Waldschmidt gesprochen hatte, und bitte daher bei etwaigen Wiederholungen um Entschuldigung. Nachdem aber genanntem Herrn von Hrn. Geheimrat Duisberg eine so schlechte Zensur bezüglich seiner Vertragsklausel erteilt worden ist (Heiterkeit), möchte ich doch die Erklärung nicht unterlassen, daß ich seine Art der Vertragsklausel völlig begreiflich finde. Sie entspringt einerseits einem wohlverstandenen Geschäftsinteresse, anderseits auch einem gewissen Wohlwollen, indem die Firma ihren Angestellten gegenüber über das hinausgehen will, was das Gesetz fordert.

Auch die Maschinenbau-Anstalt Humboldt hat früher, vom gleichen Gesichtspunkte geleitet, in ähnlicher Weise Vereinbarungen mit einem Teil ihrer Angestellten getroffen, um ihnen größere Vorteile zuzuwenden, als das Gesetz unbedingt erfordert. Zu diesem Zwecke wurde nach bekannten Vorgängen anderer Fabriken ein sogenannter Revers eingeführt, der eine kurze Zeit in Uebung gewesen, aber im beiderseitigen Interesse nur selten verlängert worden ist. Es zeigte sich nämlich infolgedessen die merkwürdige Erscheinung, daß Herren, die bisher ruhig am Konstruktionstisch gearbeitet hatten, angeregt durch vermeintliche Lizenzaussichten, anfingen, sich auf das Erfinden zu legen und Neuerungen und Erfindungen vorschlugen, die oft nichts weniger als Verbesserungen waren, dafür aber den oft zweifelhaften Vorzug der Neuheit aufwiesen. Die Verwaltung wurde von Patentansprüchen überschwemmt, von denen bei genauer Prüfung nur ein winziger Bruchteil als vorteilhaft anerkannt werden konnte. Trotzdem diese Ansprüche völlig unbefangen und von verschiedenen Seiten geprüft wurden, wurde der Vorwurf einer absichtlichen Zurücksetzung oder nicht genügenden Anerkennung so oft erhoben, daß die leitenden Abteilungsvorsteher der Verwaltung nahelegten, bei Neuanstellungen solche Reverse nicht mehr auszustellen. Den Abteilungsvorstehern wurde wiederholt der Vorwurf gemacht, daß sie wenig wohlwollende Vorgesetzte seien, für das Fortkommen ihrer Untergebenen wenig übrig hätten usw.

Dieser Vorgang liegt etwa 4 bis 5 Jahre zurück; er hatte nicht nur eine gewisse Beunruhigung zur Folge, sondern das bisher freundschaftliche Verhältnis zwischen den Angestellten und ihren Vorgesetzten wurde in solchem Maße gestört, daß der Gedanke, im Wege eines Reverses oder einer Vertragsklausel in der von Hrn. Direktor Waldschmidt angedeuteten Fassung strebsamen Angestellten gewisse Vorteile zu schaffen, als undurchführbar aufgegeben wurde. Die Vertragsklausel ist für uns erfreulicherweise nur noch eine allerdings nicht sehr angenehme Erinnerung, und die inzwischen beschrittenen Wege, um das Interesse der Herren zu wecken und rege zu halten, haben sich als viel besser erwiesen.

Auch bezüglich der Frage des Reingewinnes, die Hr. Direktor Waldschmidt so ausführlich erörtert hat, so daß ich hier nur wiederholen müßte, beschränke ich mich auf die Erklärung, daß sich durch den wohlgemeinten Vorschlag, den einen oder anderen Konstrukteur aus Anlaß von Erfindungen am Reingewinn zu beteiligen, Auseinandersetzungen nicht vermeiden lassen, wobei der Unternehmer oft als jemand hingestellt wird, der seine Angestellten ausbeutet; gegen diese Unterstellung, m. H., müssen wir uns mit aller Entschiedenheit verwahren. (Sehr richtig.)

Die Frage der Entschädigungspflicht liegt ähnlich; auch sie kann eine Quelle von Rechtstreitigkeiten sein. Ich kann deshalb nur dringend davor warnen, und zwar rede ich aus Erfahrung, denn ich habe selbst Patente und kenne daher die Leiden und Freuden eines Erfinders ganz genau. An Hand meiner eigenen Erfindungen will ich Ihnen in Kürze den Beweis liefern, daß diese Anschauung richtig ist:

Ich kam zu meiner Erfindung einfach, weil mir meine tägliche Beschäftigung zeigte, daß an einer bestimmten Stelle ein Mangel vorhanden war, der abzustellen war, um ein bestimmtes Erzeugnis versandfähig zu halten. Ich machte deshalb Versuche innerhalb meines dienstlichen Wirkungskreises mit dem Gelde meiner Firma. Meine Firma unterstützte mich nach allen Richtungen, stellte dafür allerdings die Gegenforderung, daß ich ihr das Ergebnis meiner Versuche vollständig zur Verfügung stelle. Aufgrund der bei der fiskalischen Verwaltung geltenden Bestimmungen habe ich das auch getan, und habe es garnicht unbillig gefunden, denn ich war offen genug, einzugestehen, daß ich mit eigener Kraft überhaupt die Frage nicht hätte lösen können, daß auch die Anregung mir lediglich durch meinen Beruf gegeben war, und daß die Versuche mit den Mitteln des Unternehmers durchgeführt wurden. Ich glaube, wenn sich alle Erfinder auf diesen sachlichen Standpunkt stellen würden, dann würden die Klagen, die wir aus den Reihen der technischen Angestellten jetzt oftmals hören, verstummen. Ich bemerke übrigens, daß ich damals noch nicht in leitender Stellung, sondern lediglich in Beamtenstellung war.

Endlich, m. H., möchte ich auf den Vorwurf zurückkommen, der in dieser Versammlung wiederholt offen erhoben oder doch versteckt angedeutet worden ist: „Warum habt Ihr Industriellen Euch denn in Stettin nicht ordentlich gewehrt? Ihr seid 103 an der Zahl erschienen, und habt selbst den Vergleich, der unter geschickter Führung dort gemacht worden ist, anerkannt“.

Mit den Kompromißvorschlägen ist es immer eine böse Sache. Geht man darauf ein, so gefährdet man seine Interessen und findet doch nicht die allseitige Billigung; lehnt man sie ab, so ist der Bruch offenkundig und es ist alsdann schwer, neue Verhandlungen anzuknüpfen.

In diesem Zwiespalt haben sich auch unsere Kollegen in Stettin befunden. Die Industrie hat sich übrigens auch nicht so geschlossen, wie dieses jetzt hingestellt wird, für den Vergleichsvorschlag ausgesprochen; wohl die meisten Vertreter der Industrie sprachen sich vielmehr dagegen aus; besonders sei auf die trefflichen Ausführungen des Hrn. Professor Budde hingewiesen. Außerdem hat auch eine immerhin nicht unerhebliche Anzahl gegen die Annahme des Vergleichsvorschlages gestimmt, darunter u. a. der Vertreter des Centralverbandes, Hr. Dr. Tänzler, sowie der Vertreter der Maschinenbau-Anstalt Humboldt.

Wollten wir nun heute uns einfach darauf beschränken, zu erklären, wir erkennen die Stettiner Beschlüsse an, so würden wir, glaube ich, kaum unserer guten Sache nutzen, denn seit Stettin haben sich die Ansichten geklärt, und wenn auch die 103 Kollegen alles getan haben, um unsere Situation zu verbessern, so müssen wir doch heute, nachdem wir nochmals vor die Frage gestellt sind, und die Zeit klärend gewirkt hat, aussprechen, daß heute statt der 103 Industriellen in Stettin vielleicht 1000 und mehr gegen den Vergleich stimmen würden. Wir haben heute nochmals Gelegenheit, die Stettiner Beschlüsse einer Durchsicht zu unterziehen, und wenn wir diese Gelegenheit verpassen, so ist sie für immer vorbei und der Schaden nur schwer mehr auszubessern.

Durch die Interpellation im Reichstage sollten wir uns nicht verblüffen lassen. Bei dem heutigen Wettlauf der politischen Parteien um die Stimmen der Wähler ist ja nichts leichter, als eine Interpellation im Reichstage einzubringen, und wenn dann durch Unzufriedenheit und kräftiges Aufwiegeln und Schreien nach Art des Bundes der Landwirte tüchtig für die Sache Stimmung gemacht wird, dann werden auch Beschlüsse erzielt, wie das Schicksal der Interpellation gezeigt hat.

M. H., unser Vorstand hat gewünscht, daß wir praktische Fälle aus dem Leben herausgreifen und das zum Ausdruck bringen möchten, was uns drückt. Das war der Zweck meiner Ausführungen. Ich bitte meine verehrten Kollegen, das gleiche zu tun, damit wir und namentlich unser Vorstand mit den erforderlichen Unterlagen versehen wird und unsere Ansprüche sachlich vertreten kann.

Hr. Justizrat Direktor Haeuser-Höchst a. M.: M. H., ich glaube, in der Hauptsache besteht über die vorliegende Frage in der heutigen Versammlung Uebereinstimmung. (Sehr richtig!) Es ist auch wohl in der Aussprache zu dem vorigen Punkt schon im wesentlichen das gesagt worden, was zu sagen notwendig war. Ich möchte mir nur noch einige ergänzende Bemerkungen erlauben.

Wenn ich mir die Leitsätze ansehe, so vermisse ich darin den Obersatz, die Hauptsache. Der Verfasser hat ihn, wie ich glaube, als selbstverständlich weggelassen, nämlich, daß die Vertragsfreiheit auf diesem Gebiete nicht beschränkt werden soll (sehr wahr!); auf dem Stettiner Kongreß ist ganz deutlich zum Ausdruck gebracht worden, daß jede Beschränkung der Vertragsfreiheit auf diesem Gebiete undurchführbar und schädlich ist. Diese Hauptsache kommt aber in den vorliegenden Leitsätzen nicht zum Ausdruck. Das müßte an die Spitze gestellt werden, denn was in dem letzten Absatz gesagt ist, bezieht sich nur auf den Fall, wenn es klar ist, daß die Erfindung dem Unternehmen gehört, dann soll nach dem vorliegenden Leitsatz die Vertragsfreiheit bezüglich der Höhe der Entschädigung bestehen bleiben; wir wollen aber auch darüber hinaus eine Vertragsfreiheit haben, um klarzustellen, welche Erfindungen dem Unternehmen gehören, und den Streit darüber auszuschließen, ob die Erfindung dem Angestellten oder dem Unternehmen gehört. Wir wollen das nicht der Art der Tätigkeit des Beamten überlassen, sondern wollen schon im Vertrag festlegen können: die und die Sorte von Erfindung, die in das Arbeitsgebiet des Unternehmens hineinfällt, fällt vertragsmäßig als Gegenwert für das Gehalt und die sonstige Vergütung an das Unternehmen. Das muß, glaube ich, der Hauptsatz sein. Nur, wenn eine solche Vereinbarung nicht getroffen ist, dann dürften die vorliegenden Leitsätze in Wirksamkeit treten; auch das ist mit Recht auf dem Stettiner Kongreß in sehr klarer Weise zum Ausdruck gebracht worden. Erst mangels freier Vereinbarung kommt man dazu, daß Erfindungen, die in den Rahmen der dienstlichen Tätigkeit des Beamten fallen, ohne weiteres dem Unternehmen gehören.

Im dritten Absatz des Leitsatzes wird ein Unterschied gemacht zwischen Erfindungen, die in die dienstliche Tätigkeit des Beamten fallen, und Erfindungen, die in das Arbeitsgebiet des Unternehmens gehören. M. H., das ist eine außerordentlich gefährliche Unterscheidung. (Sehr richtig!) Wie wollen Sie das feststellen? Da führen Sie ja geradezu eine Quelle von Rechtstreitigkeiten ein, während diese doch gerade durch klare rechtliche Darstellungen abgeschnitten werden sollen. Für unsere chemische Industrie können wir einen solchen Unterschied zwischen Arbeitsgebiet des Unternehmens und dienstlicher Tätigkeit des Angestellten nicht machen. Der Beamte erhält zwar zunächst ein bestimmtes Arbeitsgebiet als seine dienstliche Tätigkeit überwiesen. Wir können aber diese dienstliche Tätigkeit gar nicht im voraus umgrenzen oder festlegen, denn wir haben die Gewohnheit, unsere Beamten hin und her zu schieben, sie heute dieses Arbeitsgebiet bearbeiten zu lassen und, wenn wir merken, daß sie sich nicht dafür eignen, sie morgen an anderer Stelle in einem ganz anderen Arbeitsgebiet zu beschäftigen. Wir nehmen auch Leute aus der organischen Chemie in das gänzlich verschiedene Arbeitsgebiet der anorganischen Chemie herüber und umgekehrt. Das liegt auch durchaus im Interesse der Beamten. Wenn wir nur auf eine bestimmte Diensttätigkeit des Beamten angewiesen wären, würden uns die Hände gebunden, und der Beamte würde geschädigt werden. Manchmal wird eine Verschiebung auch nicht aus dem Grunde vorgenommen, weil der Beamte sich nicht eignet, sondern gerade, weil er sich an anderer Stelle sehr gut geeignet hat; wir sagen uns: der Mann, der dort so Tüchtiges geleistet hat, wird uns wahrscheinlich auch auf anderen Gebieten weiter bringen, er ist ein findiger Kopf, ein außerordentlich tüchtiger, scharfsinniger Arbeiter, der uns überall fördern wird. Aus diesen Gründen können wir eine Abgrenzung der dienstlichen Tätigkeit gegenüber dem Arbeitsgebiete des Unternehmens nicht zulassen. Unsere Beamten sind auch daran gewöhnt, sich an ihre eigene Diensttätigkeit gar nicht so scharf zu halten, und wir haben auch nichts dagegen. Es kommt nicht selten vor, daß einer unserer Beamten in seinem Laboratorium, und zwar mit Kenntnis der Geschäftsleitung, in den Dienststunden auf ganz grundverschiedenen Gebieten, die für die Fabrik von Wert sind, arbeitet. Da könnte er, wenn er nun Erfindungen macht, auf einmal sagen: das war eigentlich nicht meine Diensttätigkeit, ich habe eine Erfindung auf einem anderen Gebiete gemacht, und die gehört mir. Wir wollen auch die Beamten in dieser Beziehung gar nicht kontrollieren, denn wir würden ihre Arbeitsfreudigkeit unterdrücken, ihnen die Initiative rauben. Unser Bestreben geht im Gegenteil dahin, ihre Initiative zu fördern und ihre Arbeitsfreudigkeit zu erhöhen, indem wir sie nicht in enge Fesseln schlagen. Ein weiterer Grund ist auch noch der, daß wir den Beamten aus verschiedenen Arbeitsgebieten Gelegenheit geben, sich miteinander zu unterhalten und ihre Erfahrungen auszutauschen, damit Anregungen aus einem Arbeitsgebiete auch dem anderen zuteil werden.

Daher halte ich den Leitsatz in der hier aufgestellten Form für geradezu gefährlich und die Unterscheidung für praktisch undurchführbar. Die Fassung der Stettiner Beschlüsse ist viel zutreffender. Erfindungen, die gar nicht in das Arbeitsgebiet des Unternehmens hineingehören, sollen dem Angestellten gehören. Dabei bedürfen aber diejenigen Fälle einer besonderen Betrachtung, in denen zwar das Unternehmen die Erfindung nicht selbst ausführen kann, weil sie nicht in den Bereich der fabrikatorischen Tätigkeit des Unternehmens fällt, bei denen aber das Unternehmen doch sehr interessiert ist. Die chemische Industrie kennt solche Fälle; wir sind zwar keine Maschinenfabriken, aber wir haben eine ganze Menge Maschinen und auch Sondermaschinen. Unsere Ingenieure haben die Aufgabe, diese Maschinen zu verbessern und zu vervollkommnen. Macht nun einer eine Erfindung auf mechanischem Gebiete, so gehört das zu seinem eigentlichen Arbeitsgebiet, es ist aber nicht das Arbeitsgebiet der Fabrik. In solchen Fällen muß billiges Ermessen eintreten, inwieweit dem Angestellten an dem Gewinn, der durch Verkauf oder Lizensierung der von ihm gemachten Erfindung erzielt wird, ein Anteil zu gewähren ist. Der Stettiner Beschluß trifft, wie ich glaube, die Sachlage nicht schlecht, wenn er sagt:

Gehört die im Dienstverhältnis gemachte Erfindung nicht zum Bereiche des Unternehmers,

darunter verstehe ich: will der Unternehmer auf diesem Gebiete überhaupt nicht arbeiten, in dem angeführten Falle: hat er keine Maschinenfabrik,

ist sie aber geeignet, in seinem Betriebe verwendet zu werden,

das ist in dem Beispiele durchaus der Fall,

so kann der Unternehmer eine freie Lizenz beanspruchen;

ich glaube, das genügt zunächst;

wünscht er eine weitere Ausnutzung, so hat er den Angestellten angemessen zu entschädigen.

In diesem Falle würden wir die Entschädigung mit dem Angestellten vertraglich festlegen. Das letztere brauchte aber nicht einmal ausdrücklich festgesetzt zu werden, denn es ergibt sich von selbst, wenn die Vertragsfreiheit aufrechterhalten bleibt — wohl verstanden, die Vertragsfreiheit, wie sie heute besteht, mit den sehr weitgehenden Beschränkungen nach dem B.G.B., wonach Vertragsbestimmungen, die den guten Sitten widerstreiten, ungültig sind; diese Bestimmung des B. G. B. genügt vollkommen, um alle Auswüchse abzuschneiden. Es ist sehr zu bedauern, daß der Hr. Reichstagsabgeordnete Potthoff nicht anwesend ist; soviel ich weiß, pflegt er folgende Behauptung aufzustellen: die Werkmeister — Hr. Potthoff ist Geschäftsführer des Werkmeisterverbandes — bekommen ein kleines Gehalt und müssen für dieses Gehalt alle ihre Erfindungen dem Unternehmen überlassen. M. H., ich weiß nicht, wie es in der mechanischen Industrie steht, für die chemische Industrie kann ich sagen: mir ist in meiner langjährigen Tätigkeit nur ein einziger Fall einer Werkmeistererfindung vorgekommen, und diese Erfindung war nicht einmal eine, sie wurde vom Patentamt abgewiesen. Es würde aber nach meiner Ansicht den guten Sitten allerdings widerstreiten, wenn ein Werkmeister, der als Werkmeister angestellt ist und für diese Tätigkeit bezahlt wird, seine Erfindung dem Unternehmen überlassen müßte; der Werkmeister ist nicht als Erfinder angestellt und bezahlt; wenn er eine Erfindung macht, dann muß das Unternehmen sie ihm ebenso abkaufen wie einem außenstehenden Erfinder. Das ist unser Standpunkt in der chemischen Industrie; dazu brauchen wir aber auch keine gesetzlichen Bestimmungen. Unsere höheren Beamten sind jedoch alle dazu angestellt, Erfindungen zu machen, und bekommen ebenso Entgelt hierfür, wie alle anderen Beamten für ihre Tätigkeit entlohnt werden.

Ein grundsätzlicher Unterschied zwischen der sonstigen und der Erfindertätigkeit ist, wie auch bereits von Hrn. Professor Budde treffend ausgeführt worden ist, gar nicht vorhanden. Ich will nur einen praktischen Fall anführen, wohin wir kämen, wenn wir den Erfinder als solchen beteiligen wollten, und knüpfe dabei an das an, was vorhin Hr. Geheimrat Aron gesagt hat. Er meinte, in der chemischen Industrie lägen die Verhältnisse ganz anders, da wäre die Erfindung fix und fertig, wenn die Sache im Reagenzglas festgestellt sei; in der mechanischen Industrie müßte erst viel Geld ausgeworfen werden, es dauere jahrelang, und die Tätigkeit der späteren Angestellten, die diese Erfindung eigentlich erst lebensfähig machten, überwöge vielfach. M. H., bei uns ist es in der überaus großen Mehrzahl der Fälle auch nicht anders. Wenn eine Erfindung gemacht wird, ist sie zunächst eine Unterlage für eine Patentanmeldung, weiter gar nichts. Dann wird angefangen, die Erfindung auszuarbeiten; das macht vielfach gar nicht mehr der Angestellte, der die Erfindung im Laboratorium gemacht hat, die Sache geht vielfach in andere Hände über, weiter noch mal in andere, und dann wird mit enormen Kosten versucht, die Sache im Großen auszuführen. Es müssen für die etwaigen Reaktionen, die sich vollziehen können, die nötigen Sondereinrichtungen hergestellt werden. Und schließlich zeigt sich, im Großen geht es doch nicht so einfach, wie es im Kleinen geschienen hat. Dann wird gesucht, die Uebelstände zu beheben; sehr häufig gelingt uns das nicht. Es sind manchmal — ich kann aus Erfahrung reden und übertreibe nicht — Hunderttausende ausgegeben worden, bis man schließlich die Unausführbarkeit eingesehen und die Arbeiten eingestellt hat. Diese Kosten ersetzt der Erfinder selbstverständlich nicht, sie werden von dem Unternehmen getragen. Man spricht immer nur von dem Gewinn aus der Erfindung, von dem Verlust aus der Erfindung spricht überhaupt nie jemand. Daß von den Erfindungen ein sehr erheblicher Prozentsatz uns keinen Nutzen, sondern nur Schaden bringt, daß die Erfindungen, die schließlich einschlagen, uns diesen Schaden mit tragen müssen, davon spricht man in der Allgemeinheit auch nicht. Nehmen Sie folgenden praktischen Fall, der bei uns vorgekommen ist. Es wird ein Patent auf die Erfindung eines Farbstoffes angemeldet; der Erfinder selbst hat sich gequält, die Sache ins Große zu übertragen, die ihm im Reagenzglase sehr schön gelang; es glückte ihm aber nicht. Ein zweiter hat es gleichfalls vergeblich versucht. Der Erfinder wäre ohne das Unternehmen völlig am Ende gewesen; die Erfindung war keinen Pfifferling wert, die ganzen bereits aufgewendeten Kosten, Patent- und Versuchskosten, wären hinausgeworfen gewesen. Da kam ein anderer Chemiker, griff die Sache erneut auf und führte sie mit eisernem Fleiß durch; es gelang ihm, die Sache zum Leben zu bringen, sie ging und ist für uns sehr wertvoll geworden. Soll nun vielleicht der Erfinder, der vollständig an der Ausführung gescheitert war, das Hauptverdienst haben und eine Beteiligung am Reingewinn bekommen? Hat nicht eigentlich in der Hauptsache der dritte die Sache gemacht? Das Verdienst des Erfinders war die Anregung, und die hat auch gewissen Wert gehabt, das Hauptverdienst aber haben doch diejenigen, die die Sache ins Leben gerufen haben. Man kann nicht den Wert der Tätigkeit des erfindenden und des ausführenden Angestellten so abschätzen, daß man sagt: die Erfindertätigkeit ist besonders wertvoll, die andere steht dagegen zurück; so schematisch kann man nicht unterscheiden. Was Sie im Schlußsatz Ihres Leitsatzes sagen, ist richtig. Wir müssen die Beamten alle nach dem Wert ihrer Leistung richtig und anständig bezahlen; die Abschätzung des Wertes der Leistung kann allerdings der Beamte nicht selbst machen, sie muß dem gerechten und einsichtsvollen Ermessen des Leiters des Unternehmens überlassen bleiben. Anders geht es nicht, denn jeder schätzt seine eigene Tätigkeit hoch ein, und gar mancher ist sehr unzufrieden mit der Einschätzung, die seine Tätigkeit von berufener Stelle erfährt.

M. H., ich glaube, wir müssen uns mit aller Energie dagegen wehren, daß die Vertragsfreiheit auf diesem Gebiete weiter eingeschränkt wird, als sie durch die heute geltenden Rechtsgrundsätze bereits eingeschränkt ist. Die heutige Rechtsprechung gibt den Angestellten vollständig die Gewähr, daß sie bei der durch das B. G. B. vorgesehenen Einschränkung ganz sicher in ihren Interessen nicht zu kurz kommen. (Beifall.)

Hr. Geheimer Regierungsrat Professor Dr., Dr.-Ing. et Dr. med. h. c. Duisberg-Elberfeld: Entschuldigen Sie, wenn ich als Chemiker in dieselbe Kerbe haue. Vorhin standen wir in einem Scheingegensatz zu Ihnen, denn im Grunde waren wir ja einig; wir vertraten nur die Ansicht, daß es richtig sei, einen Vergleich einzugehen, und betonten das gegenüber Ihrem ersten Leitsatz. Jetzt kommen wir aber in einen gewissen Gegensatz zu Ihnen; denn die Leitsätze, die Sie zu dem vorliegenden Punkte aufgestellt haben, kann ich unmöglich unterschreiben. Ich muß sagen, ich bin erstaunt über eine solche Fassung der Leitsätze, und ich kann nur annehmen, der Hr. Berichterstatter hat mit wenig Liebe nach Stettin hingesehen und hat gedacht, er müsse etwas anderes aufstellen; denn die Stettiner Leitsätze sind nach meiner Ansicht wesentlich besser. Hr. Dr. Guggenheimer hat vorhin gesagt, wir hätten „empfohlen“, die Vertragsfreiheit nicht zu beschränken. (Zuruf von Hrn. Dr. Guggenheimer: Das steht in dem Stettiner Beschluß!)

Es ist aber so deutlich ausgesprochen worden, daß die Vertragsfreiheit oberster Grundsatz sein muß, und mit Händen und Füßen, so habe ich in Stettin ausgeführt, würden wir uns sträuben, wenn die Vertragsfreiheit eingeschränkt werden sollte; deshalb ist auch in Stettin eine Fassung gewählt worden, wie man sie nicht besser formulieren kann, und dieser Satz sollte daher auch der Vordersatz Ihrer ganzen Leitsätze zu diesem Punkte sein. Der Stettiner Beschluß lautet:

> Der Kongreß spricht aus, daß er es für undurchführbar

der Hr. Berichterstatter hat einen anderen Ausdruck gebraucht, er hat gesagt: unzweckmäßig. Unzweckmäßig ist es nicht, es ist überhaupt nicht zu machen; Sie können es nicht machen, Sie noch viel weniger als wir, so viel verstehen wir auch von der mechanischen Industrie, da wir eine große Zahl von Ingenieuren beschäftigen. Es ist einfach undurchführbar!

> und überaus nachteilig für die deutsche Industrie, und zwar sowohl für die Unternehmer wie für die Angestellten selbst hält, einen Rechtsatz des Inhaltes aufzustellen, wonach jedem Angestellten, der eine Erfindung macht, schematisch ein Recht auf „Gewinnbeteiligung“ daran zustehe.

Sie haben nun weiter gesagt, was Hr. Justizrat Haeuser sehr treffend ausgeführt hat, daß Sie dem Erfinder die Erfindung freigeben wollen, soweit sie nicht in den Bereich seiner dienstlichen Tätigkeit fällt. Wenn Sie in unsere Fabriken kommen und sehen, wie es dort zugeht, so werden sie finden, daß das nicht geht. Da herrscht vollste Freiheit der Tätigkeit der Erfinder nicht nur im engen Rahmen eines Sondergebietes, sondern auch darüber hinaus auf dem großen Gebiet der Tätigkeit der Gesamtfabrik. Die Chemiker der ganzen Fabrik kommen häufiger zusammen; es werden Vorträge gehalten, Berichte erstattet, Anregungen aller Art gegeben usw. Es erfolgt ein Hin- und Herschieben der chemischen Kräfte, so daß es ganz undurchführbar ist zu sagen: der Chemiker hat eine bestimmte dienstliche Tätigkeit, macht meinetwegen nur Farbstoffe oder anorganische Produkte. Der Erfinder in unseren Fabriken ist nicht auf eine Einzelaufgabe beschränkt, er kann auf allen Gebieten der Chemie praktisch im Laboratorium tätig sein. Er wird hierzu von seinen Vorgesetzten, von seinen Kollegen, durch den spiritus loci, durch alles, was dort ist, durch das Unternehmen selbst angeregt. Wir können doch nicht zugeben, daß in diesen Fällen den Angestellten die Erfindung freigegeben werden soll. Ich bitte Sie dringend, im Interesse der chemischen Industrie und auch in Ihrem eigenen Interesse diesen Satz zu streichen und an seine Stelle zu setzen: „Wo es sich um Erfindungen handelt, die nicht zum Bereiche des Unternehmens gehören . . . .“. Ja, m. H., das ist ganz etwas anderes. Wenn ein Chemiker ein Luftschiff konstruiert, dann mag er mit ihm durch die Luft fahren, soviel er will, er mag es verkaufen, so gut er kann, das geht uns nichts an. Wenn aber zB. zufällig auch ein Werkmeister — ich weiche da von dem ab, was Hr. Justizrat Haeuser gesagt hat — eine Erfindung macht, so brauche ich sie ihm nicht abzukaufen, vorausgesetzt, daß sie auch in den Bereich des Unternehmens fällt; denn er hat sie ganz sicher im Interesse des Unternehmens und dadurch gemacht, daß er angeregt worden ist, sei es durch Unterredungen mit seinen Vorgesetzten oder sei es, daß er in irgendeiner Weise gezwungen worden ist, sich mit dem Gegenstande der Erfindung dienstlich eingehend zu beschäftigen. Selbstverständlich entschädigen wir ihn, wenn er eine gute Erfindung macht; daß wir aber gezwungen sein sollen, ihn zu entschädigen, daß wir streiten sollen über die Höhe der Entschädigung und ans Gericht gehen sollen, dagegen müssen wir uns unter allen Umständen wehren. Deshalb muß ganz scharf zum Ausdruck kommen: die Vertragsfreiheit darf nicht beschränkt werden.

Und das noch aus einem anderen Grunde. Ich war wirklich erstaunt, daß einer der Herren Vorredner, der Generaldirektor der Maschinenbau-Anstalt Humboldt, gesagt hat, er sei gegen eine Beteiligung am Reingewinn, und Hr. Dr. Waldschmidt hat ja die allertraurigsten Erfahrungen damit gemacht. Ich habe Ihnen schon gesagt, daß wir die allerbesten Erfahrungen gemacht haben. Wir haben dieses Verfahren seit 20 Jahren mit bestem Erfolge durchgeführt. Das können Sie in der Maschinenindustrie allerdings nicht nachmachen. Im Gegensatz zu Ihnen bringen wir ein fertiges Erzeugnis, das der Betreffende erfunden hat, in den Handel, können den Reingewinn rechnerisch ermitteln und demgemäß den Angestellten daran beteiligen. Er bekommt aber auch bei uns nicht eine angemessene Entschädigung in Form eines vertragsmäßigen Anteils an dem von uns erzielten Nutzen. Denn wenn wir den Angestellten im Vertrage 3 vH. vom Reingewinn zusichern, so ist das keine angemessene Entschädigung, sondern eine Prämie zum Anreiz, damit die Herren Erfindungen machen. Was aber bei uns geht, das geht noch lange nicht und muß auch nicht bei jedem anderen Unternehmen gehen. Das haben Sie ja vorhin gehört, auch Hr. Kollege Haeuser ist dieser Meinung. Deshalb wehre ich mich persönlich so sehr dagegen — ich freue mich, daß ich das in Gegenwart von Vertretern des Reiches tun kann —, daß man alles gesetzlich reglementieren und diese Bestimmungen für alle Industrieen schematisch durchführen will. Es muß in solchen schwierigen Fragen mehr der Grundsatz der Vertragsfreiheit gelten; damit kommen wir weiter, das zeitigt Fortschritte. Es ist sehr kennzeichnend, daß hier ausgesprochen wird: Gewinnbeteiligungen sind undurchführbar, während sie sich bei uns — wir stehen sonst, wie Sie das in dem Berichte über den Stettiner Kongreß noch lesen werden, in bezug auf die Frage der Angestellten-Erfindung ganz auf dem Standpunkt aller der hier anwesenden Herren — ausgezeichnet bewährt haben.

M. H., ich möchte Sie zum Schlusse eindringlichst bitten: lassen Sie die Leitsätze nicht in der vorliegenden Fassung bestehen, sondern ändern Sie sie ab, und stellen Sie an die Spitze den Grundsatz: Die Beschränkung der Vertragsfreiheit liegt weder im Interesse des Unternehmers und des Unternehmens noch der Angestellten, und ändern Sie auch die anderen Leitsätze dementsprechend ab. Ich bin fest überzeugt, Sie tun sich damit selbst einen Dienst und erweisen zugleich uns, der chemischen Industrie, einen ganz gewaltigen Dienst. (Beifall.)

Hr. Direktor Häbich-Sterkrade: M. H., ich glaube, es liegt ein Mißverständnis vor; ich glaube, wir befinden uns in gar keinem Gegensatz zu der chemischen Industrie, haben uns wenigstens bei Aufstellung unserer Leitsätze in keinem Gegensatz zu Ihnen befunden. Für uns waren die gleichen Gedanken maßgebend, die die beiden Herren Vorredner zum Vortrag gebracht haben. Es könnte also nur in der Auffassung liegen, wenn ein Unterschied konstruiert wird. Die Beschlüsse des Stettiner Kongresses haben uns allerdings Veranlassung gegeben, für die mechanische Industrie die Sache etwas anders anzusehen. Mein Werk, die Gutehoffnungshütte zB., vereinigt Bergbau, Hüttenbetrieb und Fertigfabrikation. Nun fragten wir uns: können wir einen Mann, der zB. im Gasmaschinenbau tätig ist und in seiner freien Zeit oder irgendwie sonst eine Erfindung für den Bergbau macht, verpflichten, diese Erfindung dem Unternehmen zur Verfügung zu stellen? Wir waren einstimmig der Ansicht, daß das eigentlich unbillig wäre. Deshalb sind wir auf den Ausweg gekommen, daß wir nicht, wie es der Stettiner Kongreß tut, das Unternehmen als die Grundlage für den Begriff des Rechtsanspruches ansehen wollen, sondern den Bereich der dienstlichen Tätigkeit des Angestellten in Verbindung mit dem Arbeitsgebiet des Unternehmens. Wir glaubten aber, um den Beschluß IV A des Stettiner Kongresses mit einzubeziehen, noch weiter gehen zu sollen, indem wir aussprachen: die Form, wie solche Verträge festgestellt werden sollen, und die Höhe der Entschädigung sollen zwischen dem Unternehmer und dem Angestellten vollständig frei vereinbart werden können. Das ist doch noch viel weitergehend, als Sie es wünschen. Wie dadurch eine Vertragsfreiheit behindert sein soll, ist mir nicht recht erklärlich. Im Gegenteil, Sie sehen ja, nach unseren Leitsätzen brauchen wir zunächst gar keine Verträge; es soll jedem Unternehmen überlassen sein, ob es mit seinen Angestellten Verträge abschließen will oder nicht. Der Stettiner Kongreß besteht darauf, daß Verträge abgeschlossen werden. (Widerspruch.) Es soll nach unserer Auffassung dem Unternehmen vollständig überlassen bleiben, ob es Verträge abschließen will oder nicht, und in den Verträgen kann festgelegt werden, was unter dem Arbeitsbereich des einzelnen Angestellten zu verstehen ist. Das wird in jedem Unternehmen verschieden sein; in verschiedenen Werken lautet zB. heute die Vertragsklausel folgendermaßen: „Dem Angestellten steht kein Recht an Erfindungen innerhalb seines Arbeitsbereiches zu. Den Arbeitsbereich festzusetzen ist Sache des Arbeitgebers. Der Unternehmer behält sich vor, dem Angestellten eine angemessene Entschädigung für etwaige Erfindungen zu geben“.

(Zuruf von Hrn. Geheimrat Professor Dr., Dr.-Ing. et Dr. med. h. c. Duisberg: Sehr gefährlich!)

Diese Klausel soll nur ein Hinweis darauf sein, daß Entschädigungen gewährt werden, weiter garnichts; damit bindet man sich nicht, man behält sich das Recht vor, Entschädigungen zu gewähren und den Begriff des Arbeitsbereiches auszulegen. Ich glaube, daß das vollständig auch mit Ihren Wünschen zu vereinbaren ist. Die Vorschläge, die hier gemacht worden sind, sind in Wirklichkeit viel weitgehender als das, was Sie wünschen.

Hr. Justizrat Direktor Haeuser-Höchst a. M.: M. H., die Herren von der chemischen Industrie sind sehr dankbar für diese authentische Interpretation, die uns gegeben worden ist. Sie sehen aber doch, daß die Fassung Ihrer Leitsätze mißverständlich ist und zu anderen Auffassungen führen kann Wir wären Ihnen daher weiter sehr dankbar, wenn Sie diese authentische Interpretation in irgend einer deutlichen Form den Leitsätzen einverleiben würden. Sonst kommen auch andere Kreise zu dem gleichen Mißverständnis, zu dem auch wir gelangt sind, obwohl wir doch von vornherein die Ueberzeugung gehabt haben, daß Sie eigentlich nichts anderes wollen als wir, und unter diesem Gesichtspunkt die Leitsätze gelesen haben. Trotzdem sind wir zu dem Eindruck gekommen, daß Sie etwas anderes gesagt haben, als Sie sagen wollen.

Vielleicht ist es den Herren von Wert, einige Worte über die Beteiligung der Beamten am Reingewinn zu hören. Hr. Geheimrat Duisberg hat auseinandergesetzt, daß er eine solche Beteiligung am Reingewinn gewährt; ich nehme an, daß er sie nicht nur Erfindern gibt, sondern auch anderen Angestellten, mit anderen Worten, daß jeder Angestellte eine Prämie auf tüchtige Leistungen durch eine Gewinnbeteiligung bekommt. Mir ist das auch von anderen chemischen Fabriken bekannt; wir haben das gleiche Verfahren teilweise durchgeführt, aber keine guten Erfahrungen gemacht, nicht, weil wir gefunden haben, daß sich mit den Beamten Schwierigkeiten ergeben, sondern weil die Ertragsfähigkeit eines Erzeugnisses von einer ganzen Menge unberechenbarer Umstände abhängt, die in fortwährendem Wechsel begriffen sind. Heute ist ein Erzeugnis sehr wenig ertragreich, weil es unter einem scharfen Wettbewerb zu leiden hat; morgen wird eine Verständigung auf diesem Gebiete erzielt, das wenig ertragfähige Erzeugnis wird außerordentlich ertragreich. Der Erfinder leidet auf der einen Seite unter dem scharfen Wettbewerb, auf der anderen Seite wirft das Erzeugnis einen unverhältnismäßig hohen Nutzen ab und der Erfinder bekommt übermäßig viel. Derartige Schwankungen in den Bezügen eines Angestellten haben immer etwas Ungesundes und Ungerechtes an sich; sie sind um so schwerwiegender, wenn die Ertragfähigkeit eines Erzeugnisses durch Opfer bei Erzeugnissen aus anderen Gebieten erkauft wird. Dann wird der Angestellte, der das eine Erzeugnis herstellt, zugunsten eines anderen Angestellten benachteiligt und umgekehrt. Ich weiß auch, daß andere chemische Fabriken, die das gleiche Verfahren durchgeführt hatten, das die Elberfelder anwenden, wegen der Schwierigkeiten in der Abwägung der Beteiligung der einzelnen Angestellten wieder davon abgekommen sind. Man kann diese Abwägung nicht den Angestellten selbst überlassen, denn sie werden sich in den meisten Fällen, wenn es nicht außerordentlich verständige Leute sind, doch nicht einigen, jeder wird den Löwenanteil für sich beanspruchen. Es wird immer ein Eingriff der Werkleitung stattfinden müssen, um die Verteilung möglichst nach Billigkeit vorzunehmen. Dieser Eingriff der Werkleitung ist in anderen Fabriken außerordentlich störend gewesen; die Werkleitung wurde sehr stark in Anspruch genommen, um festzustellen, wieviel der einzelne Angestellte an dem Ertrage eines bestimmten Erzeugnisses, an dem mehrere Angestellten beteiligt sind, bekommen soll. Ich will einmal annehmen, sämtliche beteiligten Angestellten erhielten 8 vH. des Reingewinnes. Wie muß die Summe auf die einzelnen Angestellten verteilt werden? Das ist in der Praxis recht schwer abzuwägen; es muß von der leitenden Stelle geschehen. Schließlich bleibt immer noch die Frage, ob die Angestellten von der vorgenommen Art der Teilung befriedigt sind.

Wir haben in Höchst einen anderen Grundsatz durchgeführt. Wir sagen, der Angestellte soll allerdings am Ertrage seiner Tätigkeit beteiligt werden, er soll entsprechend seinen Leistungen, entsprechend dem Werte seiner Leistung für die Fabrik beteiligt werden. Dabei ist für uns nicht der Gesichtspunkt maßgebend, ob diese Leistung sich in besonderen Gewinnen ausdrückt, sondern maßgebend ist, wieviel dadurch die Gesamtstellung des Werkes gehoben wird. Die Fälle sind ja nicht selten, daß zB. eine Sache für ein Werk von außerordentlicher Wichtigkeit ist, ohne daß sie einen besonderen Gewinn abwirft; sie verbessert aber die Stellung des Werkes derart, daß sich infolgedessen der Gesamtgewinn des Werkes steigert. Wir geben deshalb den Angestellten eine Beteiligung an dem gesamten Reingewinn, und diese wird nach den Leistungen abgestuft. Die Gehälter und die gesamten Bezüge der Angestellten sind teilweise recht beträchtlich.

Hr. Professor Dr. Osterrieth-Berlin: M. H., es ist darauf hingewiesen worden, daß der Beschluß des Stettiner Kongresses nicht ganz den Anschauungen des Vereines deutscher Maschinenbau-Anstalten entspricht. Ich möchte mir daher ganz kurz erlauben darzulegen, wie dieser Beschluß zustande gekommen ist. Der Vorschlag, der von der Kommission des Deutschen Vereines für den Schutz des gewerblichen Eigentumes dem Stettiner Kongreß unterbreitet wurde, ging viel weiter als der Beschluß des Stettiner Kongresses, und zwar in der Richtung Ihrer Vorschläge, allerdings nicht ganz so weit, wie Ihre Vorschläge. Wir hatten gesagt:

> Mangels einer ausdrücklichen Vereinbarung soll das Recht an der Erfindung stillschweigend auf einen anderen übergehen insoweit, als der Erfinder kraft eines Dienst- oder Vertragsverhältnisses dem anderen zu einer Beschäftigung verpflichtet ist, in deren Bereich Gegenstand oder Verfahren von der Art des Erfundenen fallen und wenn

also noch weitere einschränkende Bestimmungen

> a) die ausschließliche Verfügung über die Erfindung zum Bereiche des gewerblichen oder wissenschaftlichen Betriebes des anderen gehört, oder
> b) wenn sie so beschaffen ist, daß sie ihre volle geschäftliche Wirkung für den anderen nur bei ausschließlicher Benutzung hervorbringen kann.

Dabei hatten wir namentlich an solche Fälle gedacht, wie sie Hr. Justizrat Haeuser angeführt hat. Der kennzeichnende Fall ist folgender: ein Werkmeister erfindet eine Maschine, die vielleicht ein Hülfsmittel für das Unternehmen ist, aber nicht von diesem selbst gebaut wird. Sie sehen also, daß wir in der Richtung Ihrer Wünsche weiter gegangen waren, als nachher der Stettiner Kongreß beschlossen hat. Die Kommission hatte im Interesse der Industrie und zwar, wie ich meine, im wohlverstandenen Interesse der Industrie, noch eine weitere Einschränkung gemacht, die allerdings abgelehnt wurde, weil man sie für zu weitgehend hielt. So kam die Fassung zustande, die jetzt vorliegt und die von Hrn. Neumann stammt. Er entschuldigt wohl, wenn ich sage, daß dabei allerdings eine kleine Unstimmigkeit hineingeraten ist. Wir sagen im ersten Absatz:

> „Mangels einer ausdrücklichen Vereinbarung geht das Recht an der Erfindung auf einen anderen über, wenn die Tätigkeit, aus der die Erfindung entstanden ist, zu seinen dienstlichen Obliegenheiten gehört“

und dann heißt es im zweiten Absatz:

> „Gehört die im Dienstverhältnis gemachte Erfindung nicht zum Bereich des Unternehmers, ist sie aber geeignet, in seinem Betriebe verwendet zu werden, so kann der Unternehmer eine freie Lizenz beanspruchen“.

mit anderen Worten: dann bleiben selbstverständlich die Erfindungen Eigentum des Angestellten. Es ist eine Unstimmigkeit, weil im ersten Absatz als Voraussetzung des Ueberganges auf den Arbeitgeber angenommen wird, daß die erfinderische Tätigkeit in den Bereich der Dienstobliegenheiten des Angestellten fällt, während im zweiten Absatz vorausgesetzt wird, daß sie außerdem noch in den Bereich des Unternehmens fallen muß. Das ist eine Unstimmigkeit und infolgedessen glaube ich, daß Sie als Grundlage der eigentlichen Arbeit unseres Vereins eher die Vorschläge der Kommission ansehen können, als die Beschlüsse des Stettiner Kongresses, die allerdings nicht ganz logisch sind.

Hr. Direktor Gerdau-Düsseldorf: M. H., ich habe früher schon ausgesprochen, daß die Trennung der Erfindungen in solche, die in die dienstliche Tätigkeit eines Angestellten fallen, und in solche, die zum Arbeitsgebiet des Unternehmens gehören, leicht zu großen Schwierigkeiten und Meinungsstreitigkeiten führen kann. Ich möchte auch dem nicht zustimmen, was Hr. Direktor Häbich von der Gutehoffnungshütte bezüglich der Erfindung für den Bergbau seitens eines Gasmaschinenkonstrukteurs ausgeführt hat. Dieser betreffende Gasmaschinenkonstrukteur könnte zB. auf der Grube die Einrichtung und Inbetriebsetzung einer Gasmaschine zu überwachen haben und dabei durch irgendwelche Veranlassung zu der Ansicht gekommen sein, daß eine bestimmte Verbesserung in der Vergasung oder Verkokung der Kohle, oder in der Reinigung des Gases eine viel größere Wirtschaftlichkeit der Gasmaschine sichert. Wohin gehört diese Erfindung, zum Gasmaschinenbau oder zum Bergwerk? Ich halte es für viel richtiger, wenn keine Trennung vorgenommen wird. Das würde auch wahrscheinlich in sehr vielen Betrieben, zB. unserem eigenen Betrieb mit Maschinenfabrik, Stahlwerk, Schmiede, Preßwerk usw., dahin führen, daß man den Konstrukteuren verbietet, bestimmte Betriebe, die nicht zu ihrer dienstlichen Tätigkeit gehören, zu betreten; das wäre gewiß nicht im Sinne der Angestellten. Ich bin der Ansicht, daß es besser ist, im Absatz 2 der Leitsätze die Worte: „und in dem Bereich der dienstlichen Tätigkeit des Angestellten liegen“, zu streichen, ferner den Absatz 3, außerdem den Absatz 4, sowie den Anfang des Absatzes 5 fortzulassen, und anstatt dessen einzufügen: „Die freie, private Vertragsmöglichkeit zwischen Angestellten und Unternehmer muß bestehen bleiben“.

Vorsitzender: Wir haben hier nicht Aenderungen an den Leitsätzen vorzunehmen, sondern lediglich die Berichte zur Kenntnis zu nehmen und unsere Ansicht dazu zu äußern. Sonst kommen solche Dinge vor, wie sie Hr. Professor Osterrieth eben erzählt hat. Im Ausschusse kann man jedenfalls sorgfältiger arbeiten.

Hr. Direktor Dr. Guggenheimer-Augsburg: Ich glaube feststellen zu können, daß das Mißverständnis bezüglich des dritten Leitsatzes aufgeklärt ist; es dürfte lediglich ein solches gewesen sein. Auch die Fassung dürfte so gewählt werden können, daß einem Mißverständnis für später vorgebeugt wird. Eine Feststellung aber erlaubt mir Hr. Geheimrat Duisberg wohl noch: im Beschluß II der Stettiner Beschlüsse heißt es:

„Das Recht an der Erfindung, einschließlich des Anspruchs auf das Patent, ist grundsätzlich übertragbar. Eine gesetzliche Beschränkung der Vertragsfreiheit ist nicht zu empfehlen.“

Da ist gesagt: „nicht zu empfehlen“. Ich möchte nur feststellen, daß dieser Wortlaut im Beschluß steht. Damals ist nicht genügend Verwahrung dagegen eingelegt worden; das mußte unter allen Umständen geschehen. Dabei halte ich immer noch das aufrecht, was ich vorhin bezüglich der Vertragsfreiheit im allgemeinen gesagt habe.

Hr. Oberingenieur Neumann-Cöln-Deutz: Der von Hrn. Professor Osterrieth behauptete Widerspruch besteht wohl nur scheinbar. Der von mir auf dem Stettiner Kongrnß vertretene Antrag des Ausschusses des V. d. M.-A., der die von Hrn. Professor Osterrieth oben verlesenen einschränkenden Zusätze a und b beseitigen wollte, wollte möglichst einfache und klare Verhältnisse schaffen. Wir verstanden dabei unter den von der Kommission des „grünen Vereins“ in dem ebenfalls verlesenen Vordersatz gekennzeichneten Erfindungen solche, die im Dienstverhältnis gemacht in den Bereich des Unternehmens fallen. Diese sollten unbeschränkt dem Unternehmer gehören. Der Zusatz sollte dann die ebenfalls im Dienstverhältnis gemachten, aber nicht zum Bereich des Unternehmens gehörigen Erfindungen behandeln.

Erlauben Sie mir zur Begründung der jetzigen Fassung noch ein paar Worte. Wir haben uns gesagt, daß es nicht richtig ist, wenn man nach den Beschlüssen des Stettiner Kongresses eine so beschränkte und zu scharf gefaßte Bestimmung für diejenigen Erfindungen einführt, die in den Rahmen des Unternehmens gehören, aber nicht der dienstlichen Tätigkeit des Betreffenden entspringen. Für diese Erfindungen wird nach dem Beschlusse des Stettiner Kongresses eine freie Lizenz verlangt. Wir sagten uns, die Verhältnisse in der Praxis liegen so außerordentlich verschieden, daß in einigen Fällen eine freie Lizenz zu wenig, in anderen Fällen dagegen zu viel ist. In denjenigen Fällen, die Hr. Geheimrat Duisberg im Auge hat und die wohl in der chemischen Industrie die Hauptrolle spielen werden, wird eine freie Lizenz zu wenig sein; da werden wahrscheinlich dem Unternehmen auch diejenigen in dessen Bereich fallenden Erfindungen gehören müssen, die nicht der ausgesprochenen dienstlichen Tätigkeit des Angestellten entspringen, weil der Betrieb es mit sich bringt, daß der einzelne Angestellte soviel Kenntnis von der Tätigkeit der anderen mitbekommt, soviel in das gesamte Getriebe mit hineingezogen wird, daß schließlich die Erfindung, die er gemacht hat, doch größtenteils durch das zustande gekommen ist, was das Unternehmen vorbereitet hat. Im andern Falle wiederum kann, wie es Hr. Direktor Häbich angeführt hat, eine freie Lizenz zu viel sein; denn wenn zwei so grundverschiedene Betriebe wie Bergbau einerseits und Gasmaschinenbau anderseits in einem Unternehmen vereinigt sind, so kann man nicht verlangen, daß auf eine Erfindung, die ein Gasmaschinenkonstrukteur auf dem Gebiete des Bergbaues macht, mit dem er gar nichts zu tun hat — womöglich sind sogar die Orte, an denen sie betrieben werden, verschieden —, ohne weiteres dem Unternehmen eine freie Lizenz gegeben wird.

Wir haben geglaubt, der Vielseitigkeit der Praxis dadurch Rechnung tragen zu müssen, daß wir nur gesagt haben: dem Unternehmen gebührt eine Vorzugstellung; in welcher Weise diese zu schaffen ist, das läßt sich nicht gesetzlich festlegen. Wir wollten damit gerade zum Ausdruck bringen, daß eine große Bewegungsfreiheit vorhanden sein muß. Ich möchte besonders darauf aufmerksam machen, wie in dem Berichte diese weitgehende Berücksichtigung aller praktischen Verhältnisse begründet ist. Der Herr Berichterstatter hat ausgeführt:

Auch auf die unter 1 b angeführten Erfindungen, also diejenigen, die zwar in das Arbeitsgebiet des Unternehmens gehören, aber nicht in dem Bereich der dienstlichen Tätigkeit des Angestellten liegen, erhebt das Unternehmen nicht unter allen Umständen Anspruch.

also unter Umständen doch.

Ob und in welchem Umfange ein Anspruch im Einzelfalle besteht, wird von der Art des Unternehmens und der Tätigkeit des Angestellten abhängen, besonders davon, inwieweit beim Zustandekommen der Erfindung Erfahrungen und Einrichtungen des Unternehmens mitgewirkt haben.

Ich glaube, daß tatsächlich gar keine Meinungsverschiedenheit zwischen der chemischen Industrie und uns besteht, wenn Sie berücksichtigen, daß wir in dem angegriffenen dritten Absatz unserer Leitsätze gesagt haben:

Bei Erfindungen, die in das Arbeitsgebiet des Unternehmens gehören, die aber nicht in dem Bereich der dienstlichen Tätigkeit des Angestellten liegen, muß das Unternehmen wenigstens eine Vorzugsstellung gegenüber dritten Personen beanspruchen.

Wieviel ihm in jedem einzelnen Falle gewährt werden soll, das können wir nicht ausdrücken, das entzieht sich der genauen Festsetzung. Wir wollten nur das Zugeständnis ausschließen, daß wir von diesen Erfindungen überhaupt nichts beanspruchen. Ich glaube, daß unsere Fassung, wenn man berücksichtigt, daß sie nur eine Mindestforderung darstellt, zwar maßvoll ist, aber auch das notwendige Maß, das wir fordern müssen, ausdrückt.

Professor Dr. Osterrieth-Berlin: Die Frage scheint mir doch noch nicht ganz geklärt zu sein. Ich glaube, man muß drei Fälle unterscheiden. Erstens, der Angestellte macht eine Erfindung, die zu seiner dienstlichen Tätigkeit gehört und in den Arbeitsbereich des Unternehmens fällt. Zweitens, er macht eine Erfindung auf einem Gebiete, das nicht zu seiner dienstlichen Tätigkeit gehört, aber in das Arbeitsgebiet des Unternehmens fällt. Diese beiden Fälle sind in Ihren Leitsätzen vorgesehen. Nun kommt der dritte Fall: er macht eine Erfindung auf einem Gebiete, auf dem er kraft seiner dienstlichen Obliegenheiten zu tun hat, aber die Verwertung der Erfindung fällt nicht in das Arbeitsgebiet des Unternehmens. Es handelt sich hierbei um die Verwertung der Erfindung und nicht um die Tätigkeit des Erfinders. Diesen dritten Fall haben Sie nicht vorgesehen. Wir haben — das geht aus dem Beschluß des Stettiner Kongresses hervor — gesagt: auch in diesem Falle soll die Erfindung dem Unternehmen gehören.

Vorsitzender: M. H., Die Rednerliste ist erschöpft; wenn Sie einverstanden sind, werde ich jetzt eine Pause eintreten lassen.

(Pause von $2^1/_2$ bis 4 Uhr.)

Vorsitzender (nach Wiederaufnahme der Verhandlungen): Ich gebe Hrn. Frölich das Wort zu

Punkt V:

Erfinderehre.

Hr. Dipl.-Ing. Frölich-Düsseldorf: Auch bei diesem Punkte verweise ich im wesentlichen auf den gedruckt vorliegenden Bericht des erkrankten Hrn. Berichterstatters, den ich Ihnen auszugsweise vorzutragen versuchen werde. Die wesentlichsten Punkte sind in den voraufgegangenen Erörterungen bereits gestreift worden. Ich möchte aber von vornherein der Auffassung begegnen, als wenn der V. d. M.-A. sich mit dem zu dem vorliegenden Punkte aufgestellten Leitsatze in einen Gegensatz zu seinem Leitsatze über das allgemeine Erfinderrecht stellt.

Der vorbereitende Ausschuß und unser Vorstand hatten geglaubt, den Forderungen der Angestellten, die von der Allgemeinheit unterstützt werden, in etwa entgegenkommen zu sollen. Als eine Forderung, der wir eine gewisse Berechtigung nicht absprechen zu sollen geglaubt haben, sehen wir das Verlangen nach Namensnennung als Erfinder an. Soll diese Namensnennung aber als ein gesetzliches Recht ausgesprochen werden, so sind nach unserer Ansicht gewisse Sicherheiten erforderlich, um die bereits bei der Erörterung des allgemeinen Erfinderrechtes angeführten Gefahren zu beseitigen, die sich durch die aus diesem Rechte sich ergebenden Rechtstreitigkeiten entwickeln können. Diese Sicherheit glaubt der Ausschuß durch den einschränkenden Zusatz gewährleistet. Der Leitsatz stellt also ein Zugeständnis zu den Forderungen der Angestellten, einen Vergleichsversuch dar und bedarf durchaus nicht einer besonderen Begründung durch ein vorher zu schaffendes allgemeines Erfinderrecht.

(Im Folgenden ist der Bericht des Herrn Prof. K. F. Zechner-Mannheim in vollem Wortlaute wiedergegeben.)

I.

Gegenwärtige Sachlage.

Das geltende Patentgesetz kennt einen Erfinder nicht, und bietet daher keine Handhabe, um der Erfinderschaft durch Nennung des Namens Anerkennung zu verschaffen.

II.

Abänderungsvorschläge.

Aus den Kreisen der Angestellten wird daher seit längerem die Forderung erhoben, daß bei der Anmeldung und in der Patentschrift aufgrund einer gesetzlichen Bestimmung der Name des Erfinders genannt werde

Diese Forderung wird, abgesehen von den Gründen, die für das Anrecht des Angestellten an seiner Erfindung an sich vorgebracht werden, noch damit gestützt, daß in der Nennung des Namens des Erfinders eine Anerkenntnis der Befähigung des Erfinders liege, die seine Aussichten auf Weiterkommen erhöhe, auch werde dadurch die Berufsfreudigkeit des erfinderisch tätigen Angestellten gestärkt.

Der Stettiner Kongreß hat diese Forderung der Angestellten durch folgende Beschlüsse V und VI anerkannt.

Beschluß V:

Auch im Falle der Uebertragung der Erfindung oder der Anmeldung der Erfindung durch einen anderen verbleibt dem nachweislichen Erfinder das unveräußerliche Recht, auf Verlangen in der Patentschrift und Patentrolle sowie in der Gebrauchsmusterrolle als Erfinder bezeichnet zu werden.

Beschluß VI:

1. Mit Zustimmung des Anmelders ist der Name des Erfinders in der Patentrolle zu vermerken.
2. Der Erfinder kann sein Recht auf Namensnennung im Wege der Klage gegen den Anmelder bezw. gegen den eingetragenen Patentinhaber und gegen den fälschlich als Erfinder bezeichneten geltend machen.
3. Die Klage verjährt innerhalb einer Frist von 3 Jahren vom Tage der Bekanntmachung des Patentes oder gegebenenfalls vom Tage der Bekanntmachung der Erfinderbezeichnung.

III.

Stellung des V. d. M.-A.

Die Industrie und auch der vorbereitende Ausschuß hat geglaubt, dieser Forderung der Angestellten in der Hauptsache zustimmen zu sollen.

Allerdings darf nicht verkannt werden, daß eine solche Bestimmung mancherlei Gefahren in sich birgt, die durch geeignete Vorsorge beseitigt werden müssen.

Diese Gefahren sind im Wesentlichen die gleichen, die gegen die Einführung des Rechtes des Erfinders auf das Patent bereits geltend gemacht worden sind, indem infolge des den Angestellten gewährten Rechtes Rechtstreitigkeiten mit den dort geschilderten Folgen nicht ausbleiben können. Auch ist zu besorgen, daß unter diesen Umständen mancher seinen persönlichen Interessen am besten zu dienen glauben wird, wenn er einen guten Erfindungsgedanken solange verschweigt, bis er ihn selbst soweit durchgeprobt und gefördert hat, daß er ihm von niemand mehr streitig gemacht werden kann; dieser Umsetand wird dem Unternehmen gewiß nicht förderlich sein, und dürfte auch die Eifersucht der zu gemeinsamer Arbeit berufenen Angestellten wecken, was wiederum den Erfolg beeinträchtigt.

Rechtstreitigkeiten, wie die oben erwähnten, müssen möglichst verhütet werden. Sie sind einmal dadurch zu mildern, daß das Unternehmen jedem Mitarbeiter die Namensnennung auf Verlangen zugestehen und damit die Klage eines nicht genannten Erfinders abwenden kann. Es bliebe dann aber die Möglichkeit, daß einer der genannten Erfinder, der sich alleiniger Erfinder dünkt, auf die Entfernung eines anderen als Erfinder benannten Namens klagt; dadurch würden alle diejenigen Schwierigkeiten und Nachteile hervorgerufen werden, die gegen die Schaffung eines Erfinderrechtes sprechen. Diese Gefahr muß ausgeschlossen werden.

IV.

Leitsatz:

Der Ausschuß stimmt dem Beschluß V des Stettiner Kongresses zu mit der Maßgabe, daß nur der nichtgenannte Erfinder ein Recht auf Nennung, nicht aber ein genannter Erfinder ein solches auf Nichtnennung anderer erhalten soll.

Vorsitzender: Ich stelle diesen Bericht zur Erörterung.

Geheimer Regierungsrat Professor Dr. Aron-Charlottenburg: M. H., der Verein zur Wahrung gemeinsamer Wirtschaftsinteressen der deutschen Elektrotechnik hat sich mit folgender Begründung gegen den Leitsatz zu diesem Punkte ausgesprochen (verliest):

Er erblickt in einem Recht der Angestellten auf Namensnennung bei der Unmöglichkeit, den Anteil des Einzelnen an der Erfindung genau zu bestimmen, ebenfalls eine Quelle unliebsamer Erörterungen innerhalb der Firma und von Rechtstreitigkeiten, zumal da der Vorschlag des Vereines deutscher Maschinenbau-Anstalten, daß ein Angestellter nur einen Anspruch auf Nennung seines Namens, nicht aber auf Nichtnennung des Namens eines andern haben soll, keine Aussicht auf Verwirklichung haben dürfte.

Ich habe diesen Verein hier zu vertreten; aber auch ohne diesen Auftrag würde ich gegen den vorliegenden Vorschlag Einspruch erheben.

M. H., es ist mir nicht leicht, öffentlich dagegen zu sprechen, denn meine jungen Ingenieure und Freunde werden mir vorwerfen, daß ich, selbst durch das Patentgesetz groß geworden, nun ihnen die gleiche Möglichkeit nicht geben wolle. Ich persönlich würde ihnen gern alle Rechte aus der Erfindung lassen, wenn ich nicht fühlte, daß die Gesamtheit darunter leiden würde.

M. H., wir in Deutschland wissen, was die Disziplin wert ist; wir wissen, daß eine Armee erst durch die Disziplin groß wird. Wir haben auch in der Industrie eine Armee, und man soll uns die Disziplin nicht rauben, denn dann können wir nichts mehr leisten. Man darf uns nicht mit Amerika vergleichen; die Amerikaner sind in glücklicheren Verhältnissen als wir infolge ihrer gewaltigen Naturhülfsmittel und ihrer hohen Schutzzölle. Wir dagegen müssen gegen die ganze Welt kämpfen und müssen uns unsere Stellung auf dem Weltmarkte mühsam erobern. Und da wollen Sie unser wichtigstes Mittel, unsere Armee, mit der wir arbeiten, zerstören! Die Seele der Armee bildet das Offizierkorps und das muß uns treu und sicher sein. Unsere Offiziere sind aber die Ingenieure; diese kommen durch diese Bestimmungen in Streit mit uns und unter sich, und sie geraten, was vielleicht noch schlimmer ist, in ständiges Mißtrauen gegeneinander. Die Kollegialität ist, wie wir wissen, eines der wichtigsten und wirksamsten Hülfsmittel in unserm Offizierkorps, und bei uns ist es nicht anders; die Kollegialität wird aber aufs tiefste durch diese Bestimmungen untergraben.

Nun kommen wir auf die Erfinderehre selbst. M. H., was ist es denn heute für ein großer Ruhm, ein Patent erwirkt zu haben. Nur eine kindliche Eitelkeit kann dadurch befriedigt werden. Von 100 Patenten erleben nur drei das Ende, 97 sind solche, die früher aufgegeben werden; und da soll es eine so ungeheure Ehre sein, ein Patent zu haben?

Sie sprechen von der „Erfinderehre". Die ist doppelter Art; den einen Teil hat sie gemeinsam mit jeder Ehre der Arbeit und der Pflichterfüllung. Darüber sind wir uns alle klar, und es ist heute wiederholt ausgesprochen, bestätigt und von keiner Seite widersprochen worden: nur die ehrliche Arbeit führt zum Ziele der Erfindung. Der andere Teil der Erfinderehre ist mehr moralischer Art; er ist die Hingabe für die Sache, die Aufopferung, die Treue, das Opfer des letzten Vermögens, wenn es sein muß, das Sichdurchsetzen; und gerade dieser Teil gehört nicht den Angestellten, denn sie stehen ja unter dem Schutze einer Firma und laufen keine Gefahr des Verlustes. Es hat also durchaus keine Berechtigung, so ganz allgemein von der Erfinderehre der Angestellten zu sprechen. Die moralische Seite der Erfindung, die heute noch in einzelnen Fällen vorkommt und die wir bewundern und verehren, kommt für die Industrie meist nicht infrage. Dem Publikum schweben unglücklicherweise immer einzelne Fälle vor; an den Einzelnen, der mit Aufopferung aller seiner Mittel, seines Vermögens, vielleicht seines halben Lebens weitgehende Opfer gebracht hat, an den denkt das Publikum. Deshalb schwärmt man von Erfinderehre und will sie auch dem Angestellten gewähren. Der Angestellte aber hat im allgemeinen nicht den geringsten Anspruch darauf; soweit er darauf Anspruch hat, hat ihn auch jeder andere Angestellte, der seine ganze Kraft seiner Aufgabe widmete, auch wenn es nicht gerade eine Erfindung ist; wenn er z. B. neue Organisationen schafft, neue Absatzgebiete eröffnet, oder erfolgreich ein großes Vermögen verwaltet, auch dann hat er Anspruch auf die Ehre für diese Tätigkeit. Warum also dem angestellten Erfinder eine besondere Ehrung gebühren soll, ist nicht recht abzusehen.

Der Einwand, den der von mir vertretene Verein macht, ist ganz berechtigt; wenn wir die Berechtigung der Namensnennung zugeben, so werden wir erreichen, daß sie angenommen, der einschränkende Zusatz des vorliegenden Leitsatzes aber gestrichen wird. Ich muß auch sagen, — obwohl ich kein Jurist bin, aber Mathematik und Rechtswissenschaft berühren sich vielfach — juristisch ist der vorliegende Leitsatz nach meiner mathematischen Auffassung nicht; denn wenn dem Erfinder das Recht auf Nennung seines Namens gegeben werden soll, so muß er ganz naturgemäß auch das Recht auf Ausschließung eines andern, der nicht Erfinder ist, erhalten. Der vorliegende Leitsatz ist daher auch taktisch nicht richtig, da man nicht Dinge fordern soll, die man doch nicht durchsetzen kann, weil sie keine innere Berechtigung haben.

Es wird ferner gesagt, daß die Namensnennung den Angestellten fördern soll. Zugleich wird damit aber unsere Organisation zerstört, denn dann werden uns die Leute genommen, mit denen wir arbeiten. Können Sie von dem Unternehmer verlangen, daß er den Angestellten nennt, nur damit dieser gefördert, d. h. aus dem Hause gebracht wird? Die Förderung des Angestellten an sich hat ja viel für sich, die Kehrseite, daß dem Unternehmen die tüchtigen Kräfte, die mit ihm verwachsen, zumteil auch auf seine Kosten emporgewachsen sind, entzogen werden, hat dagegen auch ihre Bedenken. Auch in dieser Frage stehen sich zwei Anschauungen gegenüber, die einander die Wage halten.

Dann noch ein anderes, das vielleicht von Ihnen nicht so hoch angeschlagen wird, das ich aber doch hoch einschätze. Nehmen Sie an, ein Gelehrter arbeitet an einer technischen Aufgabe; er weiß genau, was er will, hat es aber seinem Diener nicht gesagt, nun geht er einmal hinaus, der Diener beobachtet das gerade eintretende Ergebnis und wird so sein Miterfinder. Sie wollen es doch nicht dem Professor, dem Gelehrten, dem Mann der Dachstube unmöglich machen, einen Diener bei seinen Arbeiten zu beschäftigen. Er müßte dann alles allein arbeiten, müßte die roheste Arbeit selbst machen, denn er könnte sich keinen Diener halten, ohne befürchten zu müssen, daß dieser plötzlich sein Miterfinder wird. Auf diesen Umstand möchte ich Sie bitten gebenfalls Rücksicht zu nehmen.

Wenn man aber von der Befriedigung der Eitelkeit absieht, bleibt allerdings noch der historische Wert der Namensnennung. Es wäre für die Geschichte der Erfindung sehr wertvoll, in späterer Zeit zu wissen, wer eigentlich an einer Erfindung mitgearbeitet hat, auch ohne gerade Miterfinder zu sein. Für solche Zwecke ist aber eigentlich das Patent nicht da; das Ziel ließe sich vielleicht auf andere Weise erreichen. Vielleicht lassen sich auf privatem Wege für die Geschichte der wirklich wertvollen Patente, d. h. derjenigen, die 15 Jahre alt werden, die Namen der Mitarbeiter feststellen und der Nachwelt erhalten; so oder ähnlich könnten die berechtigten Wünsche derjenigen Angestellten, die an Patenten mitgearbeitet haben, erfüllt werden. Auf gesetzlichem Wege aber läßt sich so etwas nicht regeln.

Aus allen diesen Gründen bitte ich Sie von diesem Leitsatz abzusehen, und sich auch im Punkte der Erfinderehre einfach und klar gegen den Stettiner Beschluß auszusprechen.

Direktor Dr. Guggenheimer-Augsburg: M. H., verzeihen Sie, wenn ich mich mit dem nicht in Einklang befinde, was eben von Hrn. Geheimrat Aron ausgeführt worden ist. Ich habe heute vormittag von Hrn. Geheimrat Duisberg in Brückenbau und ähnlichem so viel gelernt (Heiterkeit), daß ich gern diesen Weg beschreiten möchte, und zu dem Zwecke knüpfe ich an die Ausführungen des Hrn. Geheimrat Aron an. Hr. Geheimrat Aron hat von Taktik gesprochen; einer der ersten Grundsätze derselben ist: Verlorene Posten soll man nicht länger halten, als unbedingt notwendig ist; die Erfinderehre ist aber ein ganz verlorener Posten. Ich glaube, wir können machen, was wir wollen, die Erfinderehre und die Namensnennung der Erfinder werden wir nicht hintanhalten. Wir dürfen daher nicht etwas bekämpfen, was wir nicht mehr hindern können, wenn wir die anderen Sicherheitsmaßnahmen erreichen wollen, die wirklich unbedingt notwendig für uns sind.

Ich gehe auf die einzelnen Punkte, die Hr. Geheimrat Aron angeführt hat, ein: Glauben Sie wirklich, Herr Geheimrat, daß es von Wert und Bedeutung für diejenigen, die heute die Nennung ihres Namens als Erfinder verlangen, sein kann, wenn sie nach 15 Jahren genannt werden sollen? Sie wollen jetzt genannt werden (Sehr richtig!); sie wollen daraus Nutzen ziehen, wollen als diejenigen genannt werden, die bei der Erfindung mitgewirkt haben! Das ist der Grundgedanke ihrer Ansprüche, und die Namensnennung soll durch den einen formalen Akt ihnen die weiteren Folgen sicherstellen.

Hr. Geheimrat Aron hat weiter die Frage aufgeworfen, ob es eine Ehre ist, Erfinder zu sein? Ich unterschreibe alles das, was Hr. Geheimrat Aron vorhin über den Werdegang der Erfindung angeführt hat, aber diejenigen, die auf die Namensnennung Anspruch erheben, tun dies, weil sie glauben, daß es eine Ehre ist, daß sie die Ehre der Erfindung für sich in Anspruch nehmen dürfen, und weil ihnen letzteres von der öffentlichen Meinung zugebilligt wird. Darüber kommen Sie nicht hinweg. Hr. Geheimrat Duisberg hat sehr richtig ausgeführt: Sie werden die Oeffentlichkeit nie davon überzeugen können, daß nicht der eine Angestellte der Erfinder ist, sondern das Unternehmen; und wenn der Angestellte die Möglichkeit hat, genannt zu werden, so fühlt er sich wenigstens in einem Punkt seiner Ansprüche befriedigt. Das muß unter allen Umständen gewährt werden, weil vielleicht nicht wir, aber die Betreffenden eine Ehre darin finden, als Erfinder mit genannt zu werden.

Nun gebe ich ohne weiteres zu, es ist nicht juristisch logisch, wenn man sagt: es hat jemand einen Anspruch auf Eintragung als Erfinder, aber er hat kein Recht, andere davon auszuschließen. Streng logisch ist das nicht. Wir wollen aber doch die Rechtstreitigkeiten, die entstehen können, auf das mögliche Mindestmaß beschränken, und wenn man die Befugnis gewährt, als Erfinder eingetragen zu werden, nicht aber das Recht, andere davon auszuschließen, so entfällt eine große Zahl Streitigkeiten, die dadurch entstehen würden, daß jemand Einspruch erhebt, wenn noch ein anderer als Erfinder genannt wird. Gestehen Sie doch als Unternehmer demjenigen, der Erfinder zu sein glaubt, oder der bis zu einem gewissen Grade an einer Erfindung mitgearbeitet hat, das Recht zu, daß er mit als Erfinder eingetragen wird, wenn er es beansprucht. Daraus können verhältnismäßig wenig schlimme Folgen entstehen, wenn ihm nicht auch gleichzeitig das Recht gewährt wird, andere, die sich ebenfalls melden, auszuschließen und gegebenenfalls gerichtliche Entscheidung herbeizuführen.

Auf diesem Wege glaubten wir, die Brücke gefunden zu haben, die es ermöglicht, den Ansprüchen der Angestellten, die als Erfinder genannt sein wollen, entgegenzukommen, ohne gleichzeitig eine Unzahl von Rechtstreitigkeiten heraufzubeschwören. Das ist der Grundgedanke unseres Vorschlages. Ueber Logik bei allen diesen Vorschlägen zu streiten, wäre ein Unding. Ich habe zugegeben, daß schon das Zugeständnis der Erfinderehre an sich nicht logisch ist, wenn man nicht gleichzeitig auch das Erfinderrecht festsetzt. Aber Logik ist heute auf vielen Gebieten, auf denen Gesetze gemacht werden, nicht mehr maßgebend (Heiterkeit), sie ist auf vielen

Gebieten verschwunden und wird wahrscheinlich auf noch weit mehr Gebieten verschwinden. Machen wir auch einmal die Mode mit, wenn ich so sagen darf, und seien wir auch einmal unlogisch, wenn es gilt, praktisch zu sein.

Wenn endlich gesagt wird, wir zerstören mit diesem Zugeständnis unsere Organisation, wir geben gleichsam den Betreffenden die Möglichkeit, sich selbst besser anderweitig unterzubringen; wenn die Nennung als Erfinder den Angestellten diese Möglichkeit schafft — die wollen und müssen wir ihnen gewähren. Es mag uns schädlich sein, aber wenn so großer Wert darauf gelegt wird, als Mitarbeiter einer Erfindung genannt zu werden, so dürfen wir vor dem Schaden nicht zurückschrecken, der vielleicht daraus entsteht, daß wir einen tüchtigen Mitarbeiter an den Wettbewerb abgeben; wir müssen dann eben nach den Mitteln suchen, ihn trotzdem uns zu erhalten. (Beifall.)

Dr. Kloeppel-Elberfeld: Ich bin Hrn. Direktor Dr. Guggenheimer sehr dankbar dafür, daß er mir die Aufgabe, als Vertreter des Vereines deutscher Chemiker zu dieser Frage zu sprechen, erleichtert hat. Nach den temperamentvollen Ausführungen des Hrn. Geheimrat Aron ist es etwas schwierig, im Kreise von Unternehmern, die, wenn Sie mir das Bild gestatten wollen, einen „agrarischen" Standpunkt vertreten (Heiterkeit und Oho!), sich für die Erfinderehre ins Zeug zu legen. Aber Hr. Dr. Guggenheimer hat bereits in treffenden Ausführungen dargelegt, daß es sich hier um ein Zugeständnis handelt, das auch die hartnäckigsten Fabrikanten preisgeben müssen, weil es ein verlorener Posten ist.

Ich bin aber der Meinung, daß man sich nicht bloß deshalb für den vorliegenden Leitsatz aussprechen sollte, weil es ein verlorener Posten ist, sondern weil die Namensnennung in der Tat eine berechtigte Forderung ist, eine Forderung, die eine gewisse Ergänzung zu dem Standpunkt bildet, den die Herren heute morgen vertreten haben. Ich bin selbst durchaus der Meinung, daß es ein außerordentlich gefährliches Wagnis wäre, auf diesem Gebiete die Vertragsfreiheit einzuschränken. Die Industrie ist genötigt, auf diesem Gebiete die Freiheit des Vertrages für sich in Anspruch zu nehmen. Diese Vertragsfreiheit wird zwar in einzelnen Fällen Härten mit sich bringen, auf der andern Seite ist es dann aber durchaus berechtigt, daß man diesem jetzt schon seit einem Jahrzehnt oder noch länger vertretenen Wunsche stattgibt, und der Namensnennung des Erfinders zustimmt.

Zuerst ist die Namensnennung von der chemischen Industrie zugestanden worden. Die Hauptversammlung des Vereines zur Wahrung der Interessen der chemischen Industrie Deutschlands in Freiburg im Jahre 1906 hat auf Antrag des Hrn. Justizrat Haeuser sich dahin ausgesprochen, daß sie das Verlangen nach Namensnennung als berechtigt anerkennt. Wir haben — ich kann nicht beurteilen, ob das bei der Maschinenindustrie in gleichem Maße der Fall ist — längst die Erfahrung gemacht, daß es keine so großen Schwierigkeiten macht, den Namen des Erfinders zu nennen, wenn — das ist die Voraussetzung des Stettiner Beschlusses und ja auch Ihres Leitsatzes — wenn mit dieser Namensnennung materiell rechtliche Folgen nicht verbunden sind. Wir haben ein Buch, das Ihnen vielleicht nicht so bekannt ist, das aber in unserer Industrie jeden Tag einige Male genannt wird, den Schultz-Julius, Farbstofftabellen, in denen sämtliche Farbstoffe und ihre Patente aufgeführt sind; bei den amerikanischen Patenten sind jedesmal die Namen der Chemiker genannt, die die betreffenden Farbstoffe erfunden haben. Das hat in unserer Industrie keinerlei Schwierigkeiten bereitet. Heute weiß man bei jeder einigermaßen wichtigen Erfindung, die fabrikatorisch ausgebeutet worden ist: der und der Chemiker in der und der Fabrik hat das und das gemacht.

Wir haben also keinerlei Bedenken gegen die Namensnennung und ich glaube auch nicht, daß solche Bedenken irgendwelche praktische Tragweite mehr haben würden. Anderseits aber bietet eine gesetzliche Regelung in der Weise, wie sie heute morgen von Hrn. Geheimrat Duisberg vertreten worden ist, die Möglichkeit, hinausgehend über das, was wir heute im amerikanischen Gesetz haben, neben dem Erfinder auch den Anteil des Unternehmens hervorzuheben, indem bei Etablissements-Erfindungen die Fabrik neben dem Chemiker genannt werden kann. Von diesem berechtigten Standpunkt des Unternehmers aus scheint mir die Annahme des vorliegenden Leitsatzes ebenfalls erwünscht.

Professor Dr. Osterrieth-Berlin: Ich möchte nur mit einem Worte noch den Standpunkt des Hrn. Dr. Guggenheimer unterstützen, aber in Bekämpfung einer seiner Ausführungen. Ich glaube nämlich, daß die Lösung, die in dem vorliegenden Leitsatze vorgeschlagen wird, durchaus logisch ist, und zwar aus folgendem Grunde. Die Erfinderschaft ist eine Tatsache, die unwandelbar und unzerstörbar ist, und aus der Anerkennung dieser Erfinderschaft entspringt eben die Forderung der Nennung des Erfindernamens. Das beruht rein auf der Grundlage der Anerkennung des Rechtes der Persönlichkeit.

Etwas ganz anderes ist die Frage der wirtschaftlichen Verwertung der Erfindung. Ebenso steht es bei einem Buch: man kann die Rechte an einem Buch dem Verleger vollständig abgeben. Dennoch bleibt das eine immer, nämlich die Tatsache der Urheberschaft. Die muß anerkannt werden, und daher darf auch kein Verleger an der Namensnennung des Urhebers irgend etwas ändern. Diese vollkommen logische Bestimmung ist auf dem Gebiete des Urheberrechts durchgeführt und wird sich auch auf dem Gebiete des Erfinderrechtes durchaus bewähren.

Vorsitzender: Es hat sich niemand mehr zum Worte gemeldet. Ich schlage vor, die Punkte VI, VII und VIII heute zu übergehen, weil morgen einige Herren nicht mehr anwesend sein werden, die an dem Punkt IX: Ausübungszwang, ein Interesse haben. Ich bitte Hrn. Frölich, den Bericht zu erstatten.

Punkt IX:

Ausübungszwang.

Berichterstatter Hr. Dipl.-Ing. Frölich-Düsseldorf: M. H.! Ich kann mich in diesem sachkundigen Kreise sehr kurz fassen, um so mehr als ich annehme, daß die Stellungnahme des Vereines deutscher Maschinenbau-Anstalten in diesem Punkte wenig Widerspruch erfahren dürfte.

I.

Gegenwärtige Sachlage.

§ 11 Abs. 1 des deutschen Patentgesetzes lautet:

> Das Patent kann nach Ablauf von drei Jahren von dem Tage der über die Erteilung des Patents erfolgten Bekanntmachung gerechnet, zurückgenommen werden:
>
> 1. wenn der Patentinhaber es unterläßt, im Inlande die Erfindung in angemessenem Umfange zur Ausführung zu bringen, oder doch alles zu tun, was erforderlich ist, um diese Ausführung zu sichern;
>
> . . . .

Aehnliche Bestimmungen, vielfach noch schärfere, finden sich in fast allen übrigen Ländern, in denen Patentgesetze bestehen; nur nicht in den Vereinigten Staaten, die einen Ausübungszwang überhaupt nicht kennen, und in der Schweiz, die den Ausübungszwang nicht an das Inland bindet, sondern nur irgend eine Ausübung überhaupt verlangt, dagegen bei Einfuhr von patentierten Gegenständen in die Schweiz Zwangslizenzen für schweizerische Unternehmer vorsieht.

Der Union-Vertrag sichert zwar durch Art. 5 den Angehörigen der Union-Staaten die vorbehaltlose Einfuhr patentierter Gegenstände in denjenigen Union-Staat, in welchem das Patent erteilt ist, auch wenn die gesetzlichen Bestimmungen des betreffenden Staates diese Einfuhr untersagen, wie zB. in Frankreich, oder daran bestimmte Bedingungen knüpfen, wie die Schweiz; dagegen verpflichtet er doch den Patentanmelder:

> sein Patent nach Maßgabe der Gesetze des Landes, in welches er die patentierten Gegenstände einführt, auszuüben:

und diese Bestimmung wird nur durch folgende durch die Brüsseler Zusatzakte in das Schlußprotokoll des Union-Vertrages eingefügte Bestimmung gemildert:

> Der Verfall eines Patentes wegen Nichtausübung soll in jedem Lande nicht vor Ablauf von drei Jahren seit der Hinterlegung des Gesuches in dem Lande, um das es sich handelt, und nur dann ausgesprochen werden können, wenn der Patentinhaber rechtfertigende Gründe für seine Untätigkeit nicht dartut.

Als solche rechtfertigenden Gründe sind nach einer von dem Vertreter Deutschlands auf der Brüsseler Konferenz ohne Widerspruch abgegebenen Erklärung anzusehen: Krankheit, Mittellosigkeit des Patentinhabers, vergebliche Lizenzangebote und andere von dem Willen des Patentinhabers unabhängige Umstände.

II.

Abänderungsvorschläge.

Schon seit längerer Zeit sind Bestrebungen im Gange, den Ausübungszwang zu beseitigen oder doch wenigstens, wenn eine vollständige Beseitigung nicht möglich ist, ihn abzumildern. Diese Bestrebungen finden einen Mittelpunkt in der Internationalen Vereinigung für gewerblichen Rechtschutz, die eine Milderung in dem Sinne anstrebt, daß die Nichtausübung eines Patentes nicht dessen Zurücknahme, sondern die Erteilung einer Zwangslizenz zur Folge haben soll. Bislang aber haben diese Bestrebungen noch keinen nennenswerten Erfolg gehabt; sie haben sogar die vor zwei Jahren erfolgte Einführung eines sehr strengen Ausübungszwanges in Großbritannien nicht zu hindern vermocht.

Das Deutsche Reich ist bei allen Beratungen über diesen Gegenstand durch seine Vertreter für eine Beseitigung des Ausübungszwanges eingetreten, und die Einfügung der erwähnten Bestimmung in die Brüsseler Zusatzakte gehörte sogar zu den Bedingungen, nach deren Erfüllung erst der Beitritt des Deutschen Reiches zur Internationalen Union möglich wurde. Heute erscheint jedoch durch das Vorgehen Großbritanniens die internationale Regelung des Ausübungszwanges mehr denn je in weite Ferne gerückt, ganz abgesehen davon, daß der stets vorhanden gewesene Widerstand Belgiens vollkommen ungeschwächt fortbesteht. Unter diesen Umständen erscheint es vorläufig auch nicht zweckmäßig, daß das Deutsche Reich einseitig die Bestimmung seines Patentgesetzes abschwächt; in gleichem Sinne hat sich auch der Deutsche Verein für den Schutz des gewerblichen Eigentums auf dem Düsseldorfer Kongreß ausgesprochen.

Das Deutsche Reich hat sodann noch versucht, über die Bestimmungen des Union-Vertrages hinaus den Ausübungszwang durch Sonderabkommen mit fremden Staaten weiter abzumildern. Solche Abkommen sind bereits vor längerer Zeit mit Italien und der Schweiz geschlossen worden, neuerdings auch mit den Vereinigten Staaten.

Während in den beiden erstgenannten Abkommen den Schweizern und den Italienern die Ausübung in ihrem Heimatlande als dem Ausübungszwang des Deutschen Patentgesetzes genügend anerkannt wird, ist das neue Abkommen mit Bezug auf die Angehörigen der Vereinigten Staaten anders abgefaßt, indem es besagt:

Es soll der Ausübungszwang des einen Vertragstaates (Deutschland) auf die den Angehörigen des anderen Vertragstaates (Vereinigte Staaten) erteilten Patente nur in dem Umfange der von diesem Teile (den Vereinigten Staaten) seinen eignen Angehörigen auferlegten Beschränkung Anwendung finden.

d. h., da es in den Vereinigten Staaten einen Ausübungszwang nicht gibt, so sind die amerikanischen Staatsbürger auch von den in dieser Beziehung bestehenden Vorschriften des Deutschen Reiches befreit und unterliegen für ihre deutschen Patente keinerlei Ausübungszwang, weder in Deutschland noch in den Vereinigten Staaten. Die Angehörigen der Vereinigten Staaten sind also nach diesem Abkommen günstiger gestellt als die Angehörigen des Deutschen Reiches selbst*.

III.

Stellungnahme des V. d. M.-A.

Dieses Mißverhältnis und die mit ihm verbundene Gefährdung der deutschen Industrie, die in einigen Sonderzweigen, z. B. Nähmaschinen und Registrierkassen, bereits zutage getreten ist, haben auch dem Vorstand des V. d. M.-A. Veranlassung gegeben, zu der Frage des Ausübungszwanges Stellung zu nehmen.

Die von der letzten Hauptversammlung gebilligte Stellung unseres Vorstandes ist in einer Eingabe an das Reichsamt des Innern niedergelegt und in folgende vier Wünsche zusammengefaßt worden:

1. § 11 des deutschen Patentgesetzes ist in seiner jetzigen Form unverändert beizubehalten, solange nicht der Ausübungszwang international einheitlich geregelt ist.
2. Eine solche internationale Regelung des Ausübungszwanges, und zwar im Sinne einer Milderung, ist anzustreben.
3. In der Zwischenzeit empfiehlt es sich, Gegenseitigkeitsverträge mit anderen Ländern abzuschließen.
4. Bei solchen Gegenseitigkeitsverträgen dürfen den Angehörigen anderer Staaten nicht weitergehende Rechte eingeräumt werden als den Angehörigen des Deutschen Reiches; es dürfen also nur die Ausführungen in den anderen Vertragstaaten als den durch § 11 des deutschen Patentgesetzes geforderten Ausübungszwang erfüllend anerkannt werden.

Es liegt also bereits eine ausgesprochene Stellungnahme des V. d. M.-A. vor, und es bleibt heute nur zu untersuchen, inwiefern diese etwa noch zu erweitern oder abzuändern ist. Um das letztere vorweg zu nehmen: für eine Abänderung dieser Wünsche sind in unseren Kreisen keinerlei Vorschläge gemacht worden; die Begünstigung der Angehörigen der Vereinigten Staaten in dem Abkommen ist zwar bedauert worden, man hat sich aber den Abschluß des Abkommens durch die Zwangslage erklärt, daß die Vereinigten Staaten mit der Einführung des Ausübungszwanges drohen. Ob das Abkommen allerdings für diesen Fall etwas nutzen wird, läßt sich nach den Erfahrungen, die wir mit der Einführung des amerikanischen Zolltarifes gemacht haben, mit Recht bezweifeln; enthält doch auch das vorliegende Abkommen eine zwölfmonatige Kündigungsfrist.

Da aber das Abkommen mit den Vereinigten Staaten abgeschlossen und nicht mehr zu ändern ist, so sieht der Verein von einer weiteren Kritik des Abkommens ab, er hat eine solche in der bereits erwähnten Eingabe an das Reichsamt des Innern ausgeübt.

Der V. d. M.-A. begrüßt an sich jedes Abkommen, durch das der Ausübungszwang gemildert wird, als einen Fortschritt auf dem Wege zur internationalen Beseitigung des Ausübungszwanges und kann sich von diesem Gesichtspunkte aus selbst mit dem Abkommen mit den Vereinigten Staaten abfinden. Er hegt das Vertrauen zu den Verbündeten Regierungen, daß sie, wenn sich aus dem Abkommen Unzuträglichkeiten oder Schäden für die deutsche Industrie herausstellen sollten, für eine entsprechende Aenderung des Abkommens sorgen oder dasselbe kündigen werden.

Der vorberatende Ausschuß und der Vorstand des V. d. M.-A. haben sich damit begnügt, Wünsche für zukünftige Maßnahmen zu äußern.

Demnächst läuft der deutsch-schwedische Handelsvertrag ab. Das schwedische Patentgesetz schreibt einen Ausübungszwang innerhalb des Zeitraumes von drei Jahren nach der Erteilung bei Strafe der Zurücknahme oder von Zwangslizenzen vor. Es dürfte zweckmäßig sein, bei den Verhandlungen mit Schweden zwecks Abschlusses eines neuen Handelsvertrages gleichzeitig auf den Abschluß eines Sonderabkommens über den Patentausübungszwang hinzuwirken.

Der deutsch-portugiesische Handelsvertrag wird noch in diesem Jahre dem Reichstage zur Genehmigung vorgelegt werden. Die Bestimmungen des portugiesischen Patentgesetzes sind schärfer als diejenigen des Union-Vertrages; für die Angehörigen des Deutschen Reiches ist der Ausübungszwang in Portugal gemäß den Bestimmungen der Union innerhalb von drei Jahren nach der Hinterlegung des Patentes vorgeschrieben, und zwar bei Strafe der Nichtigkeitserklärung auf Antrag der portugiesischen Behörde. Auch hier bietet der Abschluß des Handelsvertrages vielleicht Gelegenheit zum Abschluß eines Sonderabkommens.

* Vergl. die Reichsgerichtentscheidung I. 569/08.

Endlich erscheint ein solches Abkommen erwünscht mit Frankreich mit Rücksicht auf die schutzzöllnerischen Bestrebungen, die in dem neuen französischen Zolltarifentwurf hervorgetreten sind. Dieser Angelegenheit haben sich auch das Comité Commercial Franco-Allemand und der Deutsch-Französische Wirtschaftsverein angenommen.

Mit Rücksicht auf die Bevorzugung der Angehörigen der Vereinigten Staaten durch das neue Abkommen und mit Rücksicht auf die Stellungnahme des Deutschen Reiches zur Frage des Ausübungszwanges überhaupt ist endlich noch zu erwägen, ob bei der Reform des Patentgesetzes der § 11 vielleicht so geändert werden könnte, daß die internationale Beseitigung oder Milderung des Ausübungszwanges dadurch gefördert würde, ohne daß den Angehörigen des Deutschen Reiches Nachteile entstehen.

Derartige Anregungen sind von verschiedenen Seiten gegeben worden; unser Ausschuß hat aber geglaubt, von bestimmten Abänderungsvorschlägen absehen zu sollen. Einstweilen ist eine Bevorzugung von Ausländern lediglich den Angehörigen der Vereinigten Staaten zugestanden worden, und wenn sich für die deutsche Industrie Mißstände daraus ergeben — zB. dadurch, daß die Vereinigten Staaten den Ausübungszwang bei sich nicht einführen, dagegen von der ihren Angehörigen gewährten Bevorzugung zum Schaden der deutschen Industrie Gebrauch machen —, so haben wir, wie bereits ausgeführt, die Zuversicht, daß die deutsche Regierung unsere Interessen wahren und gegebenenfalls das Abkommen kündigen wird*.

Unser Ausschuß hat geglaubt, daß die Regierung bei Verhandlungen mit fremden Staaten in der Lage sein muß, Zugeständnisse zu machen, und daß sie hierfür möglichst freie Hand behalten muß. Wie sich der V. d. M.-A. zu solchen Sonderabkommen stellt, ist in den bereits erwähnten Wünschen 2 bis 4 der Eingabe an das Reichsamt des Innern ausgesprochen worden. Heute steht lediglich die Fassung des deutschen Patentgesetzes und seine etwaige Abänderung zur Beratung. Die Fassung des § 11 des deutschen Patentgesetzes hat sich als brauchbar für den Abschluß von Sonderabkommen erwiesen, und daher sollte einstweilen daran festgehalten werden.

IV.

Leitsatz:

§ 11 des deutschen Patentgesetzes ist in seiner jetzigen Form unverändert beizubehalten, solange nicht der Ausübungszwang international geregelt ist.

* Vergl. Dr. Richard Alexander-Katz in „Deutsche Juristen-Ztg." 1909 S. 1234.

Hr. Geheimer Regierungsrat Prof. Dr., Dr.-Ing. et Dr. med. h. c. Duisberg-Elberfeld: M. H., ich war darauf gefaßt, daß wir in diesem Punkte uneinig sein könnten, weil die Nachricht in unsere Kreise gedrungen war, daß die Maschinenfabrikanten über den amerikanischen Vertrag sehr wenig entzückt sind, und daß zB. Fabriken, welche Zahlkassen, Registriervorrichtungen und dergleichen herstellen, stark geschädigt werden. Diese haben sich ja auch energisch gegen die getroffene Vereinbarung gewehrt. Ich bin aber sehr erfreut, daß die Maschinenbauindustrie uns hier Gefolgschaft leistet, denn dieser Vertrag mit den Vereinigten Staaten ist unmittelbar für die chemische Industrie zugeschnitten worden. Wir verdanken ihn unserer eigenen Anregung. In der Auslegung, die ihm jetzt das Reichsgericht gegeben hat, hat er zwar einige Bedenken, aber auch wiederum Vorteile. Eine große Zahl von Patenten, die sogenannten Schutzpatente, können von uns nicht ausgeführt werden. Wenn nun solche Patente, die oft einen erheblichen Wert haben und in den Händen des Wettbewerbes uns großen Schaden bereiten können, nunmehr aufgrund des § 11 angegriffen werden, so wissen wir, was wir zu tun haben: wir übertragen sie sofort auf unsere amerikanische Firma, dann sind wir aus der Verlegenheit heraus. (Heiterkeit.) Insofern hat die Auslegung großen praktischen Wert für uns selbst, denn bisher befanden wir uns in einer sehr ungünstigen Lage; der Amerikaner war nach dem einfachen Wortlaut des Vertrages besser gestellt in Deutschland, als der Deutsche in Deutschland, und das war ein sehr ungerechter Zustand.

Nachdem wir in England so empfindlich durch die Maßnahmen der englischen Regierung oder vielmehr des englischen Parlamentes getroffen worden sind und gelitten haben, ohne daß England selbst großen Nutzen davon hat — wir und unsere Abnehmer haben nur Unkosten davon —, sahen wir mit Entsetzen, wie auch der amerikanische Kongreß sich rüstete, uns zu zwingen, in den Vereinigten Staaten Fabriken zu bauen. Da, wie Sie wissen, die Ausfuhr der Farbenindustrie nach den Vereinigten Staaten bei weitem die Ausfuhr nach England übersteigt, so war natürlich unser ganzes Sinnen und Trachten darauf gerichtet, die amerikanische Regierung auf der einen, die deutsche auf der andern Seite dahin zu bringen, daß beide eine vermittelnde Stellung einnahmen. Es soll jetzt noch — und das war eigentlich der Zweck unseres Vorgehens — in den Vereinigten Staaten ein Gesetz erlassen werden, das sich besonders gegen England richtet, durch das, nachdem der Vertrag mit Deutschland zustande gekommen ist, jetzt die Engländer gezwungen werden sollen, in den Vereinigten Staaten ihre Patente auszuüben. Ob das Gesetz kommen wird, weiß man nicht;

vielleicht dauert es noch eine Zeit; aber wir hoffen sehr, daß man etwas gegen England tut.

Deshalb teilen wir Ihren Standpunkt. Strengere Maßnahmen zu treffen, als der § 11 vorsieht — die Auslegung des Reichsgerichts ist ja schon weitgehend genug —, halten wir für verfehlt. Denn wir haben in Deutschland von jeher das mehr idealistische Ziel verfolgt, den Ausübungszwang überhaupt zu beseitigen; wir müssen im Interesse der Erfinder und der Erfinderfirmen diesen Unfug international beseitigen. Es ist doch an sich ein Unsinn, wenn man in jedem Lande die Erfindung ausführen soll, um das Patent aufrechtzuerhalten. Ich hoffe, wir werden zu einer internationalen Verständigung über diesen Punkt gelangen. Solange das nicht ist, muß der § 11 seine Bedeutung in vollem Umfange behalten. Soviel ich weiß, steht die Reichsregierung auf demselben Standpunkt, und ich freue mich, feststellen zu können, daß wir in diesem Punkte ein Herz und eine Seele sind. (Beifall.)

Hr. Professor Dr. Osterrieth-Berlin: Auch der Deutsche Verein für den Schutz des gewerblichen Eigentumes steht jetzt durchaus auf dem Boden dieser Vorschläge. Wir sind früher entschieden für die Abschaffung des Ausübungszwanges eingetreten, haben uns aber nach der Einführung des englischen Gesetzes davon überzeugen müssen, daß es nicht möglich ist, gegenüber denjenigen Ländern, die jetzt den Ausübungszwang neu einführen, auf jedes Mittel zu Gegenmaßregeln zu verzichten. Da es nicht angängig erscheint, in Deutschland den Ausübungszwang für deutsche Erfindungen abzuschaffen, ihn aber dem Auslande gegenüber aufrechtzuerhalten, so glauben wir, daß nichts anderes übrig bleibt, als den § 11 in seiner jetzigen Fassung aufrechtzuerhalten.

Hr. Direktor Dr. Guggenheimer-Augsburg: M. H., ob es gerade eine idealistische Bahn war, auf der wir vorgegangen sind, als wir Gegenseitigkeitsverträge mit anderen Ländern angestrebt haben, weiß ich nicht recht; es kann auch dafür ins Feld geführt werden, daß wir vielleicht diejenigen sind, die mehr Patente in anderen Ländern besitzen als andere bei uns, das wäre minder idealistisch. Eines aber glaube ich feststellen zu können: wir sind durch den Vertrag mit den Vereinigten Staaten einen guten Schritt auf diesem Wege vorwärts gekommen; man kann auf dieser Bahn nicht vorwärtsgehen, ohne gelegentlich auch eine Einbuße zu erleiden. Wenn man streng juristisch alles gegeneinander abwägt, wird man zugeben müssen, daß der Vertrag nicht ganz zu unserem Vorteil ausgefallen ist; daß aber auf dem Wege der Gegenseitigkeit ein großer Fortschritt erreicht worden ist, das kann nicht bezweifelt werden. Gerade infolge des deutsch-amerikanischen Gegenseitigkeitsvertrages werden wir höchst wahrscheinlich in nicht zu langer Zeit in der Lage sein, einen weiteren Vertrag und vielleicht noch einen dritten anzufügen; die Vorbedingungen dafür sind sehr gut. Wenn nur das eine Folge des Vertrages sein sollte, dann, glaube ich, dürfen wir es in Kauf nehmen, daß ein Amerikaner, der sein Patent gar nicht ausgeübt hat, es auch bei uns nicht auszuüben braucht. Das ist mein Standpunkt in der Frage und ich glaube, er wird von der überwiegenden Mehrheit der mechanischen Industrie geteilt.

Hr. Justizrat Direktor Haeuser-Höchst a. M.: M. H., auch ich möchte meine Freude und meinen Dank darüber aussprechen, daß in dieser wichtigen Frage die Uebereinstimmung der Industrie zum Ausdruck gelangt ist. Es wird sich ja nicht vermeiden lassen, daß bei solchen Fragen ein Industriezweig in gewissem Sinne Opfer bringen muß zugunsten eines andern, und nur aus der Abwägung der Gesamtinteressen kann sich ergeben, was für die gesamte deutsche Industrie richtig ist. Wir in der chemischen Industrie werden sicher bereit sein, wenn einem anderen Lande gegenüber die mechanische Industrie größere Interessen hat als wir, unsere Interessen entsprechend zurücktreten zu lassen (Beifall). Den Vereinigten Staaten gegenüber lagen die Verhältnisse sehr eigenartig. Die Frage des Ausübungszwanges ist in den Vereinigten Staaten nicht neu; ich entsinne mich, daß mir schon vor zehn Jahren ein in Patentsachen ziemlich einflußreicher Amerikaner erklärte: „Mit Ihrem Ausführungszwang in Deutschland, mit dem Sie uns Amerikaner fortgesetzt schädigen“ — daß dies tatsächlich der Fall ist, m. H., zeigt die Liste der vernichteten Patente —, „geht es auf die Dauer nicht; Sie nehmen Patente in den Vereinigten Staaten, und da wir keinen Ausführungszwang haben, so brauchen Sie gar nichts zu tun, wir müssen uns Ihren Patenten unterwerfen; wenn wir dann das gleiche in Deutschland tun und unsere Waren nach Deutschland einführen wollen, dann werden unsere Patente vernichtet, und die deutschen Fabriken stellen unsere patentierten Sachen her; das ist doch kein gerechter Zustand.“ — Vom allgemeinen Gerechtigkeitstandpunkt werden Sie dem Amerikaner recht geben müssen. Die Vereinigten Staaten hätten auch mit Rücksicht auf die ständig wachsende Unzufriedenheit schon lange zu einem Ausführungszwange gegriffen — ein vor mehreren Jahren dem Kongreß vorgelegter Gesetzesvorschlag sah zB. ausdrücklich den Ausübungszwang gegen Deutschland vor —, wenn Sie nur gewußt hätten, wie sie es machen sollten. Da die Vereinigten Staaten Mitglied der Union sind und daher die Ausländer nicht schlechter behandeln dürfen als die Inländer, so hätten sie einen Ausübungszwang gegen sich selbst einführen müssen, und das widerspricht vollständig der amerikanischen Auffassung. Nun haben sich aber die Verhältnisse geändert; die Engländer haben den Amerikanern gezeigt, wie man es machen kann, wie man formell den Bestimmungen der Union, daß der Ausländer dem Inländer gleich behandelt werden soll, nachkommen und doch den Ausländer mit zweierlei Maß messen kann. Dem Kongreß ist auch sofort ein Gesetzesvorschlag unterbreitet worden, der völlig dem englischen Gesetze nachgebildet war, also den Amerikaner gar nicht geschädigt hätte, sondern nur gegen uns Deutsche und allerdings auch gegen die Engländer gerichtet gewesen wäre. Lediglich die Verhandlungen über den Zolltarif haben die Verabschiedung dieses Gesetzes einstweilen verhindert.

Wir müssen der Reichsregierung dankbar dafür sein, daß eine solche Gesetzesvorlage, wenn sie jetzt noch angenommen werden sollte, sich nicht mehr gegen uns richtet. Die mechanische Industrie wird sich — allerdings nur, soweit sie nach den Vereinigten Staaten ausführt, nicht soweit sie nur darauf ausgeht, deutsche Patente zu vernichten, aber auf diesen engherzigen Standpunkt stellt sich ja Ihr Verein nicht —, sagen müssen: wir haben jetzt den Vorteil, daß, wenn wir überhaupt eine Veränderung in dem Verhältnis zu England erzielen werden, wir sie über Amerika erreichen können. Ich hoffe, daß die Vereinigten Staaten den Engländern gegenüber Ernst machen und das Gesetz durchführen werden; die Amerikaner werden die Engländer ganz anders schädigen, als wir die Engländer schädigen können, und ich habe die geheime Hoffnung, daß dann die Engländer von ihrem jetzigen Standpunkt abgehen und zum Abschluß von Gegenseitigkeitsverträgen nicht bloß mit den Vereinigten Staaten, sondern auch mit uns geneigt sein werden.

Vorsitzender: Das Wort wird nicht mehr gewünscht, der Hr. Berichterstatter hat auf ein Schlußwort verzichtet; ich darf daher diesen Punkt verlassen.

Ich gehe dann über zu

Punkt X:

die Gerichtsbarkeit in Streitigkeiten des gewerblichen Rechtschutzes,

und erteile das Wort dem Hrn. Berichterstatter.

Hr. Berichterstatter Dipl.-Ing. Ingrisch-Benrath: Der Gegenstand „Gerichtsbarkeit in Sachen des gewerblichen Rechtschutzes" ist von so hervorragenden Seiten in so mannigfacher und glänzender Weise bis in alle Einzelheiten behandelt worden, daß das, was dazu vorzubringen ist, kaum mehr neu ist; ich kann mich also kurz fassen.

Es war auch ursprünglich nicht die Absicht des mit der Vorbereitung für die heutige Tagung betrauten Ausschusses, diesen Gegenstand zur Verhandlung zu stellen. Aber ich habe die Ansicht vertreten, daß das, was die Industrie in Leipzig zum Ausdruck gebracht hat, auch heute wieder zum Ausdruck gebracht werden müsse; die Industrie darf keine Gelegenheit vorübergehen lassen, ohne immer und immer wieder hervorzuheben, daß, wenn überhaupt eine Besserung auf dem Gebiete der Rechtsprechung in Sachen des gewerblichen Rechtschutzes erzielt werden soll, technische Richter hinter die Barre kommen müssen.

Der Gedanke, Streitigkeiten auf dem Gebiete des gewerblichen Rechtschutzes durch aus rechtsgelehrten und technischen Richtern zusammengesetzte Gerichte, oder besser gesagt Kammern, zu entscheiden, ist nicht neu. Wer je in seinem Leben in eigener Sache oder in Vollmacht für Fremde mit Streitigkeiten auf dem Gebiete des gewerblichen Rechtschutzes zu tun gehabt hat, der hat sicherlich schon seinem Unmut über die Rechtsprechung auf diesem Gebiete Luft gemacht, nicht etwa über die Person der Richter, die das Urteil gefällt haben, nicht darüber, daß er verloren hat, sondern darüber, daß das Urteil erkennen läßt, daß die Richter in die technische Seite und damit in den Kernpunkt des ganzen Streitfalles überhaupt nicht eingedrungen waren.

Daher sind auch die Klagen über die Rechtsprechung in Patentsachen fast so alt, wie unsere Patentgesetzgebung überhaupt. Schon in den siebziger Jahren wurde vom Patentschutzverein, sowie 1886 gelegentlich der Patentenquête, die Frage der Gerichtsbarkeit in Patentsachen aufgerollt; auf dem Frankfurter Kongreß für gewerblichen Rechtschutz ist sie dann erneut angeregt worden. Die Frage wurde weiter auf dem Kölner Kongreß 1901 beraten und schon damals ist mit erheblicher Stimmenmehrheit der Beschluß gefaßt worden:

> Es erscheint nach den bisherigen Resultaten unserer Rechtsprechung in Patentsachen eine Aenderung der Gesetzgebung notwendig dahin, daß die bisher nur von rechtsgelehrten Richtern abgeurteilten Sachen (Eingriffstreite, Abhängigkeitsklagen usw.) ebenso wie jetzt die Nichtigkeits- und Zurücknahmeklagen von Gerichten abgeurteilt werden, die aus Juristen und Technikern als ständigen Richtern zusammengesetzt sind.

Auch auf dem Hamburger Kongreß im Jahre 1902 bildete diese Frage einen Gegenstand der Beratungen; hier wurden die ersten bestimmten Vorschläge über die Gestaltung dieser gemischt zusammengesetzten Gerichte erwogen. Die Ergebnisse des Kölner und Hamburger Kongresses wurden in einer Denkschrift veröffentlicht, die in weitesten Kreisen der Industrie, besonders in allen Fachverbänden, verbreitet wurde. Das Ergebnis einer hiermit verbundenen Umfrage war, daß die große Mehrzahl der befragten Vereinigungen sich für die Einrichtung von aus rechtsgelehrten und technischen Richtern zusammengesetzten Gerichte aussprach.

An dieser Stelle sei gleich vorausgeschickt, daß die vorgeschlagenen Reformen nicht, wie verschiedentlich von nicht genügend unterrichteter Seite unterstellt worden ist, politischen oder Standes-Erwägungen, oder gar Rücksichten auf einzelne Interessengruppen entsprungen sind, sondern daß lediglich die herrschenden Zustände als Ursache der Reformbestrebungen anzusehen sind.

Die Frage der Gerichtsbarkeit in Sachen des gewerblichen Rechtschutzes wurde obwohl sie nicht auf der Tagesordnung stand, auch auf dem Düsseldorfer Kongreß im Jahre 1907 kurz angeschnitten; der Vertreter des preußischen Justizministeriums, Hr. Geh. Oberjustizrat Kübler, setzte bei dieser Gelegenheit in einer Art Programmrede den Standpunkt des preußischen Justizministeriums dahin auseinander*, daß diese Behörde niemals der Einführung von „Sondergerichten" für Patentstreitigkeiten zustimmen werde. Maßgebend für diese schroffe Ablehnung war die Besorgnis, daß diese Gerichte außerhalb des Rahmens unserer bestehenden Gerichtsorganisation stehen sollten und daher die mit Sorgfalt aufgebaute und ängstlich behütete Einheit unserer Rechtsgrundsätze und Rechtsprechung gefährden möchten. Diesen Ausführungen, die auch in Form einer Mitteilung in der Kölnischen Zeitung an hervorragender Stelle erschienen sind**, wurde sowohl vom Vorsitzenden des Kongresses, als auch von einem berufenen Vertreter der chemischen Technik, Hrn. Prof. Dr. Duisberg, sofort lebhaft widersprochen. Es wurde geltend gemacht, daß die mehr formellen Bedenken gegen die Art der Angliederung an die bestehende Gerichtsorganisation zurücktreten müßten, wenn so schwerwiegende praktische Bedürfnisse für eine Aenderung der Gerichtsbarkeit in Sachen des gewerblichen Rechtschutzes vorliegen. An dieser Stelle sei auch gleich darauf hingewiesen, daß, wie später noch eingehender ausgeführt werden soll, eine Sonderstellung der für die Patentsachen zuständigen Gerichte außerhalb der ordentlichen Gerichtsverfassung gar nicht verlangt wird.

Als Folge dieser kurzen Auseinandersetzung auf dem Düsseldorfer Kongreß und der seit Jahren in Wort und Schrift zum Ausdruck gebrachten beweglichen Klagen über die der Mehrzahl unserer deutschen Juristen mangelnden Erfahrungen in der Beurteilung praktischer Fälle auf dem Gebiete des gewerblichen Rechtschutzes erschien im Oktober 1907 der bekannte Erlaß des preußischen Justizministers***, wonach alle bei einem Gericht anhängigen Sachen des gewerblichen Rechtschutzes besonderen bei den einzelnen Landgerichten und Oberlandesgerichten zu bestellenden Kammern und Senaten zugewiesen werden; dadurch soll bei den Richtern eine größere Vertrautheit mit dem Patentrecht und größere praktische Erfahrung angestrebt werden. Neben einer besonderen Pflege des Sachverständigenwesens sollen an den größeren Gerichten, ähnlich den bereits in Berlin für die jüngeren Juristen bestehenden Kursen, Kurse für die Referendare eingerichtet werden, um sie sowohl in technischer als auch in juristischer Hinsicht für ein erfolgreiches Arbeiten auf dem Gebiete des gewerblichen Rechtschutzes vorzubereiten.

* s. Bericht über den Düsseldorfer Kongreß für gewerblichen Rechtschutz.

** „Kölnische Zeitung" Nr. 929 vom 5. Sept. 1907.

*** „Gewerblicher Rechtschutz und Urheberrecht", November 1907, S. 389.

Es ist nicht zu leugnen, wenn es auch auf dem Leipziger Kongreß von seiten des Vertreters des preußischen Justizministers lebhaft bestritten worden ist*, daß die preußische Justizverwaltung mit dem Erlaß zugibt, daß Mängel vorhanden gewesen sind. So sehr aber der Oktobererlaß auch als Verbesserungsversuch zu begrüßen ist, allgemein und durchgreifend kann diese Besserung jedoch nicht sein und zwar aus folgenden Gründen (vergl. auch Denkschrift des Grünen Vereines zum Leipziger Kongreß):

1. Die Bestellung besonderer Kammern und Senate ist nicht überall im Deutschen Reiche durchführbar. Mit der sogenannten Patentkammer des Landgerichtes I in Berlin hat man zwar insofern gute Erfahrungen gemacht, als durch die häufige Beschäftigung mit den einschlägigen Fragen des gewerblichen Rechtschutzes wenigstens bei technisch nicht allzu schwierigen Fragen eine gewisse Sicherheit in der Urteilsfindung erreicht worden ist. Aber mit Recht muß vor einer Verallgemeinerung dieser Erfahrungen gewarnt werden, denn außerhalb Berlins würden Landgerichtskammern, um mit Patentsachen derart fortdauernd beschäftigt zu werden, Bezirke von solcher Größe erhalten müssen, daß sie notwendig über die Grenzen des Einzelstaates hinausreichen müßten und daher in die Hoheitsrechte der Einzelstaaten eingreifen würden. Eine dauernde Beschäftigung mit Sachen des gewerblichen Rechtschutzes wäre aber erforderlich, damit die der Kammer angehörenden Richter sich eine ausreichende Sonderkenntnis auf diesem Rechtsgebiete und eine Uebung in der Behandlung technischer Fragen aneignen könnten. Beides ist zur Erzielung einer auch nur annähernd befriedigenden Rechtsprechung aber durchaus erforderlich, kann jedoch von einem normalen Richter in seiner allgemeinen Berufstätigkeit nicht erworben werden.

2. Alle bisherigen Gerichte, auch diese Sonderkammern, sind bei technischen Fragen, die

* s. Bericht über den Leipziger Kongreß für gewerblichen Rechtschutz.

nicht ganz einfacher Natur sind, von den Sachverständigen abhängig.

Dementsprechend gibt der preußische Justizminister in seinem Erlasse Hinweise auf die Fassung der Beweisbeschlüsse, auf die vorhandenen Mittel zur Auswahl geeigneter Sachverständiger und auf die Möglichkeit und Zweckmäßigkeit der Gewährung höherer Sachverständigengebühren. Aber selbst wenn es gelingt, die besten und berufensten Sachverständigen für eine Sache zu gewinnen, so bleibt immer noch für die technisch nicht vorgebildeten und geschulten Richter die Schwierigkeit wenn nicht Unmöglichkeit bestehen, an den Sachverständigen die zweckdienlichen Fragen zu stellen und vor allem das technische Gutachten zu verstehen. Die heute noch den Beweisbeschlüssen vielfach anhaftenden Mängel können selbst bei aller Sorgfalt und bei allem Scharfsinn des Richters nicht vollständig beseitigt werden, da nur zu oft die Herausschälung der für die Entscheidung maßgebenden technischen Fragen schon eine technische Beherrschung des Streitgegenstandes voraussetzt.

Die Industrie hat daher allen Grund, den trotz des Oktobererlasses im vorigen Jahre auf dem Leipziger Kongreß gefaßten Beschluß I, der die Einführung von aus rechtsgelehrten und technischen Richtern bestehenden Gerichten fordert, auch weiterhin mit allem Nachdruck zu unterstützen.

Abgesehen davon, daß der Oktobererlaß 1907 eine sichtbare Besserung der Zustände bisher nicht gezeitigt hat, denn die Beweisbeschlüsse betreffend Befragung des Sachverständigen selbst großer Gerichte enthalten nach wie vor sehr häufig Rechtsfragen, — zB. ob das Patent verletzt wird, und ähnliches, — kann er auch aus folgenden inneren Gründen nicht bessernd wirken:

Das Verständnis für die in den Patentstreitigkeiten auftretenden technischen Begriffe und Vorgänge kann in den bei den größeren Gerichten eingeführten Kursen für die Referendare in der hierfür zur Verfügung stehenden Zeit nicht erlernt werden, der Anschauungsunterricht kann nicht so gestaltet werden, daß wirklich ein dauernder Nutzen für die Zuhörer verbleibt. Fragen der Physik, Chemie, Mechanik usw., zu deren Studium der Techniker Jahre gebraucht, lassen sich nicht in einem Kursus von einigen Stunden oder selbst Wochen fruchtbringend behandeln. Statt Klarheit wird vielfach nur Verwirrung in den Köpfen der Zuhörer angerichtet werden, die sich später einbilden, Kenntnisse zu besitzen, und in dieser Ueberschätzung ihres Wissens erst recht Unheil anstiften.

Es würde zu weit führen, die Bedürfnisfrage hier noch weiter zu erörtern. Es sei auf die glänzenden Ausführungen von Hrn. Dr. Bolze, dem früheren Senatspräsidenten des Reichsgerichtes, verwiesen, unter dem die meisten unserer grundlegenden Entscheidungen auf dem Gebiete des gewerblichen Rechtschutzes gefällt worden sind, und auf die Ausführungen des Hrn. Justizrat Wildhagen auf dem Leipziger Kongreß*, ferner auf die ausgezeichneten Druckschriften von Isay** und Tolksdorf***.

Wenn Männer von solcher Erfahrung auf dem Gebiete des gewerblichen Rechtschutzes mit der großen Mehrzahl der Industrie die Bedürfnisfrage bejahen, dann kann man doch nicht ohne weiteres an dieser Tatsache vorübergehen, sondern wird ihr Beachtung schenken müssen, besonders wenn man die Erfahrungen berücksichtigt, die Oesterreich mit seinem Patentgerichtshof gemacht hat, dessen Vertreter auf dem Leipziger Kongresse erklärte, daß man in Oesterreich die technischen Richter, die in technischen Angelegenheiten das Gewissen des juristischen Richters seien, niemals wieder abschaffen werde, da es geradezu eine Gefahr sei, patenttechnische Angelegenheiten ausschließlich von Juristen beurteilen zu lassen. Ferner ist zu beachten, daß wir in unserem Patentamt Kollegien aus technischen und rechtsgelehrten Richtern besitzen, die vorzüglich zusammenarbeiten. Was bei der Nichtigkeitsklage und Zurücknahmeklage möglich ist, das muß doch auch bei der Patentverletzungsklage möglich sein!

Dazu kommt daß der Haupteinwand der Gegner der Technikerrichter, das Schlagwort von der Zersplitterung der Rechtspflege, ganz neben der Sache liegt. Die Industrie verlangt eine solche Absplitterung gar nicht. „Sondergerichte“ im Sinne der Gewerbe- oder Kaufmannsgerichte, die von der allgemeinen Gerichtsorganisation abweichen, und in der Tat bedenkliche Erscheinungen gezeitigt haben, werden für die Gerichtsbarkeit in Sachen des gewerblichen Rechtschutzes gar nicht angestrebt; die Industrie verlangt nur besondere Gerichtseinrichtungen (Kammern) innerhalb der ordentlichen, vom Gerichtsverfassungsgesetz ein für allemal bestellten Gerichte und bei diesen die entscheidende Mitwirkung von Technikern, d. h. in diesen Gerichten sollen neben den rechtskundigen Richtern gleichwertige technisch vorgebildete Richter wirken. Wir haben Schöffengerichte, Schwurgerichte, Kammern für Handelsachen usw., alles Gerichte, bei denen man von dem Grundsatz des reinen Juristengerichtes abgewichen ist, die alle aus Rechtsgelehrten und Laien bestehen, und die wir nicht wieder missen möchten; sie beweisen sämtlich die Durchführbarkeit der Forderung nach einer Mitwirkung von Technikern bei der Gerichtsbarkeit in Sachen des gewerblichen Rechtschutzes.

* s. Bericht über den Leipziger Kongreß für gewerblichen Rechtschutz.

** Isay: „Die Gerichtsbarkeit in Patentprozessen“

*** Tolksdorf: „Die Patentgerichte“.

Die Behauptung von der Zersplitterung ist also ebensowenig stichhaltig wie diejenige von dem Nicht- oder Nichtmehrvorhandensein eines Bedürfnisses.

Das Bedürfnis besteht vielmehr nach wie vor; darauf kann nicht oft genug hingewiesen werden; ebenso ist zu betonen, daß die Industrie bessere Zustände nur von Gerichten erwartet, die aus rechtsgelehrten und technischen Richtern zusammengesetzt sind. Es ist die Pflicht der Industrie, bei jeder Gelegenheit die Notwendigkeit dieser Forderung zu betonen, denn das Schweigen würde sofort dahin ausgelegt werden, daß alles in schönster Ordnung und die Industrie vollkommen zufriedengestellt sei Vor allem muß dagegen Einspruch erhoben werden, daß die jetzigen auf dem Verwaltungswege eingeführten Besserungsmaßnahmen, die die Industrie immer nur als vorläufige Uebergangsmaßnahmen ansehen kann, etwa als endgültig gesetzlich festgelegt werden.

Leitsatz:

Die zur Beseitigung der Mängel auf dem Gebiete der Rechtsprechung in Sachen des gewerblichen Rechtschutzes seitens der einzelnen Justizverwaltungen getroffenen Maßnahmen (Bildung besonderer Kammern und Senate, Kurse für die Referendare usw.) sind als Anerkennung der Aenderungsnotwendigkeit und als Verbesserungsversuche dankbar zu begrüßen, aber als geeignet und ausreichend nicht anzuerkennen. Streitigkeiten auf dem Gebiete des gewerblichen Rechtschutzes gehören nicht vor Sondergerichte, von deren Schädlichkeit die Industrie nach wie vor überzeugt ist, sondern vor ordentliche Gerichte, bei denen jedoch technische Richter entscheidend mitwirken müssen.

Zu dem Leitsatz gestatten Sie mir noch eine kurze Bemerkung: Der Leitsatz gibt bereits eine Ausführungsform. Diese Fassung ist im vorbereitenden Ausschusse festgestellt worden, ich bin nicht der Verfasser; mir persönlich würde es ganz gleich sein, in welcher Weise später die sogenannten Patentgerichte eingerichtet werden. Haben müssen wir sie, und ich bitte Sie, m. H., die Gelegenheit zu benutzen, um einstimmig als Vertreter der Industrie zum Ausdruck zu bringen, daß es ohne Hinzuziehung von Technikern als Richter nicht weiter geht.

Stellvertretender Vorsitzender Regierungsrat a. D., Generaldirektor Rhazen-Cöln-Deutz: Ich danke dem Hrn. Berichterstatter und eröffne die Besprechung.

Hr. Professor Dr. Osterrieth-Berlin: M. H., in der Denkschrift erscheinen die Vorschläge Ihres Ausschusses in einem gewissen Gegensatze zu der Stellung des Deutschen Vereins für den Schutz des gewerblichen Eigentumes; ich glaube hier aussprechen zu können, daß dieser Gegensatz in Wirklichkeit nicht besteht, und daß er sich vielleicht nur auf ein Wort beschränkt, nämlich auf das Wort „Sondergerichte" oder „Sondergerichtsbarkeit". Ich muß sagen, daß ich in dem Vorschlage Ihres Vereines eine dankenswerte und sehr beachtenswerte Anregung erblicke. (Beifall.) Wir haben seinerzeit dem Leipziger Kongreß eine genau der Ihrigen entsprechende Ausführungsform vorgeschlagen: ordentliche Gerichte mit Zuziehung technischer Beisitzer. Leider konnten infolge der sehr eingehenden und langen Beratungen die Einzelheiten unserer Vorschläge nicht durchberaten werden, so daß schließlich nur über den Grundgedanken abgestimmt wurde. Dieser wurde — ich will gleich sagen unglücklicherweise — zusammengefaßt in dem Ausdruck „Sondergerichtsbarkeit". Was wir aber wollten und woran wir dachten, war nicht eine Sondergerichtsbarkeit im engeren Sinne, sondern lediglich die Zuziehung technischer Beisitzer, die hinter der Barre neben dem rechtsgelehrten Richter sitzen sollen. Das ist, wie ich glaube sagen zu können, auch heute noch die Anschauung der Kommission des Deutschen Vereines, die allerdings seit dem Leipziger Kongreß über diese Frage nicht wieder zusammengetreten ist. Ich glaube, es ist richtig, den Ausdruck „Sondergericht" und „Sondergerichtsbarkeit" zu vermeiden, weil er namentlich in Juristenkreisen die Anstoß erregende Vorstellung erregt, als ob man neben den Kaufmannsgerichten und den Gewerbegerichten noch weitere Sondergerichte schaffen wolle. (Sehr richtig!) Ich glaube, der Deutsche Verein für den Schutz des gewerblichen Eigentumes wird Ihrer Anregung folgen. (Beifall.)

Hr. Direktor Dr. Guggenheimer-Augsburg: Was eben Hr. Professor Osterrieth ausgeführt hat, das hat uns zu der vorliegenden Fassung des Leitsatzes bestimmt, und wenn der Herr Berichterstatter erklärt hat, daß er nicht der Verfasser dieser Fassung ist, so muß ich dafür einstehen und bekenne gern, daß diese Bekämpfung der Sondergerichte teilweise auf mich zurückzuführen ist. Wir wollen keine Sondergerichte, wir haben genug davon; vestigia terrent! Wir wollen ordentliche Gerichte auch für die Patentstreitigkeiten, und wahrscheinlich, m. H., nicht nur für Patentstreitigkeiten, sondern überhaupt für technische Streitfragen; wir wollen sie nicht nur, sondern wir brauchen sie, und die Mitwirkung der Techniker als Richter hinter der Barre ist eine Notwendigkeit, die sich in wenigen Jahren so gewaltig aufzwingen wird, daß man sich ihr gar nicht wird entziehen können. Der Jurist, der in technische Betriebe hineintritt, merkt mit zwingender Gewalt, welche Einseitigkeit in seinem ganzen Bildungsgange vorgeherrscht hat, und er macht vielleicht die gleiche Beobachtung bis zu einem gewissen Grade auch auf der anderen Seite. Um in Patentstreitigkeiten Recht zu sprechen, dazu gehört die Vereinigung von Juristen und Technikern; das soll aber vor den ordentlichen Gerichten geschehen, die dabei in einer den Kammern für Handelsachen ähnlichen Art und Weise besetzt sein müssen. Warum sollten in technischen Fragen nicht ebensogut bei den ordentlichen Gerichten Techniker wie bei Handelsachen Kaufleute mitwirken? (Sehr richtig!) In welcher Weise die Wahl vor sich geht und andere Einzelfragen können später erörtert werden.

Ueber zwei Dinge kann in unseren Kreisen gar kein Zweifel bestehen: die Gerichtsbarkeit im Sinne des Erlasses des preußischen Justizministers nützt uns gar nichts, damit kommen wir nicht einen Schritt weiter; und dann: wir wollen keine Sondergerichte, sondern technische Fragen sollen vor ordentlichen, aber in richtiger Weise besetzten Gerichten ausgefochten werden. (Beifall.)

Hr. Rechtsanwalt Dr. Wassermann-Hamburg: Ich möchte Ihre Aufmerksamkeit bei dieser Gelegenheit auf einen Punkt lenken, der sich in der Praxis als sehr störend erwiesen hat. Die Sonderkammern, die bei vielen Gerichten eingerichtet sind, sind, soweit Patentverletzungen in Betracht kommen, Zivilkammern; sofern es sich dagegen um Gebrauchsmuster handelt, Kammern für Handelssachen. Meiner Ansicht nach ist diese Verschiedenheit lediglich durch ein Versehen in der Wortfassung des Gerichtsverfassungsgesetzes entstanden. Als das Gerichtsverfassungsgesetz im Jahre 1877 erlassen wurde, sind die Marken- und Mustersachen den Kammern für Handelsachen zugewiesen worden. Damals hatten wir das Markenschutzgesetz von 1874 und das Geschmacksmustergesetz von 1876. Erst später kam das Gebrauchsmustergesetz hinzu, und da war man sich nicht einig, ob auch für diese neuen Muster die Bestimmung des Gerichtsverfassungsgesetzes zu gelten habe. Einige Schriftsteller vertraten die Ansicht, daß diese Muster nicht zu den im Gerichtsverfassungsgesetz erwähnten Mustern gehören. Infolgedessen wurden bei manchen Gerichten die Gebrauchsmustersachen vor den Zivilkammern, bei den anderen Gerichten vor den Kammern für Handelsachen erledigt. Bei der Neuredigierung des Gerichtsverfassungsgesetzes im Jahre 1898 ist derselbe Text geblieben; im Jahre 1898 gab es nun aber zweierlei Muster, nämlich Gebrauchsmuster und Geschmacksmuster. Daher ist man jetzt allgemein zu der Ansicht gekommen, daß die Mustersachen allgemein, also auch die Gebrauchsmustersachen, vor die Kammern für Handelsachen gehören. In Hamburg sind zB. durch die Geschäftsverteilung die Gebrauchsmustersachen an die Sonderkammer für Handelsachen verwiesen, die sich im übrigen mit den Warenzeichen zu beschäftigen hat.

M. H., wenn man die Hoffnung des preußischen Justizministers teilt, daß der ordentliche Richter, der häufig Gelegenheit hat, sich mit Patentstreitigkeiten zu beschäftigen, sich allmählich in die technischen Fragen einarbeitet und ein größeres Verständnis dafür gewinnt, so müßte man doch logischerweise auch die Gebrauchsmustersachen diesen Kammern zuweisen; denn die Gebrauchsmustersachen liegen meist wesentlich auf technischem Gebiet. Daß aber gerade eine Kammer für Handelsachen geeignet sein soll, über Gebrauchsmustersachen zu entscheiden, will mir nicht in den Sinn. Ich halte es für angebracht, diesen Mangel des heutigen Systems hiermit zur Kenntnis der beteiligten Kreise zu bringen, damit erwogen wird, ob es sich nicht empfiehlt, schon jetzt wenigstens die Gebrauchsmustersachen denselben Kammern zu überweisen, die sich mit den Patentsachen beschäftigen.

Ich möchte im Anschluß hieran noch kurz darauf hinweisen, daß Ihr Leitsatz vielleicht nicht ganz richtig zum Ausdruck bringt, was Sie gemeint haben. Sie sagen:

„Streitigkeiten auf dem Gebiete des gewerblichen Rechtschutzes gehören nicht vor Sondergerichte . . ."

Zum gewerblichen Rechtschutz gehören auch die Markensachen, und für Markenstreitigkeiten, die ja heute von der Allgemeinheit vielfach ebenfalls als Patentsachen bezeichnet werden, weil zufällig das Markenregister beim Patentamt geführt wird, treffen die Voraussetzungen nicht zu. Ueber Markenfragen kann der Kaufmann mindestens ebensogut urteilen wie der Techniker. Sie fassen daher vielleicht besser diesen Leitsatz etwas anders, zB.: „Streitigkeiten auf dem Gebiete des Patent- oder Gebrauchsmusterwesens".

Hr. Berichterstatter Dipl.-Ing. Ingrisch-Benrath (Schlußwort): M. H., ich habe mit meinen Schlußworten nicht im geringsten den Anschein erwecken wollen, als ob ich in den vorbereitenden Ausschuß für Sondergerichte eingetreten sei; das hat mir vollständig fern gelegen. Ich habe nur aus taktischen Gründen vermeiden wollen, in den Leitsatz den Ausdruck „Sondergerichte" hineinzubringen; denn, m. H., Sie wissen ja alle, wie unser Gedanke, Techniker hinter die Barre zu bringen, bekämpft worden ist, und wie jedes Wort, selbst wenn es unter uns noch so selbstverständlich ist, von der Gegenseite ausgeschlachtet und gegen uns ausgenutzt wird. Man vermeidet daher besser ein solches Wort, um jede Handhabe wegzulassen. Ich persönlich bin mit ordentlichen Gerichten, die mit Juristen und Technikern besetzt sind, in jeder Beziehung einverstanden, und ich freue mich darüber, daß in diesem Kreise vollständige Klarheit darüber herrscht, was wir wollen.

Vorsitzender: Das Wort wird nicht mehr gewünscht.

Die Anregung des Hrn. Dr. Wassermann werden wir bei unseren weiteren Verhandlungen jedenfalls verfolgen.

Ich möchte nun vorschlagen, daß wir heute noch die Punkte VII und VIII nehmen und Punkt VI auf morgen aufschieben. Für diejenigen Herren, die etwa früher weggehen sollten, möchte ich bemerken, daß wir morgen um 1/2 10 Uhr anfangen wollen.

Ich erteile das Wort Hrn. Neumann.

Punkt VII:

Patentgebühren.

Hr. Berichterstatter Oberingenieur **Neumann**-Cöln-Deutz:

I.

Gegenwärtige Sachlage.

Sowohl im ersten Patentgesetz vom Jahre 1877 als auch im zweiten vom Jahre 1891 sind die Gebühren für Patente festgesetzt worden auf: 20 ℳ Anmeldegebühr, 30 ℳ erste Jahresgebühr, 50 ℳ zweite Jahresgebühr und für jedes weitere Jahr eine um 50 ℳ steigende Gebühr, so daß die Summe der Jahresgebühren für ein 15jähriges Patent 5300 ℳ beträgt.

II.

Abänderungsvorschläge.

In den letzten Jahren sind verschiedene Stimmen laut geworden, welche die Höhe der Gebühren bemängeln. Namentlich ist auf die kurze Lebensdauer der meisten Patente hingewiesen worden, die so erklärt wird, daß die Erfinder die Mittel für die Aufrechterhaltung der Patente nicht aufbringen können; wertvolle Erfindungen sollen daher sowohl ihren Erfindern nichts einbringen, als auch das Allgemein-Vermögen nicht bereichern, weil der notwendige Schutz zu ihrer ungestörten Ausarbeitung fehlt.

In der Tat erreicht nur etwa ein Drittel aller erteilten Patente eine Lebensdauer von fünf und mehr, nur ein Neuntel aller Patente eine Lebensdauer von zehn und mehr Jahren.

Um ein frühzeitiges Erlöschen der Patente infolge des Unvermögens der Erfinder zur Aufbringung der Kosten zu verhindern, sind zwei Wege vorgeschlagen worden:

1. gänzliche Abschaffung der Jahresgebühren und Uebergang zum amerikanischen Verfahren, darin bestehend, daß für eine vor der Erteilung zu zahlende Summe (von beispielsweise 150 ℳ) das Patent für die ganze Dauer erteilt werden soll, wobei der Betrag in mehreren Raten (etwa 1/3 bei Anmeldung, 1/3 bei Auslegung, 1/3 bei Erteilung) erhoben werden könnte.

Hierfür wird angeführt, daß der Erfinder für eine verhältnismäßig kleine Gebühr einen Schutz über die ganze gesetzliche Höchstdauer eines Patentes erlangt, also unter allen Umständen genügend Zeit zur Verwertung seines Patentes findet.

2. Beibehaltung des jetzigen Verfahrens der steigenden Jahresgebühren, aber unter wesentlicher Herabsetzung derselben.

Der Cölner Kongreß für gewerblichen Rechtschutz im Jahre 1901 empfahl ganz allgemein, die Gebühren erheblich zu ermäßigen; der Düsseldorfer Kongreß vom Jahre 1907 faßte etwas eingehendere Beschlüsse. Er lehnte den unter 1 angegebenen Weg mit der Begründung ab:

Steigende Jahresgebühren sind notwendig, um eine Beseitigung der nicht ausgenutzten Patente zu erzielen.

Gegenüber verschiedenen Anträgen, die eine sehr weitgehende Herabsetzung der Gebühren wollten, legte er sich fest auf die vom Verein deutscher Chemiker vorgeschlagene Norm:

je 50 ℳ in den ersten fünf Jahren, dann jährlich um 50 ℳ steigende Gebühren;

das ergibt in 15 Jahren:

eine Gesamtsumme von 3500 ℳ gegenüber jetzt 5300 ℳ.

III.

Gegengründe.

Zu 1. Prüft man die Frage unter Berücksichtigung der Verhältnisse der Praxis, so ist die Einführung einer Pauschalgebühr für die ganze Dauer unter allen Umständen zu verwerfen. Zwar hat dieses Verfahren, das in den Vereinigten Staaten von Amerika in Kraft ist, für den Erfinder den Vorteil, daß er für eine verhältnismäßig kleine Gebühr einen Schutz für die ganze gesetzliche Höchstdauer eines Patentes erhält, also genügend Zeit zur Verwertung seines Patentes findet. Anderseits hat es aber für ihn auch den Nachteil, daß er von vornherein höhere Summen aufwenden muß, als bei einer allmählich ansteigenden Jahresgebühr.

Für die Industrie besteht aber der schwere Nachteil, daß alle Patente, auch diejenigen, die sich als unausführbar oder wertlos erwiesen haben, während der ganzen Höchstpatentdauer (in Deutschland 15 Jahre) bestehen bleiben, während sie bei dem Verfahren der Jahresgebühren ausgeschieden werden. Das Bestehenbleiben dieser Patente wirkt hemmend auf die Industrie, weil einerseits die Zahl der gültigen Patente, die man im Auge behalten muß, außerordentlich groß, ja fast unübersehbar wird, und die Gefahr besteht, daß man unabsichtlich in solche Patentrechte eingreift; anderseits ist ein solcher Schutz, soweit er sich auf unausführbare und wertlose Patente erstreckt, unberechtigt.

Unter unausführbaren Patenten sind natürlich nur solche zu verstehen, die zur Zeit ihres Entstehens unausführbar waren, weil die Technik noch nicht weit genug vorgeschritten war. In den Vereinigten Staaten bestand zB. schon vor 25 Jahren ein grundsätzlicher Schutz auf Automobile; der Erfinder und seine Lizenznehmer verstanden es jedoch nicht, aus dem allgemeinen Erfindungsgedanken eine brauchbare Konstruktion herzuleiten. Erst nach vielen Jahren wurde von anderer Seite, zumteil aufgrund der allgemeinen Fortschritte der Technik, die brauchbare Lösung gefunden, und nun wurden alle Automobilfabriken von jenem ersten Erfinder abhängig. Die Ungerechtigkeit eines solchen Zustandes liegt auf der Hand. Wenn jemand nicht imstande ist, selbst oder mit Hülfe anderer seinen Erfindungsgedanken durchzuführen, dann hat die Allgemeinheit auch kein Interesse daran, ihn besonders zu schützen und zu belohnen, denn es ist dies ein Beweis, daß die Erfindung noch nicht fertig war; unfertige Erfindungen sind aber überhaupt keine Erfindungen.

Ein ebensolches Hemmnis bilden die Patente auf wertlose Erfindungen, die sich meist auf solche Abänderungen bestehender Einrichtungen beziehen, die man ohne besonderen Vorteil in der patentierten Weise oder auch in anderer Weise ausführen kann. Bei dem stetigen Fortschritt der Industrie ist garnicht zu vermeiden, daß bei Bestehen einer sehr großen Anzahl solcher Patente unbeabsichtigte Eingriffe stattfinden. Nur Patente auf wertvolle Erfindungen nutzen dem Erfinder und der Industrie; nur bei solchen ist ein Ausschließungsrecht begründet und unschädlich. Die steigenden Jahresgebühren sind aber ein vorzügliches Mittel, um Patente, die unausführbar oder wertlos sind, sofort zu beseitigen. J a h r e s g e b ü h r e n wirken als Erziehungsmittel auf den Erfinder, indem sie ihn zwingen, sich jedes Jahr die Frage vorzulegen, ob er noch Aussicht hat, aus seiner Erfindung so viel zu machen, daß sie ihm ein Opfer wert ist; durch s t e i g e n d e Jahresgebühren wird er angespornt, so schnell wie möglich für eine praktische Verwertung zu sorgen; denn nur durch eine solche ist sowohl ihm als auch der Industrie gedient.

In diesem Punkte steht der V. d. M.-A. völlig auf dem Boden des bereits erwähnten Beschlusses des Düsseldorfer Kongresses für gewerblichen Rechtschutz.

Zu 2. Was den Vorschlag anlangt, die steigenden Jahresgebühren gegenüber dem jetzigen Zustande etwas zu ermäßigen, so muß zunächst der von einer Seite vorgebrachte Standpunkt als unhaltbar zurückgewiesen werden, wonach der Erfinder genau so zu behandeln sein soll, wie der Schriftsteller oder Künstler, dessen Erzeugnisse kostenlosen Schutz genießen, woraus dann die Forderung abgeleitet wird, die Patente, wenn auch nicht kostenlos zu gewähren, so doch nur mit den Selbstkosten des Amtes zu belasten. Es kann nur, ebenso wie dies bereits von anderer Seite geschehen, eindringlich davor gewarnt werden, das Patentrecht und das Urheberrecht auf Schriftwerke und Kunsterzeugnisse miteinander auf eine Stufe zu stellen. Eine Erfindung betrifft etwas Objektives, von der Person des Erfinders vollständig Losgelöstes, ein mechanisches, lebloses Gebilde der Natur. Die Erzeugnisse des Schriftstellers oder Künstlers dagegen lassen sich von der Person des Urhebers nicht trennen, sie sind rein subjektive Gebilde seines Geistes. Deshalb greift auch ein Patent sehr viel weitgehender in die Rechte der Allgemeinheit ein, da es jedem Zweiten ein ihm sonst zugängliches Gebiet verschließt; denn für jedes auf körperliche Gegenstände sich erstreckende Bedürfnis gibt es nur eine durch die Naturgesetze begrenzte Zahl von Möglichkeiten der Befriedigung, für jede Aufgabe nur eine begrenzte Zahl von möglichen Lösungen. Tatsächlich sind auch die Doppelerfindungen, die das planmäßige Auffinden der möglichen Lösungen von verschiedenen Fachmännern bekunden, eine landläufige Tageserscheinung. Daher die vom Gesetzgeber anerkannte Notwendigkeit des Vorbenutzungsrechtes! Läßt der erste Erfinder seine Erfindung nicht patentieren, so kommt fast mit mathematischer Sicherheit in kürzester Zeit ein zweiter oder mehrere gleichzeitig darauf, da der unaufhaltsame Fortschritt der Technik sich in gesetzmäßiger, fast übersehbarer Bahn vollzieht. Der Erfinder gibt also nicht nur; er empfängt auch; die Allgemeinheit muß auf Rechte verzichten, die sie morgen durch die Erfindung eines anderen, übermorgen durch die Erfindung vieler erlangt haben würde. Freilich empfängt der Erfinder mit Recht, denn er war zum mindesten der e r s t e Geber der Erfindung und „bis dat, qui cito dat“. Der Schriftsteller und Künstler dagegen gibt nicht nur als erster, was er gibt, sondern auch als einziger, er schenkt mit dem Erzeugnis seiner Phantasie der Allgemeinheit etwas, das sie von anderer Seite garnicht hätte erhalten können. Wenn sie damit nicht schalten darf, wie sie will, so werden ihr dadurch keine Rechte genommen, die sie von anderer Seite hätte erhalten können. Wir hätten die Dampfmaschine auch ohne Watt erhalten, aber nicht die Sixtina ohne Raffael.

Hieraus folgt, daß für die Bedingungen, unter denen dem Erfinder Schutz gewährt wird, nicht ohne weiteres die Grundsätze, wie sie für das Urheberrecht an Schriftwerken und Kunsterzeugnissen gelten, herangezogen werden können. Maßgebend können hier nur die eigenartigen Beziehungen zwischen Erfindungen und Industrie sein, aus denen heraus die Bedingungen, unter denen dem Erfinder das Patent gewährt wird, sich ergeben müssen.

Berücksichtigt man dies, so kommt man bezüglich der Gebühren zu folgenden praktischen Forderungen:

Die Gebühren müssen so niedrig sein, daß sie bei aussichtsvollen Erfindungen bezahlt werden können; sie müssen so hoch sein, daß wertlose und unausführbare Erfindungen sobald als möglich fallen gelassen werden. Nun wird behauptet, daß die Gebühren in Deutschland zu hoch seien. Allerdings hat kein Land so stark ansteigende Patentgebühren wie Deutschland, und es ist Tatsache, daß eine große Reihe von Patenten bereits in den ersten Jahren ihres Bestehens wegen Nichtbezahlung der Gebühren fallen gelassen werden. Aber damit ist noch nicht bewiesen, daß die fallengelassenen Patente lebensfähig waren. Das Kaiserliche Patentamt hat im Jahre 1906 eine Erhebung darüber angestellt, wie sich in anderen Ländern im Vergleich zu Deutschland die Lebensdauer der Patente gestaltet. Diese Uebersicht ist in der folgenden Zahlentafel wiedergegeben:

Zahlentafel.

Vergleichende Uebersicht über die Lebensdauer der Patente (Haupt- und Zusatzpatente) in verschiedenen Staaten.

Land	Höchstdauer in Jahren	von 100 Patenten erreichten durchschnittlich ein Alter von:														
		1	2	3	4	5	6	7	8	9	10	11	12	13	14	15
Schweden . . .	15	100	97	75	55	41	32	25,5	21	19	16	13,5	11	9	8	7
Deutsches Reich	15	100	82,5	57	41,5	31,5	25	20	16,5	14	11,5	9,5	8	6,5	4,5	?
Großbritannien .	14	100	100*	100*	100*	32	23	18	15	12	10	9	8	6	5	—
Norwegen . . .	15	100	76	54	39	28	20	16	13	10	9	8	7	6	5,5	3
Dänemark . . .	15	100	65	48	34	26,5	22	15	14	?	?	?	?	?	?	?
Schweiz . . .	15	100	73	47	30	23	18	14	12	10	9	8	7	6	5	4
Oesterreich . .	15	100	67,5	46	32	23	15	?	?	?	?	?	?	?	?	?
Italien	15	100	63	43	29	23	18	12	11	9	7	6	6	4	3	2
Frankreich . .	15	100	59	37	26	20	16	13	11	10	9	8	7	6	5,5	5

* Die britischen Patente sind in den ersten vier Jahren nicht abhängig von der Zahlung besonderer Jahresgebühren. Ein Vergleich mit anderen Ländern ist daher erst vom fünften Jahre ab möglich.

Das Ergebnis ist überraschend: Deutschland steht, was den auf Jahre verteilten Verfall der Patente anlangt, günstiger da, als alle anderen (mit scheinbarer Ausnahme von Schweden, bezüglich dessen sich jedoch später herausgestellt hat, daß die Zahlen auf anderer Grundlage aufgestellt waren, daher nicht in Vergleich gestellt werden können), günstiger als Frankreich, England, Belgien, Italien, Spanien, die doch niedrigere Patentgebühren haben. Also kann doch wohl nicht der Geldmangel, sondern nur die wirkliche Ueberzeugung, daß die Erfindung nicht zu verwerten ist, die Erfinder zum Fallenlassen bewogen haben. Wenn es dem armen Erfinder nicht einmal gelingt, durch Verpfändung seines Patentrechtes das Geld für die Jahresgebühr zu erlangen, so ist das ein Zeichen, daß das Patent in der Tat nichts wert ist.

Es kommt hinzu, daß das Patentgesetz eine Stundung der Gebühren für die ersten drei Jahre zuläßt, wovon jedoch nach Angabe des Präsidenten des Patentamtes nur selten Gebrauch gemacht wird. Ferner ist zu berücksichtigen, daß die meisten Patente, nämlich rd. 60 vH, innerhalb der ersten drei Jahre verfallen, während welcher Zeit einerseits die Gebühren noch nicht drückend sind und anderseits die Stundung möglich ist. Wenn innerhalb dieser Zeit ein Patent noch nicht verwertet ist, so kann es nur daran liegen, daß die Versuche noch nicht abgeschlossen sind — dann sind aber die Kosten der Patentgebühren im Verhältnis zu denen der Versuche verschwindend —, oder daß nach Abschluß der Versuche niemand sich entschließen kann, für das Patent etwas zu geben; in letzterem Falle handelt es sich offenbar um ein Patent ohne Daseinsberechtigung.

Ferner wird vorgebracht, daß die hohen Gebühren vielfach auch die in die Praxis eingedrungenen Erfindungen zu hoch belasten. Auf dem Düsseldorfer Kongreß wurde von einem Fabrikanten von Bonbonmaschinen darüber geklagt, daß er im 14. Jahre für sein Patent 650 ℳ habe zahlen müssen, obgleich er nur für 4000 ℳ an den patentierten Maschinen abgesetzt habe. Zweifellos wird jeder dem Fabrikanten zustimmen, daß er das Patent fallen ließ. Aber daraus folgt doch nicht, daß die Gebühren zu hoch waren Für so unwichtige Neuerungen, die nach jahrelanger Ausnutzung in der Praxis nicht einmal einige Tausend Mark Gewinn abwerfen, ist das Patentgesetz nicht geschaffen. Gerade in Deutschland ist durch den Gebrauchsmusterschutz in so vorzüglicher Weise wie in keinem anderen Lande ein billiges Schutzrecht für kleine Erfindungen geschaffen.

Nach dem Vorstehenden muß füglich bezweifelt werden, ob bei niedrigeren Patentgebühren mehr Patente verwertet würden, und ob einige bisher zurückhaltende Erfinder durch die größere Wahrscheinlichkeit, ihre Erfindungen ausnutzen zu können, veranlaßt werden würden, ihre Erfindungsgedanken patentieren zu lassen. Sollte letzteres aber der Fall sein, so wäre es ein höchst zweifelhafter Gewinn. Wir leiden durchaus nicht an einem Mangel, sondern an einem sehr reichlichen Ueberfluß von Erfindungen, und zwar besonders von solchen, die mehr oder weniger unreife Erfindungsgedanken darstellen.

Aus dem letzten Gesichtspunkte heraus ist sogar von einigen Seiten vorgeschlagen worden, die Anmeldegebühr zu erhöhen, um die Anzahl der Anmeldungen zu vermindern. Der V. d. M.-A. kann ein Bedürfnis hierfür nicht erkennen. Er würde nur dann einer Erhöhung der Anmeldegebühr zustimmen, wenn damit eine entsprechende Ausdehnung und Vertiefung der Vorprüfung verbunden wäre.

Zusammenfassend sei wiederholt:

1. Steigende Patentgebühren von einer gewissen Höhe sind für die Industrie nötig, um wertlose und daher hemmende Patente zu beseitigen. Diese Wirkung tritt bei der jetzigen Höhe der Gebühren in erwünschtem Maße ein.

2. Das anerkannt schnelle Verfallen deutscher Patente ist nicht auf eine zu hohe Belastung der Erfinder durch die Jahresgebühren zurückzuführen, denn in anderen Ländern mit geringeren Jahresgebühren verfallen die Patente sogar noch schneller.

3. Die in die Praxis übergeführten Patente können die bisherigen Gebühren ertragen; für Erfindungen von geringer wirtschaftlicher Bedeutung ist das weniger kostspielige Gebrauchsmuster geschaffen.

4. Obgleich ein reicher Ueberfluß an größtenteils wertlosen Erfindungen zum Patent angemeldet wird, liegt doch kein Bedürfnis vor, die Anmeldegebühr zu erhöhen, um den Strom der Anmeldungen zurückzudämmen. Einer Erhöhung der Anmeldegebühr könnte die Industrie nur dann zustimmen, wenn sie durch eine Erweiterung und Vertiefung der Vorprüfung bedingt wäre.

IV.

Leitsatz:

Von einer Aenderung der bestehenden gesetzlichen Bestimmungen über die Patentgebühren ist abzusehen.

Eine Erhöhung der Anmeldegebühr ist nur dann gerechtfertigt, wenn die Vorprüfung gleichzeitig erweitert und vertieft wird.

Vorsitzender: Ich danke dem Hrn. Berichterstatter und stelle den Bericht zur Erörterung.

Hr. Professor Dr. Osterrieth-Berlin: M. H., der Deutsche Verein für den Schutz des gewerblichen Eigentumes ist zu dem Beschluß, von dem Ihnen der Herr Berichterstatter Kenntnis gegeben hat, ebenfalls auf dem Wege des Vergleiches gekommen. Die Verhältnisse lagen hier noch krasser, möchte ich sagen, als in der Frage des Erfinderrechtes, weil eigentlich bei der Frage der Patentgebühren juristische Gesichtspunkte kaum in erheblichem Maße in Betracht kommen, und es sich hier nur um eine praktische Frage handelt. Wir standen damals vor zwei völlig entgegengesetzten Standpunkten. Der eine findet die jetzigen Gebühren gut, für ihn besteht kein Anlaß, sie herabzusetzen, im Gegenteil, er hält eine Herabsetzung für schädlich, weil die jetzigen Gebühren den großen Wert haben, den Patentinhaber immer zur Selbstprüfung anzuhalten, ob seine Sache noch wertvoll genug ist, um das Ausschließungsrecht aufrecht zu erhalten. Diesem Standpunkte steht eine ziemlich starke Bewegung aus den Kreisen der technisch-industriellen Beamten und freien Erfinder gegenüber, die eine durchgreifende Herabsetzung der Gebühren, eine grundsätzliche Beseitigung der steigenden Gebühren und die Einführung einer einheitlichen Gebühr nach amerikanischem Vorbilde verlangt. Wir haben auf dem Düsseldorfer Kongreß vor zwei Jahren die Frage sehr eingehend beraten, und haben wahre Redeschlachten anhören müssen. Unsere Lösung halten auch wir für einen Vergleich, und ich glaube, daß sie sich auch als Vergleich bewähren wird. Ich weiß nicht, ob die Strömungen auf Herabsetzung der Patentgebühren, die jetzt im Gange sind, nicht doch so stark sind, daß der Reichstag und die Reichsregierung dieser Bewegung bis zu einem gewissen Grade werden nachkommen müssen. Für diesen Fall hielten wir es für richtig, eine Berechnungsweise für die Gebühren aufzustellen, welche die Vorteile der steigenden Gebühren beibehält und doch die Gesamthöhe der Gebühren herabsetzt. Auf diese Weise ist unser Vergleichsvorschlag entstanden.

Hr. Generalsekretär Steller-Cöln: M. H., nicht nur die Erfinder und die technischen Angestellten erstreben eine Herabsetzung der Patentgebühren, sondern auch manche Industrielle. Im Werkzeugmaschinenbau, wo nicht nur große und ganz große Unternehmungen, sondern auch mittlere und kleine Unternehmungen vorhanden sind, herrscht jedenfalls der Wunsch, daß die Patentgebühren herabgesetzt werden. Ich habe seinerzeit auch von meinem persönlichen Standpunkt aus den Beschluß des Düsseldorfer Kongresses begrüßt, denn er erscheint mir als ein sehr brauchbarer Mittelweg. 3500 ℳ für ein Patent sind doch auch keine Kleinigkeit. Was das Verfallen der Patente anbetrifft, so zeigt die Zahlentafel, daß die Höhe der Patentgebühren darauf keinen Einfluß hat; auch bei niedrigen Gebühren werden nach den Erfahrungen anderer Länder Patente nicht übermäßig lange aufrecht erhalten. Die Patente werden auch dann fallen gelassen werden, wenn man sieht, daß man keinen Nutzen davon hat. Für mittlere und kleinere Unternehmer ist es aber doch ein großer Unterschied, ob sie die jetzigen Gebühren oder die Gebühren des Vergleichsvorschlages bezahlen müssen.

Außerdem ist, wie Hr. Professor Osterrieth schon angedeutet hat, der soziale Gesichtspunkt auch von einiger Bedeutung. In der Tat bedeutet es, wenn das Erfinderrecht, das Recht der Ausübung des Patentes, nicht streitig ist, wenn es feststeht, wer der Besitzer des Patentes ist, für die kleineren und mittleren Unternehmer eine gewisse Hülfe, wenn die Gebühren herabgesetzt werden. Ich möchte mich daher auch für eine Ermäßigung in dem Sinne des Düsseldorfer Kongresses aussprechen und anheim geben, ob man sich nicht lieber dem Beschlusse des Düsseldorfer Kongresses anschließen sollte.

Hr. Berichterstatter Oberingenieur Neumann-Cöln-Deutz: M. H., der V. d. M.-A. sieht in dem Beschlusse des Düsseldorfer Kongresses, dem sich auch der Verein deutscher Chemiker angeschlossen hat, durchaus nicht etwa eine schädliche Maßnahme. Es ist sehr wohl möglich, daß auch auf diese Weise der Industrie vollkommen gedient ist. Aber wir sind deshalb nicht dazu gekommen, in den ersten fünf Jahren auf steigende Gebühren zu verzichten, weil es von Wichtigkeit ist, daß schon in den ersten Jahren auf den Erfinder oder auf seine Geldgeber und Berater ein Druck ausgeübt wird, damit die Erfindung so schnell und so nachdrücklich wie möglich betrieben wird. Wenn es sich wirklich um etwas Brauchbares handelt, so wird die Gebühr sicher nicht so hoch erscheinen, als daß der Erfinder, wenn er sie auch nicht selbst aufbringen kann, nicht wenigstens einen Geldgeber oder einen Sachverständigen finden kann, der mit ihm zusammen die Sache aufgreift. Ist aber der Wert der Erfindung derart unsicher und erscheint sie nicht einmal einem Sachverständigen als so aussichtsvoll, daß die verhältnismäßig geringe Gebühr von 100 ℳ oder 150 ℳ daran gewandt werden soll, dann ist sie nach unserer Auffassung auch nicht lebensfähig.

Die Höhe der Gebühren an sich ist aber nicht von so grundlegender Bedeutung. Die Hauptsache ist, daß die Patentgebühren nicht wesentlich geändert werden sollen, und daß wir an dem Grundsatze der steigenden Patentgebühren als dem einzig richtigen ebenso wie der „Grüne Verein" und der Verein deutscher Chemiker festhalten. Ich freue mich, daß die beiden Herren Vorredner diesen Grundsatz ebenfalls anerkannt haben.

Vorsitzender: M. H., ich glaube, wenn Sie die steigenden Patentgebühren für die ersten fünf Jahre wegfallen lassen, so bekommen Sie eine große Vermehrung der — wie ich sie bezeichne — Gefühlspatente. In den größeren Industrien herrscht der Brauch, daß Konstruktionen irgendwelcher Art, kleine Konstruktionen, an denen man im Augenblick Gefallen findet, patentiert werden, weil man ein umfassendes Patent nicht mehr bekommen kann, aber man kann auf diese Weise sagen: an der Maschine ist ein Patent. Die Sache ist meist wertlos, und nach zwei oder drei Jahren wird die Leitung der Fabrik sagen: das Patent wird gestrichen, es hat keinen Wert. Bei den vom „Grünen Verein" vorgeschlagenen Gebühren werden Sie diese Patente fünf Jahre hindurch mitschleppen. Aus diesem Grunde bin ich nicht für niedrige, sondern für steigende Patentgebühren.

Hr. Direktor Gerdau-Düsseldorf: Ich möchte mich den Ausführungen des Hrn. Vorsitzenden vollständig anschließen. Nach meiner Meinung sind steigende Patentgebühren eine milde Form des Ausführungszwanges. Die steigenden Patentgebühren sind ganz gerechtfertigt. Es ist auch nicht schwer, die Patentgebühren weiter zu zahlen, wenn das betreffende Patent wirklich ausführungsfähig ist und etwas einbringt. Ist es das nicht, dann ist es viel besser, es verschwindet von der Bildfläche und macht besseren Raum.

Hr. Direktor Häbich-Sterkrade: Ich erlaube mir, die Ausführungen des Hrn. Berichterstatters in etwa zu ergänzen. Aus allen Vorschlägen werden Sie entnehmen können, daß wir eine Aenderung der bestehenden Verhältnisse in keinem Punkte für notwendig erachten mit Ausnahme des Punktes X, der Gerichtsbarkeit; diese Auffassung war für mich hauptsächlich maßgebend, dem Vergleichsvorschlag auf eine teilweise Ermäßigung der steigenden Gebühren nicht zuzustimmen. Wir sind also, um es nochmals zu wiederholen, der Ansicht, daß an den bestehenden Zuständen möglichst nichts geändert werden soll.

Hr. Geheimer Regierungsrat Professor Dr. Aron-Charlottenburg: M. H., es ist vorhin der Ausdruck „agrarische Industriellen" gefallen. (Heiterkeit.) Ich glaube nicht, daß er in dem Falle, wo er gebraucht wurde, zutrifft, aber hier könnte man ihn vielleicht gebrauchen. Es stehen sich nämlich hier zwei Interessen gegenüber: einmal der kleine Mann, der vielleicht mit Mühe und verhältnismäßig großen Kosten ein Patent erlangt hat, das gerade genügt, um sein Geschäft zu erhalten, von dem er lebt; er kann die hohen Beträge, die später zu zahlen sind, nicht aufbringen, und auf ihn möchte man doch Rücksicht nehmen. Dem gegenüber steht die Reihe der großen Firmen, die eigene Patentbureaus haben, denen die Anmeldung und Erlangung eines Patentes leicht ist, und denen sogar größere Patentstreitigkeiten kein Schreckbild sind; diese können für ein einigermaßen gutes Patent auch hohe Gebühren leicht zahlen. Wenn hier gesagt wurde: es verfallen auch viele Patente von sehr großen Firmen, die die Gebühren sehr gut bezahlen können, so liegt die Sache eben so, daß diese Firmen so viele Patente haben, daß durch die große Anzahl die Gebühren auch für sie schließlich eine Last werden. Außerdem melden sie die Sachen ja vielfach nicht an, um sie zu brauchen und das Patent aufrecht zu erhalten, sondern vor allen Dingen, um sich dagegen zu schützen, daß ein anderer das Patent nimmt und sie vielleicht behindert. Demgegenüber ist daher der hohe Satz der Patentgebühren ganz ausgezeichnet; denn dann werden die Patente wenigstens nach einiger Zeit verfallen. Diese Patente würden, wenn die Gebühren niedriger würden, in der Tat 15 Jahre aufrecht erhalten werden, und der ganzen Industrie dadurch eine ungeheure Beschränkung auferlegen und ihre Entwicklung hemmen.

Ich möchte mir nun im Interesse der kleinen Patentinhaber die Anregung gestatten, ob es nicht möglich wäre, die jetzigen Patentgebühren im allgemeinen aufrecht zu erhalten, dagegen das Patentamt zu ermächtigen, kleineren Leuten, die nachweisen, daß ihnen ein Patent, das sie ausüben, nur wenig einbringt, die Gebühren erheblich zu ermäßigen. Vielleicht könnte diese Anregung gute Früchte tragen und verhüten, daß man der Industrie den Vorwurf des „Agrariertumes" macht.

Hr. Dr. Kloeppel-Elberfeld: Derartige Bestimmungen gibt es schon; die Jahresgebühr kann für die ersten drei Jahre gestundet und, falls sie dann nicht bezahlt wird, vom Patentamt ganz gestrichen werden.

Vorsitzender: Das Wort wird nicht mehr gewünscht, der Hr. Berichterstatter verzichtet auf ein Schlußwort.

Es ist angeregt worden, auch den Punkt VIII auf morgen zu verschieben; ich möchte die Meinung der Versammlung hierüber hören. — Es scheint genehm zu sein.

Dann schließe ich die Sitzung und bitte Sie, morgen früh $^1/_2$10 Uhr wieder zu erscheinen, damit wir die Punkte VI und VIII behandeln.

(Schluß der Sitzung: nachmittags $5^3/_4$ Uhr.)

Zweiter Verhandlungstag.

Mittwoch, den 8. Dezember 1909.

(Beginn der Verhandlungen: vormittags $9^1/_2$ Uhr.)

Vorsitzender: M. H., es wird gewünscht, daß wir in die Verhandlungen eintreten und sie auch rasch beendigen. Wir nehmen zunächst:

Punkt VIII:
die Schutzdauer der Patente.

Ich erteile das Wort dem Berichterstatter Hrn. Neumann.

Hr. Berichterstatter Oberingenieur Neumann-Cöln-Deutz:

Die Schutzdauer der Patente beträgt in Deutschland in Uebereinstimmung mit den meisten anderen Ländern 15 Jahre, nur England hat 14, Belgien 20, Amerika 17 Jahre als Schutzdauer. Im allgemeinen sind Wünsche auf Aenderung der Schutzdauer aus industriellen Kreisen nicht hervorgetreten. Bei den verschiedenen Kongressen für gewerblichen Rechtschutz, die sich mit den Einzelfragen des Patentrechtes befaßt haben, ist diese Frage nicht behandelt worden, weil offenbar ein Bedürfnis zur Aenderung nicht vorgelegen hat. Die Schutzdauer scheint einerseits ausreichend, um dem Inhaber der Patente einen genügenden Gewinn zu sichern, anderseits nicht so groß, daß der Patentinhaber auf Kosten der Allgemeinheit zu stark bereichert wird.

Zweifellos sind bei einigen Erfindungen besonders kostspielige und langdauernde Versuche notwendig, bevor sie geschäftlich verwertet werden können. In solchen Fällen kann die Schutzdauer kurz erscheinen, weil es dem Patentinhaber in der noch verbleibenden Zeit nicht gelingt, einen seinem Wagnis und seinem Aufwand für die Versuche entsprechenden Gewinn aus dem Patent zu ziehen. Indessen läßt die Statistik des Patentamtes erkennen, daß es sich hier nur um einen sehr kleinen Bruchteil sämtlicher Erfindungen handelt.

Von allen fallengelassenen oder abgelaufenen Patenten sind:

	1906 vH	1907 vH	1908 vH
fallen gelassen:			
nach 1 bis 12 jährigem Bestehen	94,4	83,2	94,3
„ 13 „ „	1,3	4,9	1,2
„ 14 „ „	1,4	7,5	1,2
und abgelaufen:			
nach 15 jährigem Bestehen	2,9	4,4	3,3
Summe	100	100	100

In der Zahl der im 15. Jahr abgelaufenen Patente sind sowohl diejenigen enthalten, die bei einer möglichen längeren Lebensdauer aufrecht erhalten worden wären, als auch diejenigen, die in diesem Jahre fallen gelassen worden wären. Nimmt man an, daß die Zahl der letzteren ebenso groß gewesen wäre wie im 14. Jahr, so würden im Jahre 1906: 1,5 vH, im Jahre 1908: 2,1 vH übrig bleiben, für die ein Bedürfnis bestanden hätte, über 15 Jahre hinaus gehalten zu werden. Im Jahre 1907 läßt sich ein solches Bedürfnis überhaupt nicht erkennen, da schon im 13. und 14. Jahre mehr Patente fallen gelassen sind, als im 15. Jahr übrig waren; letztere wären somit wahrscheinlich im 15. Jahre ohnehin fallen gelassen worden.

Es handelt sich also nur um eine ganz verschwindend kleine Zahl von Patenten, für die ein Bedürfnis, länger als 15 Jahre gehalten zu werden, bestehen könnte. Es wäre denkbar, daß man für diese Patente nach dem Urbilde des englischen Patentgesetzes die Möglichkeit offen ließe, auf besonderen Antrag eine weitere Verlängerung um 7½ oder 15 Jahre zu gewähren. Allein diesem Interesse Weniger steht das Interesse der Allgemeinheit gegenüber, das klare Verhältnisse fordert. Als Gegenleistung für den dem Einzelnen durch das Patent gewährten Schutz hat die Allgemeinheit ein Recht, nach Ablauf einer bestimmten, von vornherein übersehbaren Zeit den Besitz der Erfindung anzutreten. Tatsächlich ist auch gerade bei den hier infrage kommenden, mit langwierigen Versuchen verbundenen Erfindungen durchweg die Möglichkeit gegeben, durch Schutz der während der Versuche gefundenen Vervollkommnungen einen, wenn auch nur beschränkten Schutz der Erfindung über 15 Jahre hinaus zu erlangen.

Leitsatz:

Von einer Aenderung der bestehenden gesetzlichen Bestimmungen über die Schutzdauer des Patentes ist abzusehen.

Vorsitzender: Ich danke dem Hrn. Berichterstatter und stelle seinen Bericht zur Erörterung.

Hr. Professor Dr. Osterrieth-Berlin: Ich habe leider nur den letzten Teil der Ausführungen des Hrn. Berichterstatters gehört, aber darin hat mich eine gewisse theoretische Art der Begründung, wie wir sie bis jetzt in den Verhandlungen hier noch nicht gehört haben, überrascht. Er spricht von dem Rechte der Allgemeinheit; wenn wir Juristen hier gegenüber Wünschen aus der Maschinenbauindustrie mit dem Rechte der Allgemeinheit gekommen wären, würde man mit Recht gesagt haben: das ist theoretisch. Ich will aber auf die Frage, worin das Recht und das Interesse der Allgemeinheit beruht, nicht weiter eingehen. Im Deutschen Verein für den Schutz des gewerblichen Eigentumes ist die Frage der Verlängerung der Patentdauer kaum jemals ernsthaft erörtert worden, weil solche Wünsche nur in sehr geringer Zahl an uns herangetreten sind. Aber merkwürdigerweise, wenn ein dringender und scheinbar auch gut begründeter Wunsch nach einer Verlängerung des Patentschutzes an uns gelangte, so kam er aus den Kreisen der Maschinenbauindustrie. So hat uns zB. eine große Lokomotivfabrik eingehend nachgewiesen, daß sie in mehreren Fällen es erlebt hat, daß ein wertvolles Patent erst so spät wirklich durchführbar und verwertbar wurde, daß ein berechtigtes Interesse vorlag, den Patentschutz vielleicht noch um einige Jahre zu verlängern. Es wurde das auch in der Kommission des Deutschen Vereines berührt — ich sage ausdrücklich, eingehend wurde die Frage nicht beraten —, und es wurde von mehreren Seiten, die als Patent- und Rechtsanwälte mit der Praxis Fühlung haben, aus ihren Erfahrungen heraus bestätigt, daß Fälle vorkommen, in denen völlig berechtigte Interessen für eine Verlängerung vorliegen. Solche Fälle sind selten; ich glaube daher, daß die Frage keine große praktische Bedeutung hat. Man sollte sich aber doch sehr überlegen, ob man nicht in den wenigen Fällen, wo ein dringendes praktisches Interesse vorliegt, die Möglichkeit einer Verlängerung, vielleicht gegen eine erhebliche Steigerung der Gebühren schaffen sollte. Das ist eine Frage, die ich weiterer praktischer Erwägung anheimgebe.

Hr. Berichterstatter Oberingenieur Neumann-Cöln-Deutz: M. H., wenn ich hier von den Interessen der Allgemeinheit gesprochen habe, so sind darunter die allgemeinen Interessen der durch das Patent eines einzelnen behinderten Industrie zu verstehen. Bei jedem Patentschutz stehen sich gegenüber das Interesse des Erfinders, der in der Ausbeutung seiner Erfindung nicht behindert zu sein wünscht, und das Interesse der wettbewerbenden Industrie, die diese Erfindung, wenn sie wirklich einen brauchbaren Fortschritt darstellt, sich ebenfalls zunutze zu machen wünscht.

Ich habe in meinem Berichte bereits bestätigt, daß in einzelnen wenigen Fällen ein Interesse des Erfinders vorliegt, das Patent länger zu halten. Maßgebend ist aber das über dem einzelnen stehende Interesse der Industrie. So sehr dieses auch zunächst fordert, daß der Erfinder eine Zeit lang geschützt wird, da ihr dadurch eine wertvolle Bereicherung zugeführt wird, so wenig ist ihr mit unübersehbaren Verhältnissen in Bezug auf den Erfinderschutz gedient. Ich glaube, daß das Interesse des Erfinders selbst auch in diesen Fällen genügend dadurch geschützt ist, daß ihm die Möglichkeit gegeben ist, bei diesen Erfindungen, die so viele Versuche erfordert haben und so spät erst in die Praxis eingeführt werden konnten, sich durch Zusatzpatente und nachträgliche Patente zu sichern. Ich erinnere an die Erfindung der Registrierkassen, die etwa 18 Jahre gebraucht haben, bis sie sich vollständig in großem Maßstabe eingeführt haben. Die Hauptpatente waren damals längst verfallen; die Inhaber der ersten Patente, welche die Erfindung praktisch durchgebildet und eingeführt haben, erlangten noch etwa 90 Patente; diese nachträglich genommenen Patente haben es ihr trotz der kurzen Zeitdauer des einzelnen Patentes ermöglicht, ihr Erfinderrecht genügend auszunutzen.

Hr. Generalsekretär Exzellenz Krüger-Berlin: M. H., man wird zwar nicht genau entscheiden können, welche Zeitdauer beiden einander entgegenstehenden Interessen am besten entspricht, aber es liegen doch so viele Fälle vor, in denen eine glückliche, wenn auch verdienstvolle, Erfindung die ganze Industrie unter Druck gehalten hat, daß doch der Schutz der Allgemeinheit, wie der Herr Berichterstatter sich ausgedrückt hat, überwiegend den Vorzug verdienen sollte. Ich verweise Sie aus dem mir unterstehenden Arbeitsfelde auf das berühmte Alpha-Patent für Milchseparatoren, das bekanntlich die Erfindung eines württembergischen Barons und Eigentum der Laval-Separatorgesellschaft in Schweden geworden ist; dieses Patent hat 15 Jahre lang die gesamte Molkereimaschinenindustrie aller Länder außer Schweden in der allerumfassendsten Weise beeinträchtigt. Es war in der Tat so hervorragend für die Entrahmung der Milch, daß bis vor drei Jahren, wo das Patent ablief, ihm nichts an die Seite gestellt werden konnte, was sowohl die Verbraucher, die Molkereien, als auch infolgedessen die Maschinenfabrikanten, die für sie sorgen, befriedigen konnte. Eine ungeheure Zahl von Patentstreitigkeiten war die Folge davon; man mußte das Patent mehr oder weniger umgehen, wenn man überhaupt auf den Markt kommen wollte. Erst mit der Aufhebung dieses Patentes ist diese Erfindung von hoher volkswirtschaftlicher Bedeutung geworden und von dem größten Segen begleitet gewesen. Sollten wirklich einzelne Erfinder durch die jetzigen Bestimmungen geschädigt werden, so hat das doch gegenüber dem großen allgemeinen Interesse wenig Bedeutung.

Die Anregung des Hrn. Professor Osterrieth, in Ausnahmefällen eine Verlängerung der Patentdauer zu bewilligen, verdient aber doch vielleicht Beachtung, wenn nämlich eine zu lange Zeit bis zur Erledigung aller Förmlichkeiten erforderlich war, sodaß zB. mehr als die Hälfte der Dauerzeit ungenützt verstrichen ist. Im allgemeinen aber möchte ich empfehlen, daß die jetzige Dauer beibehalten wird.

Hr. Direktor Professor Budde-Berlin: M. H., ich möchte nur wenige Worte vom Standpunkte des Praktikers und der mir befreundeten Praktiker sagen. Wir sehen vollständig ein, daß eine genaue Abmessung der gegenseitigen Interessen des Erfinders auf der einen, der Nichterfinder auf der anderen Seite nicht möglich ist, und halten im allgemeinen die Zeit von 15 Jahren, wie sie jetzt in Deutschland besteht, für ausreichend und richtig. Es besteht aber der Wunsch, wenn möglich die Patentdauer international zu regeln. Natürlich würde das bedingen, daß in sämtlichen Ländern die Patente die gleiche Schutzdauer haben, und wir würden uns auch, wenn es dazu erforderlich ist, gefallen lassen, daß unsere Schutzdauer auf die Dauer etwa des amerikanischen Patentes, also auf 17 Jahre, verlängert wird.

Hr. Ingenieur und Patentanwalt Tolksdorf-Berlin: Ich möchte mir zu diesem Punkte eine Anregung erlauben, die sich nicht so sehr auf die Verlängerung der Schutzdauer, als die Verlängerung des Patentes an sich bezieht; ich möchte bitten, dem Beispiel Oesterreichs zu folgen und als Tag des Beginnes der Patentdauer nicht den Tag der Anmeldung, sondern den Tag der Auslegung zu wählen. Wir werden uns nachher noch über die Vorprüfung zu unterhalten haben; wir wissen alle, daß die Vorprüfung unter den heutigen Verhältnissen ganz erhebliche Zeit in Anspruch nimmt, und zwar liegt das zum großen Teil an der Arbeitsüberlastung des Patentamtes. Sie werden selbst in Ihrer eigenen Praxis erfahren haben, daß man zB. auf die erste Verfügung aus dem Patentamt bisweilen fünf, sogar sechs Monate warten muß. Es erscheint unbillig, diesen Zeitverlust, an dem der Patentinhaber unschuldig ist, von der Dauer des Patentes abzuziehen. Da außerdem nach unserem Patentgesetz der einstweilige Patentschutz erst mit dem Tage der Auslegung des Patentes beginnt, so erscheint es auch aus diesem Grunde gerechtfertigt und der Billigkeit zu entsprechen, wenn die Dauer des Patentes von dem Tage der Auslegung, dem tatsächlichen Eintreten des Patentschutzes ab gerechnet wird. Ich möchte Sie bitten, diese Anregung in Ihre Arbeiten aufnehmen zu wollen. (Beifall.)

Vorsitzender: M. H., die Anregung von Hrn. Professor Osterrieth hat für bestimmte Fälle eine Berechtigung. Ich erinnere Sie an Bauwerke, große Hebewerke, die vielleicht vier oder fünf Jahre nach Erteilung des Patentes erst Aussicht haben, ausgeführt zu werden, und bei deren erster Ausführung gar nicht daran zu denken ist, daß der Patentinhaber irgend einen Nutzen davon hat. Es gehen wieder sehr viele Jahre darüber hinweg, bis die Möglichkeit einer weiteren Ausführung gegeben ist. Das wäre ein Anlaß, bei Patenten von durchschlagender Bedeutung in der vorgeschlagenen Weise vorzugehen; bislang gibt es gar keine Möglichkeit. Es gibt aber stets gewisse Fälle, in denen keineswegs ein Interessenstreit vorliegt; für solche besonderen Fälle würde sich eine Verlängerung in dem vorgeschlagenen Sinne empfehlen.

Hr. Fabrikbesitzer Topf: Ich möchte die Ausführungen, die unter gewissen Umständen eine längere Schutzdauer ermöglichen wollen, unterstützen. Ich habe in meiner Praxis die Erfahrung gemacht, daß man selbst mit aussichtsvoll erscheinenden Konstruktionen oft erst nach sieben oder acht Jahren auf den Markt kommen konnte und in diesen Jahren ganz erhebliche Aufwendungen machen mußte. Auch in den späteren Jahren gestaltet sich der Absatz nicht so leicht, so daß man vielfach nur auf ein Geschäft von drei Jahren hoffen darf. Wir haben daher schon lange den Wunsch, es möchte möglich sein, in solchen Fällen die Interessen der Allgemeinheit und diejenigen des Erfinders gegeneinander abzuwägen. Das wird nicht schablonenmäßig möglich sein: die Interessen eines Erfinders, der große Summen aufgewendet hat, um eine Konstruktion marktfähig zu machen, sind aber doch in vielen Fällen berechtigter als diejenigen der Allgemeinheit. Ich möchte daher bitten, über diesen Punkt nicht so schnell hinwegzugehen und zu sehen, ob sich nicht ein Weg finden läßt, auf dem unter gewissen Umständen eine Verlängerung ermöglicht werden kann.

Hr. Berichterstatter Oberingenieur Neumann-Cöln-Deutz: M. H., ich möchte davor warnen, unter gewissen Umständen eine Verlängerung der normalen Schutzdauer zuzulassen. Die Industrie muß mit Sicherheit darauf rechnen können, daß sie nach einer bestimmten Anzahl von Jahren die patentierten Artikel aufgreifen kann. Für eine weitausschauende Industrie, die auf Jahre hinaus sich unter Berücksichtigung der Marktverhältnisse einrichten muß, ist das notwendig. Es wird angeführt, es handele sich nur um Ausnahmefälle; niemand weiß aber, ob nicht in einem bestimmten Falle ein solcher Ausnahmefall konstruiert werden kann. Man ist also in keinem Falle sicher, daß nicht nachgewiesen werden kann, die Versuche haben so und so viel gekostet, aus den und den Gründen liegt eine verhältnismäßig seltene Ausführung vor usw., und daß diese Gründe von den Gerichten anerkannt werden. Daher glaube ich, daß man der klaren Verhältnisse wegen davon absehen sollte.

Ich gebe zu, daß eine international einheitliche Patentdauer sehr erwünscht sein würde, und wenn die jetzige Zeitdauer von 15 Jahren auf 17 Jahre erhöht werden würde, um den Vereinigten Staaten entgegenzukommen und auch gegenüber Belgien eine mittlere Linie zu haben, so würde das kein Unglück sein. Von 15 auf 17 Jahre wäre immerhin noch besser, als mit unsicheren Verhältnissen rechnen zu müssen.

Hr. Professor Dr. Osterrieth-Berlin: Ich möchte dem Fall des Alpha-Separators noch ein Wort hinzufügen. Ich habe Gelegenheit gehabt, mit Hrn. Direktor Bernström von der Separator-Gesellschaft gerade auch über diese Patente zu sprechen, und kann versichern, daß ich persönlich, als ich in Stockholm war, durch ihn von der Notwendigkeit völlig überzeugt wurde, daß sein Patent verlängert werden müßte, d. h. natürlich vom Standpunkt des Patentinhabers aus betrachtet. Daß die Ausführungen von Exzellenz Krüger hier starken Eindruck machen, ist ganz klar, weil es sich in diesem Falle um eine ausländische Industrie handelt, die gegenüber unserer deutschen Industrie im Vorteil war. Ich mache aber darauf aufmerksam, daß die Verhältnisse ja auch umgekehrt sein können, auch die inländische Industrie kann ein Interesse am stärkeren Schutz haben.

Hr. Generalsekretär Exzellenz Krüger-Berlin: Ich wollte doch nicht in erster Linie betonen, daß wir Deutschen in diesem Falle besonders gelitten haben; alle anderen Länder waren in derselben Lage. Gegenüber dem Einwande, daß man nicht Zeit genug gehabt habe, das Patent auszubeuten, mache ich darauf aufmerksam, daß es der schwedischen Gesellschaft gelungen ist, während der Patentdauer beinahe die ganze Welt zu erobern. Oesterreich, das eine so außerordentlich große Landwirtschaft hat, hat fast keinen Wettbewerb aufbringen können. In der Zeit, in der sich die deutsche Separatoren-Industrie entwickelt hat, hat sich die Alpha-Gesellschaft derartig in den Besitz des ganzen Handels gesetzt, daß wir noch heute mit gleich guten Maschinen schwer gegen dieselbe aufkommen können. Die Gesellschaft hat reichlich Zeit gehabt, sich zu bereichern, sie steht groß da. Selbst wenn ihr noch viel mehr Abbruch geschehen wäre, würde ich doch aus diesem Beispiel folgern: man darf nicht zu weit gehen, sonst leidet auf der einen Seite der Wettbewerber in allen Ländern darunter, und auf der anderen Seite der Verbraucher durch die hohen Preise, wie sie zB. von der Alpha-Gesellschaft so lange gehalten werden konnten.

Hr. Generalsekretär Steller-Cöln: Ich möchte das, was der Hr. Vorredner gesagt hat, an einem andern Beispiel bestätigen, an der Auer-Glühlicht-Gesellschaft. Die Auer-Gesellschaft besaß ein sehr gewinnbringendes Patent, durch das sie bis zu 100 Prozent Dividende gekommen ist; diese Dividende ist zwar, als die Patente abliefen, erheblich heruntergegangen, aber die Gesellschaft ist sehr bald wieder auf eine sehr große Höhe des Ertrages gekommen. Sie hatte eben die Macht des Geschäftes, sie hatte die Einrichtungen, die sie inzwischen noch vervollkommnet hatte, und es konnte niemand gegen sie ankämpfen; sie hat trotz des Verfalles ihres Patentes eine unumschränkte Macht, zwar nicht in so weitgehendem, aber doch in angenähertem Maße wie die genannte schwedische Gesellschaft behalten. Die Schutzdauer von 15 Jahren ist erfahrungsgemäß eine genügend lange Frist, und ich kann mich nur den Ausführungen des Herrn Berichterstatters anschließen. Eine Unsicherheit in den Verhältnissen würde mir durchaus beklagenswert und nicht richtig erscheinen. Den Gedanken einer internationalen Regelung möchte ich aber ebenfalls befürworten.

Vorsitzender: Das Wort wird nicht mehr gewünscht, und der Hr. Berichterstatter verzichtet auf ein Schlußwort.

Wir gehen nun über zu:

Punkt VI:

das Vorprüfungsverfahren und der Ersatz der Anmeldeabteilung durch den Einzelprüfer.

Ich erteile das Wort dem Herrn Berichterstatter.

Hr. Berichterstatter Dipl.-Ing. Ingrisch-Benrath:

I.

Jetzige Sachlage.

Nach § 21 des Patentgesetzes wird die Anmeldung durch ein Mitglied der Anmeldeabteilung, den sogenannten Vorprüfer, geprüft. Die Bekanntmachung der Anmeldung und die Erteilung des Patentes erfolgen nach § 23 und 24 des Patentgesetzes durch die Anmeldeabteilung, d. h. ein Kollegium.

Die Vorprüfung einer Patentanmeldung wird auf zweifache Art gehandhabt. Die eine Art der Vorprüfung besteht darin, daß ein dem Vorprüfer beigegebener technischer Hülfsarbeiter die für die Prüfung auf Neuheit usw. erforderlichen Nachforschungen anstellt und ihr Ergebnis dem Vorprüfer behufs Erlasses einer Verfügung mitteilt. Die andere Weise, die im Patentamt in einzelnen Klassen zurzeit probeweise eingeführt ist, besteht darin, daß der Vorprüfer seine Tätigkeit selbständig ohne Hülfsarbeiter ausübt.

II.

Abänderungsvorschläge.

1. Von einzelnen Seiten wird, und zwar neuerdings in verstärktem Maße, der Ersatz des Vorprüfungsverfahrens durch ein mehr oder weniger stark ausgeprägtes Anmeldeverfahren empfohlen.

2. Wiederholt und von verschiedenen Seiten sind Wünsche nach Aenderung der bisherigen Art und Weise der Vorprüfung geäußert worden. Besonders wurde mit Rücksicht auf die Lebensdauer des Patentes eine Abkürzung, d. h. Beschleunigung des Erteilungsverfahrens gewünscht. Gleichzeitig wollte man durch eine Beschleunigung des Vorprüfungsverfahrens das außerordentlich überbürdete Patentamt entlasten.

Um dies zu erreichen, ist vorgeschlagen worden, dem Vorprüfer eine selbständigere Stellung als bisher zu schaffen. Der bereits auf dem Frankfurter Kongreß für gewerblichen Rechtschutz gefaßte Beschluß der Einführung des sogenannten „Einzelprüfers“ wurde beim Düsseldorfer Kongreß im Jahre 1907 erneut aufgegriffen und folgender Vorschlag zur Beschlußfassung vorgelegt:

> Die Vorprüfung der Erfindung erfolgt durch ein technisches Mitglied des Patentamtes. Lediglich in den Fällen, in denen der Prüfer das Patent versagen zu müssen glaubt, tritt auf Antrag der Partei ein Verfahren vor der Anmeldeabteilung ein, das auf Verlangen der Partei kontradiktorisch sein muß.

Man wollte also auf der einen Seite dem Vorprüfer das Recht geben, ohne Mitwirkung der Anmeldeabteilung ein Patent zu erteilen, man wollte ihn aber auf der anderen Seite der Anmeldeabteilung unterstellen, wenn er das Patent versagen zu müssen glaubt.

Diese durchaus unglückliche Lösung ist vom Düsseldorfer Kongreß mit Recht abgelehnt worden, dagegen wurde folgender Beschluß gefaßt:

> Die Prüfung der Erfindung erfolgt durch ein technisches Mitglied des Patentamtes. Dasselbe entscheidet in erster Instanz. Im Einspruchverfahren ist die Anmeldeabteilung in erster Instanz zuständig.
>
> Es ist wünschenswert, daß im Erteilungsverfahren drei getrennte Instanzen bestehen.

Auch diese Regelung des Vorprüfungsverfahrens hat auf dem Düsseldorfer Kongreß nur eine geringe Mehrheit und seitens der Industrie und vor allem seitens des Präsidenten des Kaiserlichen Patentamtes Widerspruch gefunden.

Als Begründung für den Abänderungsvorschlag ist angeführt worden, der Vorprüfer nehme heute schon die entscheidende Prüfung der Anmeldung vor, mit anderen Worten, seine Stimme gebe in der Abteilung den Ausschlag, anders sei die Erledigung von 70 bis 80 Sachen in einer Sitzung der Abteilung gar nicht möglich. Die Fälle, in denen der Vorschlag des Vorprüfers durch die Abteilung abgeändert werde, seien äußerst selten, deshalb solle man dem Vorprüfer auch die Entscheidung über die Erteilung des Patentes geben, dadurch werde der jetzige Zustand nur einen folgerichtigen gesetzlichen Ausbau erfahren. Irre sich der Einzelprüfer einmal, so stehe dem Anmelder ja das Recht des Einspruches an die Abteilung offen. Von der zweiten und gegebenenfalls noch zu schaffenden dritten Instanz erhofft man eine die Entscheidungen des Vorprüfers korrigierende Wirkung.

Sodann erwartet man von der Einführung des Einzelprüfers erhebliche Ersparnisse in den Kosten des Patentamtes.

III.

Gegengründe.

Wie mit anderen Punkten des Patentgesetzes, so hat sich auch mit der Art des Vorprüfungsverfahrens die Industrie wiederholt befaßt. Es sei nur an die Verhandlungen des Centralverbandes Deutscher Industrieller und an die Ausführungen von Vertretern der Industrie und des Centralverbandes auf den Kongressen für gewerblichen Rechtschutz erinnert.

Zu 1. In allen Versammlungen, in denen sich Vertreter der Industrie zur Frage der Prüfung der Patentanmeldung geäußert haben, herrschte Einstimmigkeit darüber, daß an dem Verfahren der Vorprüfung an sich, das sich seit über 30 Jahren so glänzend bewährt hat, unbedingt festgehalten werden müsse. In diesem Sinne hat sich auch besonders die chemische Industrie stets geäußert.

Daß auch das Ausland den Wert der deutschen Vorprüfung anerkennt, beweisen die nicht seltenen Fälle, in denen Ausländer ihre Erfindung zuerst in Deutschland anmelden, ehe sie Patente in ihrem Heimatland oder in anderen Ländern nehmen. Ein weiterer Beweis für den Wert unserer Vorprüfung liegt darin, daß bei der Verwertung eines Patentes, sowohl im Auslande als auch im Inlande, fast stets die Erteilungsakten für die Bewertung des Patentes ausschlaggebend sind. Es kann daher nur im Sinne der Industrie liegen, wenn das Prüfungsverfahren noch gründlicher und schärfer ausgestaltet wird als bisher, die Industrie hat jedenfalls keine Veranlassung, auf eine Aenderung des Vorprüfungsverfahrens im Sinne einer Aufhebung oder Abschwächung hinzuwirken.

Der Ersatz des Vorprüfungsverfahrens durch ein reines oder abgemildertes Anmeldeverfahren wird aber neuerdings von einzelnen Seiten so nachdrücklich empfohlen, daß kurz darauf eingegangen werden muß.

In der vom Deutschen Verein für den Schutz des gewerblichen Eigentums herausgegebenen Zeitschrift ist ein Aufsatz* veröffentlicht, der für die Abschaffung des Vorprüfungsverfahrens Stimmung zu machen versucht, und der infolge seiner Unrichtigkeiten und Trugschlüsse die schärfste Abweisung seitens der Industrie verlangt. Darin ist zunächst von einer „immer wieder aufgetischten Legende von dem im In- und Auslande uneingeschränkt anerkannten Wert des deutschen, weil vorgeprüften, Patentes“ die Rede. Der Verfasser beruft sich hierbei auf einen Ausspruch des um die Sache des gewerblichen Rechtschutzes verdienten Vorsitzenden des Deutschen Vereines für den Schutz des gewerblichen Eigentumes, Hrn. von Schütz: „Hätte sich Krupp bei der Entnahme von Auslandpatenten auch nur im geringsten durch das Schicksal der entsprechenden deutschen Anmeldungen bestimmen lassen, so wäre das einem Schaden von Millionen gleich gekommen“.

Dieser Ausspruch beweist aber weder den Unwert unserer Vorprüfung, noch daß von Schütz Gegner des Vorprüfungsverfahrens ist.

* Mintz: Vorprüfung. „Gewerblicher Rechtschutz und Urheberrecht“, August 1909 S. 289.

An anderer Stelle* bekennt sich von Schütz ausdrücklich als Anhänger des Vorprüfungsverfahrens. Seine dortigen Ausführungen sind durchaus nicht auf eine Beseitigung des Vorprüfungsverfahrens gerichtet, sondern lediglich auf eine Entlastung des Patentamtes durch Einführung geprüfter und ungeprüfter Patente.

Selbstverständlich kann die Industrie in vielen Fällen mit der Entnahme von Auslandpatenten nicht warten, bis das Schicksal der entsprechenden deutschen Anmeldungen entschieden ist. Das hat aber mit dem Wert des deutschen Vorprüfungsverfahrens an sich nicht das geringste zu tun. Der Wert und die Bedeutung der Vorprüfung für die Industrie ist unbestritten, das beweisen alle Verhandlungen, in denen Vertreter der Industrie sich darüber ausgesprochen haben.

Auffallend ist ferner, und das verschweigt der Aufsatz, daß England, das Land mit der ältesten Patentgesetzgebung der Welt und das Vorbild für alle nicht prüfenden Länder, vor einigen Jahren die Prüfung der Anmeldung auf Neuheit eingeführt hat.

Wenn in jenem Lande oder in einem Lande mit reinem Anmeldeverfahren, zB. Frankreich, die Zahl der Patentverletzungs- und Nichtigkeitsklagen geringer ist als in Deutschland, so ist das noch lange kein Beweis für die Güte des Anmeldeverfahrens. Die geringe Zahl der Patentstreitigkeiten in Frankreich erklärt sich offenbar einerseits aus der gerade durch das Fehlen der Vorprüfung herbeigeführten Rechtsunsicherheit, anderseits daraus, daß nur wenige sich einen derartigen Luxus leisten können, denn eine normale Nichtigkeitsklage kostet in Frankreich schon etwa 10 000 Frcs. Da ist es denn erklärlich, daß die Industrie in Frankreich durch die ungeprüften Patente nicht belästigt wird.

Wenn einzelne Erfinder, der sogenannte kleine Mann, mit unserer Vorprüfung unzufrieden sind, so liegt das in den meisten Fällen daran, daß das Patentamt sich von der eingebildeten Größe der Erfindung — und gerade die Einbildung von der Bedeutung des Erfundenen steht häufig im umgekehrten Verhältnis zu dessen wirklichem Wert — nicht hat überzeugen lassen. Anderseits müssen gerade der kleine Mann und die kleine und mittlere Industrie mit den Ausgaben für Patente scharf rechnen und sind daher in den meisten Fällen gezwungen, den Ausgang des Prüfungsverfahrens in Deutschland abzuwarten, bevor sie Auslandspatente anmelden können. In solchen Fällen liegt schon eine genaue Prüfung gerade im Interesse des Anmelders und ist geeignet, ihn vor unnötigen Ausgaben und Enttäuschungen zu bewahren.

Und warum kommt es so häufig vor, daß Ausländer erst in Deutschland und dann erst in

* „Gewerblicher Rechtschutz und Urheberrecht“, Mai 1909 S. 185.

ihrem Heimatlande anmelden? Weil sie die deutsche Vorprüfung für gut halten und von ihrer Wirkung ein besseres Patent erwarten.

Die in dem angezogenen Aufsatz weiter aufgestellte Behauptung, daß bei Aenderung des Verfahrens nur selten ein Patent im Wege der Klage angefochten werde, ist völlig unzutreffend. Wo hat der Verfasser seine Erfahrungen geschöpft? Doch nur aus dem Auslande. Was aber dort Regel ist, kann bei uns Ausnahme werden. Es ist im Gegenteil zu befürchten, daß wir bei Aenderung des Verfahrens einer Ueberlastung des Patentamtes, der Gerichte und vor allem der Industrie selbst entgegengehen, deren Folgen gar nicht abzusehen sind.

Die Industrie muß daher auch heute wieder einstimmig zum Ausdruck bringen, daß an unserem Vorprüfungsverfahren, mit dem die Industrie zufrieden ist, und dem sie einen Teil ihrer Blüte verdankt, nichts geändert werden darf; wenn aber geändert werden soll, dann muß eher eine Verschärfung als eine Milderung des Prüfverfahrens Platz greifen.

Zu 2. Die Wünsche auf Abänderung der Art und Weise der Vorprüfung haben ihren Ursprung in der Hauptsache in dem Wunsche, eine Beschleunigung des Verfahrens, das heute vielfach zu lange währt, herbeizuführen.

Auf dem Düsseldorfer Kongreß machte gegenüber diesen Wünschen der Präsident des Kaiserlichen Patentamtes zunächst geltend, daß in der Verwaltung des Kaiserlichen Patentamtes alle Bestrebungen nach Verbesserung des Vorprüfungsverfahrens auf eine möglichste Verkürzung des Verfahrens gerichtet seien. Im Patentamt nach verschiedenen Gesichtspunkten aufgestellte Berechnungen hätten jedoch ergeben, daß die auch im Patentamt selbst einmal ins Auge gefaßte Einführung des Einzelprüfers, abgesehen von großen, noch zu erwähnenden Bedenken, den Vorteil der Verkürzung des Erteilungsverfahrens nicht in dem gewünschten Maße mit sich bringen könne.

Im Patentamt halte man daher die Einführung des Einzelprüfers nicht für gut, dagegen habe man etwa 25 Vorprüfer damit beauftragt, die Geschäfte der Vorprüfung allein und ohne Unterstützung durch einen Hülfs- oder Mitarbeiter durchzuführen. Mit diesen Versuchen habe man teilweise günstige Erfahrungen gemacht und setze sich dabei nicht den Gefahren aus, die der Einzelprüfer mit sich bringe.

Die Einführung des Einzelprüfers in der in Düsseldorf beschlossenen Form würde vor allem die Einheitlichkeit der Behandlung in den einzelnen Gruppen und Untergruppen völlig untergraben. Jetzt wird diese Einheitlichkeit durch die Abteilungsvorstände mehr oder minder gewahrt, weil sie in der Lage sind, in den ihnen unterstehenden Gruppen auf gleichartige Behandlung hinzuwirken.

Es wird zB. nicht vorkommen können, daß in Klasse Xa mit besonderer Strenge gegenüber Patentanmeldungen vorgegangen wird, während in Klasse Xb größte Milde waltet. Ebensowenig wird es vorkommen können, daß über grundlegende Begriffe verschiedene Auslegungen innerhalb ein und derselben Abteilung herrschen. Damit wird aber eine große Ungerechtigkeit verhütet, die eintreten würde, wenn bei den verschiedenen Untergruppen, denen zufällig ganz nah verwandte Betriebe unterstellt sein können, eine verschiedenartige Behandlung der Patentanmeldungen herrschen würde.

Weiter wird eine größere Einheitlichkeit noch dadurch herbeigeführt, daß durch eine gewisse Ueberwachung der Abteilungsvorstände durch den Präsidenten des Patentamtes auch bei den verschiedenen Abteilungen auf eine Einheitlichkeit, wenigstens in den Hauptpunkten, und damit auf eine mehr oder minder gleichartige Behandlungsweise im gesamten Amte hingewirkt werden kann.

Dies würde wegfallen, wenn der Vorprüfer vollkommen selbständig entscheiden könnte und seine Entscheidungen lediglich einer Abänderung in der höheren Instanz unterliegen würden.

Durch die kollegiale Behandlung der Anmeldung wird der Vorprüfer veranlaßt, die Angelegenheit vorher besser durchzuarbeiten und sich besonders auch in den verwandten Gruppen genauer zu unterrichten, um nicht bei der Beratung in der Abteilung auf Widerspruch und wiederholte Ablehnung seiner Anträge zu stoßen. Eine zweifellos richtige Erfahrung ist, daß die Vorbereitung des Berichterstatters bei kollegialen Beratungen weit besser ist, als die eines nur dem Rechtsmittel-Verfahren unterstellten Einzelrichters.

Die häufig zugunsten des Einzelprüfers angeführte Stärkung des Verantwortlichkeitsgefühles ist bei dem Einzelrichter in Zivil- und Strafsachen nicht etwa nur eine Folge des Einzelrichtertums; beim Patentverfahren liegen die Verhältnisse grundsätzlich anders. Es darf nicht übersehen werden, daß eine feste Grundlage, wie sie zB. im bürgerlichen Recht vorhanden ist, im Patentrecht vollkommen fehlt, und daß hier weit mehr das subjektive Ermessen und ein gewisses Gefühl bei der Beurteilung entscheidend mitwirken.

Bei Einführung des Einzelprüfers würden außerdem unter Umständen die patentrechtlichen Interessen einer ganzen Industrie in die Hände eines einzelnen Mannes gelegt werden, eines Mannes, der vielleicht, je tüchtiger er ist, sich um so leichter in eine bestimmte Richtung hineindrängen läßt, der von bestimmten technischen Voraussetzungen ausgeht, die sehr leicht eine gewisse Einseitigkeit zeitigen können, während sie jetzt in der kollegialen Beratung ihr Gegengewicht findet.

Die oft lange Dauer des Erteilungsverfahrens ist nicht auf die kollegiale Beratung und Beschlußfassung zurückzuführen. Gerade der Umstand, daß in einer Sitzung häufig achtzig und mehr Fälle behandelt werden, beweist, daß die Verzögerung nicht hier entsteht. In der Regel kommen die Sachen vor die Abteilung so gut vorbereitet, daß eine rasche und doch gründliche Erledigung möglich ist. Trotz der raschen Erledigung kann der Abteilung keineswegs der Vorwurf der Ungründlichkeit gemacht werden.

Es ist auch nicht richtig, daß die Anmeldeabteilung sich einfach auf den Bericht des Vorprüfers verläßt, dieser also gewissermaßen allein entscheidet. Es kommt vielmehr häufig genug vor, daß der Vorprüfer im Kollegium auf Widerspruch stößt, und daß entgegen seinem Vorschlage entschieden wird.

Die zweite Instanz, d. h. die Instanz gegen das Urteil des Einzelprüfers, kann niemals ein gründliches Vorprüfungsverfahren ersetzen. Sie kommt so wenig in Betracht wie heute das Einspruchverfahren; die Haupttätigkeit muß immer in der ersten Instanz liegen.

Die von der Einführung des Einzelprüfers erhoffte Ersparnis dürfte aber kaum eintreten; abgesehen davon, daß mindestens acht Abteilungen als zweite (Einspruch-)Instanz nötig würden, müßte notwendigerweise eine dritte (Beschwerde-)Instanz eingeführt werden, um wenigstens einigermaßen für Einheitlichkeit zu sorgen. Schon eine Vermehrung der Beschwerdeabteilungen würde aber weitaus mehr kosten als zB. eine Vermehrung der Vorprüfer oder die Beschaffung entsprechender Hülfskräfte.

Der Präsident des Patentamtes betonte in Düsseldorf, daß man, sofern die Industrie die Einführung des Einzelprüfers fordern werde, wahrscheinlich einem dahin zielenden Wunsche Rechnung tragen werde. Er sei aber der Ansicht, daß die selbständige Stellung des Vorprüfers nicht zu einer Besserung, sondern zu sehr lebhaften Klagen der Industrie führen werde, weil dadurch die uneingeschränkte Herrschaft eines einzelnen Mannes auf sehr großen Gebieten der Industrie und der Technik herbeigeführt werde. Diese Bedenken der leitenden und für die Beurteilung von Aenderungen in der Organisation des Patentamtes zweifellos sehr maßgebenden Stelle dürfen jedenfalls nicht unbeachtet gelassen werden.

Die für die Einführung des Einzelprüfers geltend gemachten Vorteile, Entlastung des Patentamtes und Abkürzung des Erteilungsverfahrens, lassen sich ebensogut durch Verwaltungsmaßnahmen, z. B. durch die teilweise schon eingeführte Prüfung der Anmeldung durch den Vorprüfer selbst ohne Mitwirkung von technischen Hülfsarbeitern oder durch entsprechende Vermehrung der Arbeitskräfte erzielen, wobei die Vorteile der kollegialen Beratung erhalten bleiben würden. Es darf allerdings nicht übersehen werden, daß bei einem Arbeiten des Vorprüfers ohne technische Hülfskräfte die Gefahr vorliegt, daß der Vorprüfer auf einen zu kleinen Ausschnitt eines Sondergebietes beschränkt wird und damit den Ueberblick über den Stand der Technik und die ihm unbedingt notwendige Weiterbildung einbüßt. Etwaige Hülfskräfte müssen ferner die gleiche Vorbildung aufweisen wie der Vorprüfer selbst, dann würden sich auch die Vorprüfer aus diesen Hülfskräften ergänzen können.

Wenn durch eine Vermehrung der Vorprüfer und der ihnen unterstellten Hülfskräfte Besseres als bisher geleistet werden kann, dann sollte man keinen Augenblick zögern, die allerdings heute schon große Verwaltung sogar noch zu vergrößern. Die damit verbundene Kostenerhöhung kann um so weniger ins Gewicht fallen, als der Haushalt des Patentamts jährlich einen Ueberschuß von mehr als 4 Mill. ℳ aufweist.

IV.

Leitsätze:

Eine Milderung des Prüfungsverfahrens oder gar Abschaffung des Vorprüfungsverfahrens und sein Ersatz durch das Anmeldeverfahren würde die Industrie schwer schädigen, da der Wert des Patentes herabgesetzt und die Rechtsicherheit gefährdet würde.

Ein Bedürfnis, die kollegiale Beratung über die Erteilung oder Versagung des Patentes durch den Einzelprüfer zu ersetzen, liegt nicht vor, da das bisherige Verfahren zu Anständen keinen Anlaß gibt. Die Einführung des Einzelprüfers erscheint der Industrie auch nicht nützlich, da den hieraus erwarteten, sehr fraglichen Vorteilen (Entlastung des Patentamtes, Beschleunigung des Erteilungsverfahrens) bedenkliche Nachteile (Einseitigkeit des Vorprüfers, Widersprüche in den Entscheidungen, Anwachsen der Beschwerden usw.) entgegenstehen.

Dagegen erscheint es dringend erwünscht, daß die zur Anstellung einer größeren Zahl von Vorprüfern und ihnen unterstellten Hülfskräften erforderlichen Mittel bereitgestellt werden.

Vorsitzender: Ich danke dem Herrn Berichterstatter für seinen Bericht und eröffne die Besprechung.

Hr. Patentanwalt Fehlert-Berlin: M. H., wir beraten heute ein Gebiet, auf dem wir keine schwankende Brücke zwischen Unternehmer und Angestellten zu schlagen haben, sondern wo das Feld ganz frei ist, und wir unsere Ansichten offen aussprechen dürfen, ohne daß wir irgend einer Partei zu nahe zu treten befürchten müssen. Ich möchte von vornherein bemerken, daß ich die Frage, ob wir das Vorprüfungsverfahren aufgeben sollen oder nicht, gar nicht berühren werde; denn ich glaube, wir sind in diesem Kreise uns einig, daß darüber kein Wort zu verlieren ist. Für mich ist ebenso die Frage abgetan, ob wir geprüfte oder ungeprüfte Patente erteilen sollen; auch dieser Vorschlag, den Hr. von Schütz in diesem Sommer wieder hat aufleben lassen, hat keine Billigung seitens der beteiligten Kreise gefunden.

Anders steht es aber mit der Frage des Einzelprüfers. Da stehe ich auf einem ganz entgegengesetzten Standpunkt wie der Hr. Berichterstatter, und ich muß mein Bedauern darüber aussprechen, daß diese Frage in diesem Kreise in der Weise, wie es in dem Bericht geschehen ist, behandelt worden ist.

Die Frage des Einzelprüfers ist eigentlich so alt wie die ganze Reformbewegung. Wir haben uns schon vor 20 Jahren mit dieser Frage sehr eingehend beschäftigt und haben für die Einführung des Einzelprüfers gekämpft.

Was gegen den Einzelprüfer angeführt wird, ist nach meiner Auffassung nicht stichhaltig. M. H., daß etwas geschehen muß, wird von allen Seiten anerkannt, und vor allen Dingen von dem Herrn Präsidenten des Patentamtes. Der Vorschlag aber, den wir im Jahre 1907 in Düsseldorf von ihm gehört haben, das sogenannte Radikalverfahren, hat jedenfalls nicht zum Ziel geführt. Wir haben schon vor Jahren darüber zu klagen gehabt, daß die Erteilung der Patente zu lange Zeit in Anspruch nimmt. Nun haben Sie eben gehört, die Verzögerung liege nicht am Patentamt, sondern sie liege an den Anmeldern (Zuruf des Herrn Berichterstatters Dipl.-Ing. Ingrisch: Teilweise!) zum großen Teil an den Anmeldern, die selbst die Fristen nicht einhalten. Kurz und gut, der Anmelder wäre eigentlich derjenige, der dafür sorgen müsse, daß das Prüfungs- oder Erteilungsverfahren beschleunigt werde. M. H., meine Erfahrungen sprechen für das Gegenteil! Ich habe vor etwa drei oder vier Wochen verschiedene Kollegen angeregt, festzustellen, wie lange die Frist zwischen einer Eingabe — mag das nun eine Anmeldung oder eine Erklärung sein — und ihrer Beantwortung dauert. Wir haben ermittelt, daß oft fünf bis sechs Monate und noch mehr vergehen. Vor einigen Tagen habe ich in meinem eigenen Bureau eine Zusammenstellung machen lassen; wir haben in diesem Jahre in 26 Fällen Fristen von mehr als sechs Monaten gehabt; in einem Falle habe ich eine Erklärung vom Patentamt bekommen, die ich vorlesen möchte. Auf eine Anmeldung, die am 15. Mai d. J. eingegangen war, haben wir am 16. November, also nach sechs Monaten, ganz bescheiden angefragt, wann wohl eine Verfügung zu erwarten sei. Darauf ging am 23. November folgende Antwort ein:

„Die am 15. Mai d. J. eingegangene und unter obigem Aktenzeichen in den Geschäftsgang gegebene Patentanmeldung, betreffend . . . wird in der Reihenfolge der die Klasse . . . betreffenden Eingänge geprüft werden. Wegen der in großer Anzahl vorliegenden Anmeldungen läßt sich zurzeit noch nicht übersehen, wann ein sachlicher Bescheid wird erteilt werden können“.

In zwei anderen Fällen haben wir auf Anmeldungen vom 13. bezw. 8. April nach sechs Monaten am 22. bezw. 8. Oktober angefragt aber bis heute noch keine Antwort erhalten.

M. H., das sind ganz unhaltbare Zustände. Wollen Sie sich doch bitte einmal folgenden Fall aus der Praxis vergegenwärtigen: Ich melde Anfang dieses Jahres ein Patent an, bin natürlich bestrebt, die Erfindung auszuarbeiten, es werden Versuche gemacht, es wird auch jemand gefunden, der so entzückt von der Erfindung ist, daß er sich mit Geld an der Ausbeutung beteiligen will. Eine Maschine wird gebaut, sie wird geprüft und geht ausgezeichnet; darauf wird weiteres Kapital aufgewandt — und nun warten wir, warten und hören vom Patentamte nichts. Plötzlich nach sechs oder sieben Monaten, nachdem vielleicht schon Hunderttausende hineingesteckt worden sind, kommt die Antwort: es liegt eine ältere Anmeldung vor, wir müssen die Prüfung bis nach Erledigung jener älteren Anmeldung zurückstellen. Dann weiß der Anmelder überhaupt nicht, ob er ein Patent bekommt, oder ob das Kapital, das in die Sache hineingesteckt worden ist, vergebens aufgewandt ist, denn er weiß nicht, ob der ältere Anmelder ihn nicht verhindern kann, die Erfindung auszubeuten.

Das sind Beispiele dafür, mit welcher Unsicherheit wir zu rechnen haben, wenn die Prüfung sich so weiter verzögert.

M. H., es ist nicht richtig, wenn der Hr. Berichterstatter gesagt hat: der Anmelder hat das Bestreben, die Sache zu verzögern. Der Anmelder hat im Gegenteil das Bestreben, die Erteilung des Patentes so schnell wie möglich herbeizuführen; je länger er wartet, desto mehr verliert er. Das haben Sie vorhin schon vom Kollegen Tolksdorf gehört, der den Vorschlag machte, die Dauer des Patentes ähnlich wie in Oesterreich vom Tage der Bekanntmachung an zu rechnen. So wie jetzt geht es unmöglich weiter; nicht nur ich, sondern auch andere Kollegen haben die gleiche Erfahrung gemacht wie ich. Es ist überhaupt der Glaube verbreitet, daß wir in den meisten Fällen mindestens vier bis sechs Monate warten müssen, bis wir in einer Sache eine Antwort bekommen. Das ist nicht nur bei der Anmeldung der Fall, sondern das gleiche gilt auch für die Beantwortung von Erklärungen auf weitere Verfügungen; ich könnte auch dafür Fälle anführen. So kommt es, daß wir in einzelnen Fällen viel mehr als ein Jahr warten müssen, bevor die Anmeldung bekannt gemacht wird. Natürlich gibt es auch Ausnahmen; in vereinzelten Fällen erhalten wir in vier, sechs Wochen oder in zwei Monaten bereits eine Antwort.

M. H., diese Verzögerungen stammen nicht nur aus der letzten Zeit, sie sind schon seit Jahren bekannt. Nun hat der Herr Präsident des Patentamtes in Düsseldorf den vorhin erwähnten Vorschlag mitgeteilt, den er vor kurzem auch probeweise durchgeführt hat, das sogenannte Radikalverfahren: um die Verzögerungen zu beseitigen, ist man, wie auch von dem Herrn Berichterstatter schon angedeutet worden ist, dazu übergegangen, dem Vorprüfer die ganze Arbeit der Nachforschung in den älteren Druckschriften, in der Patentliteratur usw. aufzubürden, ihn gewissermaßen allein, radikal arbeiten zu lassen, wie man sich ausdrückt. Der Herr Präsident hat damals in seinem Vortrage erwähnt, daß er 20 oder 25 Herren damit beauftragt habe, die Geschäfte der Vorprüfung in dieser Weise zu führen. M. H., seit dem Düsseldorfer Kongreß sind zwei Jahre ins Land gegangen. Ist es seitdem besser geworden? Ich habe den Eindruck, es ist viel schlimmer geworden. Sie werden mir sagen: seit jener Zeit ist die Zahl der Anmeldungen gestiegen, es liegt nur daran. Nun liegt mir eine Statistik vor, wonach im Reichshaushaltplan für 1908 die Zahl der Patentanmeldungen für 1907 auf 37 400 geschätzt wurde — das war also zu der Zeit, wo man unter der Last der Anmeldungen zu seufzen hatte —, sie hat aber tatsächlich nur 36 763 betragen, also etwas weniger, und wird für 1908 in dem Entwurf des Reichshaushaltplanes für 1909 mit 39 500 angesetzt. Man kann also nicht von einer ungewöhnlich vergrößerten Anzahl von Anmeldungen sprechen; die Anmeldungen nehmen zwar zu, aber ihre Zahl schwankt auch. In einzelnen Jahren, sogar in einzelnen Jahreszeiten, liegen außerordentlich viele Anmeldungen vor; in den letzten Monaten ist die Zahl der Anmeldungen wieder ganz erheblich angeschwollen, im Frühjahr und Sommer folgt dann wieder ein Rückgang. Kurz und gut, wir beobachten Schwankungen; jedenfalls aber ist die durchschnittliche Zahl der Anmeldungen im einzelnen Jahre nicht so stark gewachsen, daß bei der ständigen Vermehrung der Zahl der Vorprüfer diese außergewöhnlich und unerträglich langen Fristen zu erklären wären. Es muß wohl an etwas anderem liegen, und nach meiner festen Ueberzeugung liegt es tatsächlich an dem ganzen Verfahren der Vorprüfung und der Organisation des Patentamtes.

Dem Vorprüfer erwächst jetzt die Hauptarbeit. Der Vorprüfer hat nicht nur auf Neuheit und Patentfähigkeit zu prüfen, sondern er hat auch vor allen Dingen die Ansprüche, die Fassung der Ansprüche mit dem Anmelder festzustellen. Nachdem das Wesen der Erfindung einigermaßen herausgeschält ist, pflegt der Vorprüfer Ansprüche vorzuschlagen, und dabei findet sich in den Verfügungen der sehr bemerkenswerte Ausdruck: „vorbehaltlich der Genehmigung der Anmeldeabteilung". Nachdem sich der Erfinder mit den Ansprüchen einverstanden erklärt hat, beschließt die Anmeldeabteilung in der Regel die Bekanntmachung. Nur ausnahmsweise hat die Anmeldeabteilung noch Bedenken; sie schlägt vielleicht eine etwas andere Fassung der Ansprüche vor, und ganz vereinzelt wird in der Verfügung, die von dem Vorsitzenden der Anmeldeabteilung unterzeichnet wird, auch eine neue Druckschrift erwähnt. Wie kommt das? Die Anmeldeabteilung hat, wie Sie vorhin gehört haben, an einem Sitzungstage — jede Abteilung hat für gewöhnlich einen Sitzungstag in der Woche — 80 bis 90, mir ist mitgeteilt worden, sogar bis 100 Anmeldungen zu bearbeiten. Dafür steht zur Verfügung — ganz genau bin ich zwar nicht unterrichtet — die Zeit von 9 bis 3 Uhr. In diesen sechs Stunden sollen 90 Anmeldungen bearbeitet werden, das macht 15 für jede Stunde für jede Anmeldung also durchschnittlich vier Minuten. M. H., diese mathematische Rechnung wird in Wirklichkeit nicht zutreffen; die meisten Anmeldungen werden wohl viel weniger Zeit in Anspruch nehmen, einige aber auch mehr.

Nun frage ich aber: was hat es für einen Zweck, daß drei oder fünf oder noch mehr Herren mit der Beratung über eine Anmeldung befaßt werden, wenn sie weiter nichts zu tun haben, als Ja zu sagen, wenn der Vorprüfer oder der Berichterstatter in der Sitzung erklärt: das und das ist der Gegenstand der Anmeldung, wobei kaum Zeit ist, die Ansprüche vorzulesen, und wobei die Mitglieder noch weniger Zeit haben, sich über die Bedeutung der Ansprüche klar zu werden? Bei den meisten Anmeldungen ist also die Beschlußfassung doch wirklich nur reine Formsache. Wenn das der Fall ist, was hat es dann für einen Zweck, die Zeit so vieler Herren in der Anmeldeabteilung in Anspruch zu nehmen, um gewissermaßen nur einer Form, dem Wortlaut des Gesetzes zu genügen?

Ich habe mir im Laufe der Jahre durch wiederholte Besprechungen mit den Vorprüfern die Ansicht gebildet, daß diese Herren viel arbeitsfreudiger sein und viel mehr leisten würden, wenn sie selbständig gemacht würden. Als im Jahre 1891 die Novelle kam, da bestand die Absicht, den Vorprüfer selbständig als Instanz einzuführen. Im Drange der Geschäfte hat der Reichstag zwar den Vorprüfer eingeführt, ihn aber nicht selbständig arbeiten lassen. Stellen Sie doch einmal den Vorprüfer auf eigene Füße und lassen Sie ihn allein entscheiden!

Nun wird uns, besonders von dem Herrn Präsidenten des Patentamtes, erklärt, und das ist auch hier wiederholt worden, daß dann das

Wohl und Wehe einer ganzen Industrie gewissermaßen in die Hände eines einzigen Vorprüfers gelegt würde. Der Herr Berichterstatter hat von der Einseitigkeit des Vorprüfers gesprochen und hat dann erklärt, die Industrie sei nicht damit einverstanden. Ist das wirlich richtig? Liegt tatsächlich die Erteilung des Patentes in den Händen des Vorprüfers? Vergessen Sie doch nicht: der Vorprüfer ist ja nur die erste Instanz, und wenn er falsch geurteilt hat, so hat die Anmeldeabteilung und, wie wir es wünschen, noch eine weitere Beschwerdeabteilung das Recht, ihn zu verbessern und eine bessere Entscheidung herbeizuführen. Die Auffassung, daß das Wohl und Wehe einer ganzen Industrie in seine Hände gelegt sei, ist also nicht zutreffend.

Dann wird angeführt, der Vorprüfer könne entweder zu nachsichtig oder zu streng urteilen. M. H., diese Schlagworte habe ich stets bekämpft. Wir wünschen nicht, daß der Vorprüfer oder das Patentamt nachsichtig oder streng urteilen soll, sondern wir wünschen, daß es richtig arbeiten soll. (Zurufe: Wir auch!) Diese Schlagworte: milde und streng, sind das Allerschlimmste, was Sie sich denken können. Wir machen die Beobachtung, daß in der Beurteilung der Patentfähigkeit Schwankungen eintreten. Wenn das Reichsgericht einmal ein Patent aufrecht erhält, das im Nichtigkeitsverfahren vernichtet worden war, indem es den Begriff der Patentfähigkeit herabschraubt, dann sehen wir sofort, daß im Patentamt in der Folge in derselben Weise geurteilt wird, daß das Patentamt auch mildere Anforderungen stellt. Man richtet sich als Patentanwalt und als Erfinder demgemäß ein und wird dann plötzlich aus seinen Vorstellungen herausgerissen, wenn wieder einmal das Reichsgericht ein Patent, das vom Patentamt aufrecht erhalten worden war, mit der Bemerkung vernichtet, es liege keine Erfindung vor. M. H., das sind sehr bedenkliche und sehr bedauerliche Nachteile, aber sie liegen keineswegs an den Vorprüfern, sondern an den höchsten Instanzen, am Reichsgericht und an den Beschwerdeabteilungen und Anmeldeabteilungen, die sich nach der Auffassung des Reichsgerichtes richten müssen; der Vorprüfer kommt erst an letzter Stelle in Betracht. Auch in dieser Hinsicht hat die persönliche Unterhaltung mit den Vorprüfern ergeben, daß sie eigentlich an eine milde oder strenge Auffassung gar nicht zu denken pflegen; die Vorprüfer sind ausschließlich Techniker, Ingenieure, und wenn man sich mit ihnen unterhält, so wird der Gegenstand der Anmeldung immer sachlich erörtert, man prüft seine Merkmale und sucht zu erkennen, ob die Merkmale in ihrer Zusammensetzung etwas Neues, einen technischen Erfolg darstellen; wenn ein solcher nachgewiesen werden kann, so wird auch in der Regel die Patentfähigkeit anerkannt. Die Nachteile, von denen Sie vorhin sprachen — wenn sie wirklich vorhanden sein sollten, wenn wirklich von dem einen Vorprüfer zu nachsichtig, von dem anderen zu streng geurteilt werden sollte — werden in der Anmeldeabteilung ausgeglichen. Es besteht ferner im Patentamt die Uebung, daß, wenn die Nichtigkeitsabteilung oder das Reichsgericht ein Patent vernichtet, weil sich herausgestellt hat, daß die Erfindung nicht neu war, oder aus anderen Gründen, dieser Fall dem betreffenden Vorprüfer mit der Aufforderung, sich darüber zu äußern, mitgeteilt wird. Wenn Sie das im Auge behalten, so erkennen Sie ohne weiteres, daß, wenn wirklich ein Vorprüfer einmal nicht richtig — und darauf kommt es allein an — geurteilt hat, er später veranlaßt wird, darüber nachzudenken und sich klarzumachen, wie er in Zukunft zu verfahren hat. Falsche Urteile werden niemals aus der Welt geschafft werden, solange es menschliche Einrichtungen gibt; auch der Vorprüfer kann irren, und man wird auch beim Einzelprüfer Fehler nicht verhindern können, die den Einzelnen natürlich sehr empfindlich treffen und ihn vielleicht voreingenommen haben. Aber das sollte uns nicht hindern, das Verfahren an sich als richtig anzuerkennen.

Dann ist angeführt worden, daß durch eine Vermehrung der Vorprüfer das Uebel der späten Entscheidungen verhütet werden könnte. Ich möchte demgegenüber aus einem Aufsatz, der mir vor einigen Tagen zugegangen ist und den ich Ihrer ganz besonderen Beachtung empfehle, „Ueber die Organisation des Kaiserlichen Patentamtes“, in „Glasers Annalen“ vom 15. Juli d. J., Einiges anführen. Verschiedene Bemerkungen in diesem Aufsatz, der ohne Namensnennung veröffentlicht ist, lassen vermuten, daß er aus dem Patentamte und zwar von einem technischen Mitgliede herrührt. Es wird darin angegeben, daß nach dem jetzigen sogenannten Radikalverfahren zurzeit von einem Vorprüfer 160 bis 200 Anmeldungen bearbeitet werden können; das ist also die Erfahrung von zwei Jahren. Rechnet man mit 40 000 Anmeldungen im Jahre, so werden mindestens 200 bis 220 — in dem Aufsatze werden sogar 225 angenommen — Vorprüfer notwendig, um nach diesem Radikalverfahren die Arbeit zu erledigen. Der Verfasser des Aufsatzes schlägt Einzelprüfer vor und rechnet aus, daß ein Einzelprüfer unter Zuhülfenahme von zwei oder drei tüchtigen Hülfskräften erfahrungsgemäß, wie er sagt, im Jahre 500 bis 600 Anmeldungen bearbeiten kann. Demnach wären also im ganzen nur etwa 75 Einzelprüfer notwendig, um die Arbeit zu bewältigen. Aus meiner eigenen Erfahrung kann ich erklären, daß ich diesen Vorschlag für richtig und auch für durchführbar halte. Es würde für mich außerordentlich schwer sein, wenn ich bei jeder durch meine Hand gehenden

Anmeldung nach dem Amt gehen müßte, um die Patentschriften durchzusehen, wenn ich ferner die Unterlagen bearbeiten, die Beschreibungen aufsetzen und die Ansprüche aufstellen müßte. Seit Jahren betraue ich jüngere Hülfskräfte, Anfänger, mit der Durchsicht der Patentschriften und lasse dann andere, erfahrenere Herren nach meiner Anleitung die Beschreibungen und die Ansprüche ausarbeiten. Die so entworfenen Beschreibungen und Ansprüche sehe ich durch, bespreche die Sache mit den Herren und ändere das, was nötig ist, ab. So kann ich mir nach und nach einen Stab von Hülfsarbeitern heranziehen, der mir die größte Arbeit abnimmt und nicht nur die Vorprüfung vornimmt, die bei uns in ähnlicher Weise wie im Patentamt ausgeführt wird, sondern auch die Beschreibung und die Patentansprüche bearbeitet, so daß ich selbst gewissermaßen nur die letzte Hand anzulegen habe. Genau so wird die Beantwortung der Verfügungen gehandhabt. Wenn eine Verfügung vom Patentamt eingeht, so wird die Literatur beschafft und geprüft, es werden Vorschläge entworfen, wie die Verfügung zu beantworten ist, und zwar von denjenigen Herren, die die Anmeldung bearbeitet haben.

In ähnlicher Weise denke ich mir die Tätigkeit des von uns vorgeschlagenen Einzelprüfers. M. H., wenn bei Ihnen die Arbeit wächst, werden dann in Ihren Fabriken sofort zwei oder drei Oberingenieure angestellt? Werden Sie nicht zunächst sehen, ob Sie nicht mit Ihrer Organisation auskommen und nur einige Hülfskräfte einstellen, um das plötzliche Anwachsen der Arbeit zu bewältigen? In derselben Weise muß auch im Patentamte vorgegangen werden. Nach meiner Ansicht ist es — ich bitte den harten Ausdruck zu entschuldigen — ganz verkehrt gewesen, daß man beim Radikalverfahren den Vorprüfern, also den älteren erfahrenen Herren, den mechanischen Teil der Vorprüfung überwiesen hat. Ich bin überzeugt, daß gerade dadurch die ungemeinen Verzögerungen entstanden sind. Aus manchen Anzeichen habe ich den Eindruck gewonnen, daß unter den technischen Mitgliedern des Patentamtes — ich bitte um Verzeihung, wenn ich das hier ausspreche — zurzeit eine große Unzufriedenheit besteht, weil die Herren fühlen, daß sie nicht selbständig sind, daß sie nicht weiterkommen. Es ist im höchsten Maße zu bedauern, daß manche von diesen sehr fähigen Herren zurzeit die Absicht haben, dem Amte den Rücken zu kehren, daß sie suchen, wieder in der Privatindustrie Anstellung zu finden. Ich habe ferner gehört, daß es im Patentamte ungemein schwierig ist, für gewisse Fächer tüchtige Kräfte heranzuziehen; das ist mir nicht nur von den Herren erzählt worden, die Mitglieder sind, das habe ich auch von den leitenden Stellen gehört, ich weiß es nicht nur von den Direktoren, sondern auch von dem Herrn Präsidenten selbst; er hat sich bitter darüber beklagt, daß er nicht die nötigen Kräfte heranziehen kann. Ja, wenn die Herren im Amte keine Aussicht haben, weiterzukommen wird man auch keine tüchtigen Kräfte finden; reizen kann nur eine selbständige Tätigkeit, die den Herren auch in idealer Hinsicht Befriedigung in ihrem Berufe gibt.

Wir haben auch für den Nachwuchs zu sorgen. Wie geschieht das? Zurzeit werden als technische Hülfsarbeiter, glaube ich, nur Diplomingenieure berufen, als Mitglieder, soweit ich unterrichtet bin, dagegen nur Herren, welche die zweite Staatsprüfung, die Baumeisterprüfung abgelegt haben. Alle Achtung vor den Herren der zweiten Art, aber im Patentwesen, im Patentrecht, haben sie doch noch sehr wenig Erfahrung; wenn sie auch vier Jahre bei der Eisenbahn oder in einer anderen Staatsverwaltung gearbeitet haben, so müssen sie doch im Patentamte erst zu lernen anfangen. Nach meinem Gefühl ist es gerade für diese Herren sehr schwierig, sich in die zunächst etwas untergeordnete Stellung hineinzuarbeiten. Es ist doch nicht unbedenklich, wenn man bei einer Rücksprache mit solchen neuen Herren das Gefühl hat, es fehlte ihnen noch die Erfahrung, die notwendig ist, um ein richtiges Urteil zu fällen. Ist es da nicht viel besser, wenn man versucht, die Herren im Patentamt selbst heranzubilden, die Hülfskräfte nach und nach in die höheren Stellen der Vorprüfer einrücken zu lassen, in eine Stellung, die ihrer Tüchtigkeit und ihren Leistungen entspricht? Ich meine wirklich, man sollte von dem jetzt üblichen Verfahren vollkommen abgehen und durch den Einzelprüfer eine Reorganisation des Kaiserlichen Patentamtes herbeiführen und dadurch nach und nach planmäßig diejenigen Kräfte heranbilden, die wir für die Prüfung der Anmeldungen benötigen.

Ich möchte noch anführen, daß wir genau dieselben Erfahrungen mit dem Einzelprüfer in den Vereinigten Staaten von Amerika gemacht haben. Ich habe selbst, um das dortige Verfahren zu studieren, vor Jahren einige Zeit auf dem Patentamte in Washington gearbeitet. Ich habe dort kennen gelernt, in welcher Weise die Prüfer, die examiners und assistant examiners, ihre Aufgabe lösen; das ist genau so, wie wir es Ihnen vorgeschlagen haben. In den Vereinigten Staaten liegen weit mehr Anmeldungen vor als bei uns, und doch ist dort nur der dritte oder vierte Teil der Prüfer vorhanden und man hat nicht so lange Fristen, wie bei uns. In den Vereinigten Staaten besteht allerdings der vorhin ausgeführte Nachteil, daß die Erteilung sehr lange dauert; das liegt aber daran, daß hier wirklich die Anmelder selbst bestrebt sind, die Prüfung möglichst lange hinzuhalten, weil die Schutzdauer vom Tage der Erteilung an rechnet. In dieser Beziehung liegen die Verhältnisse dort ganz anders als bei uns, aber das Verfahren der Einzelprüfer an sich hat sich in den Vereinigten Staaten durchaus bewährt, und ich möchte dringend bitten, daß wir dieses Verfahren auch bei uns einführen.

Hr. Direktor im Kaiserlichen Patentamte Siebenbürgen-Berlin: M. H., ich möchte nicht in Einzelheiten der Erörterung eingreifen und mich etwa für oder gegen die Vorprüfung oder die Art der Vorprüfung aussprechen, sondern ich möchte nur einige Ausführungen des Herrn Vorredners berichtigen. Hr. Patentanwalt Fehlert hat zum Schluß auf die Verhältnisse in den Vereinigten Staaten hingewiesen. Er hat ausgeführt, daß nach dem dortigen Verfahren viel mehr Anmeldungen erledigt würden, als bei uns nach unserem Verfahren. M. H., in den Vereinigten Staaten liegen die Verhältnisse ganz anders; dort werden die Anmeldungen durch examiners erledigt, die einen bedeutenden Stab von Hülfsarbeitern unter sich haben. Die Zahl der technischen Prüfungsbeamten ist dort bedeutend größer als bei uns; das amerikanische technische Prüfungspersonal besteht aus 316 Personen, und zwar höheren Technikern im amerikanischen Sinne, wir haben im ganzen 260 höhere Techniker. Das Patentamt in Washington erledigt mit 316 technischen Prüfungsbeamten etwa 58- bis 60000 Anmeldungen, und wir erledigen mit unserem Beamtenstabe zurzeit 42000. Ich kann also nicht finden, daß die Vereinigten Staaten mit einem kleineren Beamtenstabe mehr leisten als Deutschland.

Dann hat Hr. Patentanwalt Fehlert darauf hingewiesen, daß infolge der organisatorischen Aenderungen, die zurzeit im Patentamte schweben, unter den Mitgliedern eine große Unzufriedenheit herrscht; in dieser Allgemeinheit muß ich die Behauptung bestreiten. Selbstverständlich gibt es unter allen Beamtenklassen und in allen Verwaltungen unzufriedene Beamte, namentlich wenn Neuerungen kommen; es kommt überall vor, daß man mit Neuerungen nicht immer einverstanden ist, auch in der Privatindustrie.

Hr. Patentanwalt Fehlert hat auf einen Aufsatz in „Glasers Annalen" hingewiesen, in welchem allerdings gedruckt steht, daß beim Radikalverfahren nicht mehr als 160 bis 180 Anmeldungen durch einen Regierungsrat erledigt werden können. M, H., man muß nicht alles glauben, was gedruckt ist. (Heiterkeit.) Tatsächlich erledigen zurzeit die Mitglieder, die im Radikalverfahren arbeiten, im Durchschnitt 300 Anmeldungen, d. h. mittelschwere Anmeldungen.

Ich möchte besonders hervorheben: wir haben das Radikalverfahren seinerzeit versuchsweise eingeführt, weil wir uns gesagt haben, es ist ja nicht immer nötig, daß man in jeder Sache gleich mit zwei Akademikern anfängt; ich möchte das an einem Beispiel erläutern. Denken Sie sich, hauswirtschaftliche Geräte sollen auf Patentfähigkeit geprüft werden. Nach dem alten Verfahren wurde die Anmeldung zunächst durch einen Hülfsarbeiter bearbeitet und geprüft, dann ging sie an einen Regierungsrat, sie ging also durch die Hand zweier höherer Techniker. Ich glaube, für hauswirtschaftliche Geräte ist das etwas reichlich, und was für diese Klasse gilt, gilt noch für eine ganze Reihe von Klassen. Wenn man nun den Hülfsarbeiter aus dem Vorprüfungsverfahren ausscheiden will, dann kommt es darauf an, daß seine Arbeit auf die beiden übrigbleibenden Stellen entsprechend verteilt wird, und zwar muß das mehr Mechanische auf das Bureau übergehen und das Wissenschaftlich-Technische dem Regierungsrat allein verbleiben. Wir haben nun, um das Radikalverfahren weiter auszubauen, statt des bisherigen Verwaltungsbureaus den Regierungsräten stellenweise technisch vorgebildete Sekretäre zugeteilt, um sie von allen einfachen und mechanischen Arbeiten zu entlasten, und haben auf diesem Wege erreicht, daß ein Vorprüfer mit zugeteilten technischen Sekretären jährlich in leichten Klassen 700 bis 800 Anmeldungen erledigt, in schwereren Klassen vielleicht im Durchschnitt 500 Anmeldungen. Viel mehr wird man auch bei dem sogenannten Hülfsarbeiterverfahren nicht erledigen können. Ich bin aber keineswegs der Meinung, daß das Hülfsarbeiterverfahren überall abgeschafft werden soll; im Gegenteil, in schwierigen Gebieten: in der Elektrotechnik, in der Chemie usw., müssen wir selbstverständlich wissenschaftliche Hülfsarbeiter behalten.

M. H., alle diese Fragen der Organisation des Vorprüfungsverfahrens haben mit der Frage, die uns hier beschäftigt, ob man den Vorprüfer als Einzelprüfer bestellen oder im gegenwärtigen Verhältnis zur Anmeldeabteilung belassen soll, eigentlich nichts zu tun. (Sehr richtig!) Man kann das Radikalverfahren einführen unter den gegenwärtigen Verhältnissen und kann es einführen und weiter durchführen, wenn der Vorprüfer Einzelrichter werden sollte. Alle diese organisatorischen Fragen müßten eigentlich aus der Erörterung ausscheiden. (Sehr richtig!) Ich will daher diesen Punkt verlassen und nur noch auf einige Bemängelungen eingehen, welche die Verzögerungsfälle betreffen.

Ich will die Richtigkeit der Erhebungen, die Hr. Patentanwalt Fehlert im Kreise seiner Kollegenschaft angestellt hat, in keiner Weise bestreiten. Aber das Bild, das er uns gegeben hat, ist doch einseitig. Er hat uns die krassen Fälle vorgeführt, nicht aber auch diejenigen, in denen das Verfahren prompt arbeitet, und die müssen doch auch berücksichtigt werden, um ein richtiges Bild von der Erledigung der Geschäfte zu geben. Gewiß bestehen im Patentamte außerordentlich große Schwierigkeiten, um der

Anmeldungen Herr zu werden. Die Verhältnisse liegen auch nicht so, daß es sich um bloße Schwankungen in bezug auf die Zahl der Anmeldungen handelt, daß wir bald viel, bald wenig Anmeldungen haben. Nein, m. H., die Geschäfte des Patentamtes haben sich rund alle zehn Jahre verdoppelt, und gerade in den letzten drei Jahren, seit 1907, haben die Geschäfte des Patentamtes um 33 vH zugenommen. Daß wir da in Schwierigkeiten kommen, besonders wenn man berücksichtigt, daß die Geschäftsvermehrung in den verschiedenen Gebieten ganz verschieden ist — ich erinnere nur zB. an die Luftschiffahrt, in der wir jetzt eine Unzahl von Anmeldungen bekommen und nicht immer Berichterstatter genug haben, um den vorliegenden Anträgen folgen zu können — das liegt auf der Hand.

M. H., auf diese rein tatsächlichen Bemerkungen möchte ich mich einstweilen beschränken.

Hr. Direktor Professor Budde-Berlin: M. H., über die flüchtig angeregte Frage der Vorprüfung an sich scheint allgemeine Uebereinstimmung zu bestehen. Ich möchte nur vom Standpunkte der Praxis aus dem bereits Gesagten einige kurze Sätze hinzufügen:

1. Wir sind im allgemeinen — und ich glaube, Sie haben alle die gleiche Erfahrung gemacht — der Ueberzeugung, daß die deutschen Patente in der ganzen Welt ein größeres Ansehen haben als die Patente aller übrigen europäischen Länder (Zustimmung), und daß dieses größere Ansehen unserem Vorprüfungsverfahren zu verdanken ist. (Sehr richtig!)

2. Unter den verschiedenen Vorschlägen, von denen die Rede war, ist einer aufgetaucht, den auch der Herr Berichterstatter erwähnt hat, nämlich die Schaffung von zwei Arten von Patenten, vorgeprüften und nicht oder weniger scharf vorgeprüften. Diesem Vorschlage stehen die mir bekannten Praktiker einstimmig so gegenüber, daß sie es für ein Unglück halten würden, wenn etwas derartiges geschähe. (Zustimmung.) Denn von dem Augenblicke an, wo zwei Arten von Patenten, vorgeprüfte und nichtvorgeprüfte, geschaffen würden, wären die nichtvorgeprüften vollständig wertlos. Mir gibt kein Mensch etwas für ein nichtvorgeprüftes Patent, und ich gebe auch keinem, der damit zu mir kommt, etwas dafür.

3. Was die beklagten Krankheitszustände angeht, so glaube ich, daß die eigentliche Krankheit, soweit sie vorhanden ist, nicht innerhalb des Patentamtes, sondern innerhalb des Publikums liegt, und sie besteht darin, daß so massenhaft Schund angemeldet wird (Heiterkeit), ganz besonders darin, daß es heute mehr oder weniger Mode geworden ist, unfertige Dinge anzumelden und zum großen Teil Dinge, die niemals fertig werden. Die Erörterung dieser Schäden liegt außerhalb der heutigen Tagesordnung; ich gehe daher nicht weiter darauf ein. Ich möchte Ihnen nur den Gedanken zur gefälligen Erwägung und gelegentlichen Behandlung empfehlen: wäre es nicht möglich, durch gesetzliche Bestimmungen dem Uebelstande abzuhelfen, daß so vieles wertlose Zeug angemeldet wird, das nur zum kleinsten Teile und teilweise überhaupt nicht fertig wird? Wenn man das abstellen könnte, wäre die ganze Patentmisere beseitigt.

Hr. Direktor Dr. Guggenheimer-Augsburg: Ich möchte mir erlauben, auf die Fragen einzugehen, die vorhin von Hrn. Patentanwalt Fehlert berührt worden sind.

Zunächst kann ich ihm auf sein Bedauern, daß diese Frage hier in die Erörterung einbezogen worden ist, erwidern, daß wir sie absichtlich mit hineingezogen haben, weil wir diese Frage zusammen mit der Frage des Erfinderrechtes so ziemlich für die wichtigste der im Augenblick auf dem Gebiete der Reform des Patentgesetzes vorliegenden Fragen erachten, und weil wir glauben, daß unter allen Umständen darin Klarheit geschaffen werden muß, und der Standpunkt der Industrie — und es gibt allerdings einen Standpunkt der Industrie in diesen Fragen — vollständig festgelegt werden muß. Hierbei möchte ich vorausschicken, daß es uns fernliegt, auf Punkte einzugehen, die die innere Organisation des Patentamtes betreffen; wir können nur aussprechen, nach welchem Verfahren wir glauben, daß man unseren Ansprüchen am besten und zweckmäßigsten gerecht wird. In dem Augenblick, wo wir in Fragen eingreifen, wie das Patentamt sich organisiert oder wie von seiten der Regierung das Patentamt organisiert werden soll, vor allem ob eine Organisation, die den Einzelprüfer nicht einführt, unter den obwaltenden Verhältnissen möglich und durchführbar ist, begeben wir uns m. E. auf ein Gebiet, das unserer Erörterung entzogen sein muß. Denn diese Fragen, vor allem die Frage der Beamtenhierarchie und ähnliche, werden wir hier kaum lösen können. So sehr wir für uns in Anspruch nehmen können, daß wir auf dem Gebiete der eigenen Tätigkeit als sachverständig betrachtet werden, ebenso werden wir auf dem Gebiete der Organisation von Behörden, soweit es sich um allgemeine Fragen der inneren Organisation handelt, wohl die Regierung als die berufenere Seite erachten müssen. Ich habe darum für meinen Teil lebhaft bedauert, daß Hr. Patentanwalt Fehlert auf Fragen eingegangen ist, die nur auf diesem Gebiete liegen. Ich meine, wir sollten uns dabei bescheiden, festzustellen, daß leider sehr bedauerliche Verzögerungen vorliegen, und uns darauf beschränken, zu sagen: auf dem vorgeschlagenen Wege des Einzelprüfers werden diese Verzögerungen nach unserer Ansicht nicht beseitigt werden. Wir sind dafür, daß man an dem jetzigen Verfahren festhält, weil wir die Ueberzeugung haben, daß dieses Verfahren auch die Mittel bietet, die jetzigen Mißstände zu beseitigen. Man sollte auch hier scharf scheiden zwischen Fragen über das Verfahren selbst, zu denen wir Stellung nehmen wollen, und Fragen über die Ausführung des Verfahrens, die zu beantworten sein werden, wenn wir unsere Ansicht ausgesprochen haben, deren Beantwortung wir aber der Regierung überlassen müssen.

M. H., es ist m. E. nicht richtig, wenn hier auf die Verzögerungen in einer Art und Weise hingewiesen wird, als ob ein Verschulden vorliege, das auch bei den jetzigen Zuständen beseitigt werden könne. Ich glaube nicht wiederholen zu brauchen, was Hr. Professor Budde gesagt hat, aber die Zahlen an sich sprechen dafür, daß man eben einfach nicht dem nachkommen konnte, was an Aufgaben gestellt war. Wenn nun von Hrn. Patentanwalt Fehlert ausgeführt worden ist, daß in einer Reihe von Fällen eine klare Sachlage vorliegt, wobei der Vorprüfer — so etwa war es geschildert — einen reinen Statisten abgibt und nur eine formale Erledigung notwendig ist, so mag das vorkommen. Ebensowenig aber kann man zB. aus dem Rahmen der Arbeit eines Gerichtes die Versäumnisurteile ausscheiden und alles, was im Versäumniswege zu erledigen ist, einem anderen Richter überweisen, als diejenigen Sachen, die in kontradiktorischer Verhandlung erledigt werden, denn es ist nicht möglich, vorauszusehen, zu welcher Gattung eine Sache gehören wird. Man wird notwendigerweise den Vorprüfer auch bei den unbeanstandeten Sachen zuziehen müssen, und es wird wie bei gerichtlichen Tagungen der Fall eintreten, daß eine Reihe von Sachen rasch erledigt wird, eine andere Reihe dagegen genauer geprüft werden muß. Daß der Vorprüfer dort, wo alles glatt nach seinem Antrage geht, sich nicht mehr äußert, ist doch kein Uebelstand, da ja seine Aeußerung bereits vorliegt. Ich bin aber auch nicht der Meinung, daß er unnütz dabeisitzt; es kann sehr wohl von anderer Seite eine Frage gestellt werden, an die man vorher nicht gedacht hat, und die Antwort wird vom Vorprüfer, der am besten über den Fall unterrichtet ist, erteilt werden müssen.

Man kann also nach meiner Meinung auf das jetzige Verfahren nicht verzichten, und noch viel weniger glaube ich, daß das andere Verfahren zu einer Ersparnis — dahin soll es doch kommen —, zu einer Ersparnis an Beamten, also zu einem geringeren Personenstab des Patentamtes, führen wird; und zwar aus folgenden Gründen:

Hr. Patentanwalt Fehlert ist — ich höre das heute von ihm nicht zum ersten Male — für drei Instanzen, wenn man den Vorprüfer als Einzelrichter einführt. Ich halte zum allermindesten als eine Art Kassationsinstanz die dritte Instanz für notwendig. Ich will nicht sagen, daß vielleicht alle Fragen in die dritte Instanz gebracht werden müssen, aber gewisse Fragen müssen es, und dann haben Sie zum mindesten — das ist meine Ueberzeugung — die gleiche Anzahl von Beamten nötig, wie jetzt.

Wenn Hr. Fehlert sagt, daß die Anmeldeabteilung nur sehr selten anders entscheidet als der Vorprüfer, so entzieht sich das eigentlich unserer Beurteilung. Ich kann zwar keine Statistik vorlegen, aber ich habe eine Reihe von Urteilen gehört, die damit nicht übereinstimmen; es sollen doch in einer ziemlichen Anzahl von Fällen Abweichungen vorkommen.

Dann wird die Frage aufgeworfen, ob eine Einseitigkeit der Urteile herbeigeführt wird und ob nicht zu milde oder zu strenge geurteilt wird. Ich unterschreibe vollkommen, was in dieser Beziehung Hr. Fehlert gesagt hat; es liegt uns garnicht daran, daß zu milde oder zu strenge geurteilt wird; wir wollen weder ein mildes noch ein strenges Urteil haben, sondern ein richtiges. Wir möchten, daß überall so ziemlich dieselben Grundsätze durchgeführt werden; es soll nicht in der einen Abteilung streng und in der anderen milde geurteilt werden, und es soll nicht etwa hier und da von dem allgemeinen Grundsatz erheblich abgewichen werden. Sie werden sagen, das kommt auch anderswo vor; man spricht auch bei den Gerichten von sehr strengen und minder strengen Gerichten, das wird sich bei der Trennung in verschiedene Kammern nicht vermeiden lassen. Zugegeben; aber eine gewisse Einheitlichkeit, ein gewisser durchgehender Zug läßt sich doch, das wird sich nicht bestreiten lassen, dann eher festhalten lassen, wenn in erster Instanz endgültig die Anmeldeabteilung entscheidet, als wenn der Vorprüfer selbständig endgültig entscheidet. Sie sagen: er entscheidet garnicht endgültig, es ist noch die zweite, sogar noch eine dritte Instanz da. Täuschen wir uns darüber nicht: Fälle, in denen die zweite und dritte Instanz angerufen werden, werden immer vorkommen, aber es wird nicht die Mehrzahl sein, auch nicht die Mehrzahl der strittigen Fälle, weil man sich häufiger beruhigen wird, wenn der Vorprüfer entschieden hat, als heute, wo die Anmeldeabteilung entscheidet. Wieviel Fälle kommen denn heute überhaupt in die zweite Instanz?

Nun fragt Hr. Patentanwalt Fehlert: stellen Sie gleich einen Oberingenieur an, wenn sich irgendwo bei Ihnen die Arbeit mehrt? Darauf erwidere ich: es kommt ganz darauf an, was an Arbeit sich mehrt und welches Gebiet der Arbeit sich vergrößert hat. Wenn die Schreibmaschinen nicht mehr fertig werden, wird man keinen Oberingenieur einstellen, und wenn die Zeichner nicht mehr nachkommen oder die Pausarbeiten, wird man natürlich auch nicht zu diesem Mittel greifen. Aber es sind ja nicht die Zeichner, und es sind nicht die Schreibmaschinen, die im Patentamt fehlen, sondern es sind die Oberingenieure, und da wird man eben zu Oberingenieuren greifen müssen, denn nur die können die Arbeit erledigen, über deren Verzögerung wir jetzt zu klagen haben.

Hr. Ingenieur und Patentanwalt Tolksdorf-Berlin: M. H., ich möchte auch, entgegen den Ausführungen des Hrn. Dr. Guggenheimer, für die Selbständigkeit des Vorprüfers eintreten, und zwar aus einem Grunde, der bisher noch nicht erwähnt worden ist. Der Vorschlag, der in der Denkschrift enthalten ist, will einen Zustand aufrecht erhalten, der in Wirklichkeit eigentlich nicht mehr vorhanden ist. Ich möchte mir erlauben, Ihnen das anhand der patentamtlichen Statistik nachzuweisen. Die Statistik ist im Märzheft des „Blattes für Patent-, Muster- und Zeichenwesen" erschienen. Danach sind im Berichtjahre 36 000 Patentanmeldungen erledigt worden, hiervon sind 6400 durch Vorbescheid erledigt worden; bei reichlich dem sechsten Teil aller Fälle hat also überhaupt nur der Vorprüfer gesprochen. Der Vorprüfer hat den Vorbescheid erlassen, und dadurch ist die Anmeldung erledigt worden. Durch Zurückweisung auf Beschluß der Anmeldeabteilung infolge Nichtbeantwortung der letzten Verfügung sind 4400 Patentanmeldungen erledigt worden. Wie spielt sich dieser Vorgang ab? Dem Anmelder wird durch den Vorprüfer eine Verfügung zugesandt, er antwortet darauf nicht; dann ergeht der Beschluß der Anmeldeabteilung, der einfach lautet: Der Anmelder hat innerhalb der gestellten Frist auf die Verfügung nicht geantwortet, die Anmeldung wird aus dem Grunde der Nichtbeantwortung der Verfügung zurückgewiesen. Aus diesem Beschlusse läßt sich natürlich nicht ohne weiteres ermitteln, ob nun noch eine besondere Nachprüfung durch die Anmeldeabteilung stattgefunden hat oder nicht. Man wird aber annehmen können, daß in einer großen Anzahl dieser Fälle tatsächlich eine weitere Prüfung durch die Anmeldeabteilung nicht eingetreten ist, sondern daß die Anmeldeabteilung einfach sagt: wenn der Anmelder auf diese Verfügung nicht antwortet, wenn er die Einwände, die vom Amte gemacht werden, nicht zu entkräften sucht, dann hat er kein Interesse an der Anmeldung mehr, und auch wir haben kein Interesse, sie noch besonders zu prüfen; sie wird demgemäß abgewiesen. Man wird also, selbst bei vorsichtiger Schätzung, auch einen großen Teil dieser 4400 Fälle unter die Zahl derjenigen rechnen können, in denen nur der Vorprüfer allein in Tätigkeit getreten ist. Ebenso glaube ich auch, wird man einen großen Teil derjenigen Fälle für den Vorprüfer allein in Anspruch nehmen können, die durch Zurücknahme oder in anderer Weise erledigt worden sind. Das sind nach der Statistik 5200 Fälle. Wenn Sie diese Zahlen zusammenrechnen, so glaube ich nicht zu weit zu gehen, wenn ich die Behauptung aufstelle, daß in ungefähr einem Drittel sämtlicher Fälle, die das Patentamt in dem Berichtjahr erledigt hat, der Vorprüfer allein in Tätigkeit getreten ist. Wenn diese Voraussetzung zutrifft, so glaube ich damit meine eingangs aufgestellte Behauptung bewiesen zu haben, daß Sie nämlich einen Zustand aufrecht erhalten wollen, der in Wirklichkeit nicht mehr besteht. Wenn in einer ganzen Reihe von Fällen der Vorprüfer tatsächlich die einzige in Tätigkeit tretende Instanz des Patentamtes ist, dann, m. H., vermag ich nicht einzusehen, warum Sie sich gegen eine gesetzliche Festlegung dieses doch schon vorhandenen Zustandes sperren wollen.

Es wird auch durchaus keine Belastung der Industrie dadurch eintreten, daß wir den Vorprüfer selbständig machen und die Anmeldeabteilung als zweite Instanz darüber setzen, denn die Anmeldeabteilung wird in den übrigen zwei Dritteln der Fälle wahrscheinlich in Tätigkeit treten müssen. Eigentlich soll also nur gesetzlich anerkannt werden, was bereits besteht. Es entspricht m. E. auch einem Gebot der Gerechtigkeit, daß man diejenigen Herren im Patentamt, die tatsächlich eine selbständige Tätigkeit in einer erheblichen Zahl von Fällen ausüben, auch gesetzlich selbständig stellt.

Ich glaube auch, daß wir damit zu einer Ersparung, besonders an Zeit, kommen werden. Ich will mich auf die Organisationsfrage in keiner Weise einlassen; das geht mich nichts an, wir können das Vertrauen zu der Behörde haben, daß sie das Geeignetste machen wird. Wenn wir aber durch diese Regelung erzielen würden, daß der Vorprüfer von der regelmäßigen Teilnahme an den Sitzungen in jeder Woche entlastet wird, so glaube ich, daß dadurch seine Arbeitsfähigkeit in der Erledigung von Anmeldungen wesentlich gesteigert wird, denn er gewinnt in der Regel mindestens einen Tag, wenn nicht mehr. Es ist zu berücksichtigen, daß es sich bei dieser Teilnahme an den Sitzungen nicht nur darum handelt, daß der betreffende Herr während der fünf oder sechs Stunden während der Sitzung dabei ist, sondern die Herren haben neben ihrer Tätigkeit als Vorprüfer auch noch als Berichterstatter tätig zu sein; sie müssen also außer den Anmeldungen, die sie als Vorprüfer erledigen, noch eine große Zahl von Anmeldungen sich zum mindesten ansehen, um darüber Bericht zu erstatten. Wenn dem Vorprüfer diese Arbeiten abgenommen werden, wird zweifellos seine Arbeitsfähigkeit, seine Arbeitsleistung gesteigert werden, und der Zustand verschwinden, über den wir in einer gewissen Reihe von Fällen zu klagen haben, daß nämlich zwischen der Eingabe der Anmelder und der Antwort des Vorprüfers ein unerwünscht langer Zeitraum verstreicht.

Hr. Direktor im Kaiserlichen Patentamte Siebenbürgen-Berlin: Was Hr. Patentanwalt Tolksdorf in statistischer Beziehung soeben ausgeführt hat, trifft durchaus zu. Eine große Anzahl von Anmeldungen erledigt sich dadurch, daß der Anmelder auf den ablehnenden Bescheid des Vorprüfers nicht antwortet, wiederum eine große Anzahl dadurch, daß eine letzte Verfügung beansprucht wird, und daß die Abteilung in einem ganz kurzen Beschluß die Ablehnung ausspricht; in vielen Fällen findet auch die Zurücknahme der Anmeldung statt. Aber, m. H., wenn der jetzige Zustand schon so ist, wie er in Zukunft unter dem Einzelprüfer sein würde, dann träte doch in der Zeitausnutzung keine Verbesserung ein; das ist jedoch ein Punkt, den ich nur kurz erwähne, worauf es m. E. allein ankommt und worauf ich aufmerksam machen möchte, ist Folgendes:

Eine Anmeldung kann auf Abweisung behandelt werden, wenn sie schlecht ist, oder sie wird auf Patenterteilung behandelt. Wird die Anmeldung auf Abweisung behandelt, so unterliegt jetzt der Vorprüfer der Kontrolle der Abteilung und in Zukunft würde auch der Einzelprüfer dieser Kontrolle unterliegen. Jetzt hat es der Anmelder in der Hand, sich gegen den Vorbescheid zu erklären, und dann tritt die Entscheidung der Anmeldeabteilung ein. In Zukunft würde der Anmelder die Möglichkeit haben, Beschwerde einzulegen, und es träte wiederum die Zuständigkeit der Anmeldeabteilung ein. Insofern besteht sachlich, wenn wir beide Zustände, den jetzigen und den des Einzelprüfers, vergleichen, gar kein Unterschied. Es fragt sich aber: wie steht es mit der Behandlung der Anmeldung auf Patenterteilung? In diesem Punkte unterliegt der Vorprüfer auch jetzt der Kontrolle der Anmeldeabteilung. Wenn er glaubt, daß die Anmeldung zur Erteilung führen kann, dann gibt er die Sache mit seinem Vorschlage der Bekanntmachung an den Berichterstatter ab, und die Abteilung beschließt, ob die Bekanntmachung erfolgen soll; insofern untersteht der Vorprüfer zur Zeit der Kontrolle der Abteilung. Der Einzelprüfer würde dagegen gerade dieser Kontrolle der Abteilung nicht unterstehen. Er würde selbständig die Bekanntmachung verfügen und die Anmeldung auf Patenterteilung behandeln; er würde lediglich der Kontrolle durch die Einsprüche unterliegen.

Wenn Sie der Meinung sind, m. H., daß das als Kontrolle für die Behandlung der Anmeldung durch den Vorprüfer ausreicht, dann können Sie sich natürlich ohne weiteres dafür entscheiden. Sind Sie aber der Meinung, daß das nicht ausreicht, daß der ausgleichende Einfluß der Anmeldeabteilung gegenüber den verschiedenen Vorprüfern auch bei der Einführung des Einzelprüfers würde Platz greifen müssen, so würden Sie sich dagegen auszusprechen haben; das ist der Punkt, auf den ich Sie hinweisen muß. Es handelt sich lediglich darum: soll man nach wie vor den Vorprüfer, soweit es sich um die Patenterteilung handelt, der Kontrolle einer höheren Instanz, der Anmeldeabteilung, unterstellen, oder soll man die Behandlung auf Patenterteilung allein in die Hand des Vorprüfers als Einzelprüfers geben?

Hr. Dr. Kloeppel-Elberfeld: M. H., es sind hier einige Beispiele angeführt worden, bei denen die Zeit bis zum Empfang des ersten Bescheides sehr lang gewesen ist. Ich halte es immerhin für gefährlich, aus diesen einzelnen Beispielen Schlüsse zu ziehen; ich muß sagen, daß auf dem Gebiet, das ich näher kenne, derartige Klagen nicht vorliegen. Es ist, ich glaube von Hrn. Fehlert, hervorgehoben worden, daß je nach der Art, nach der Klasse der Anmeldung, auch sehr schnell Bescheid ergangen ist. Es gibt sogar Fälle, wo der Bescheid dem Anmelder zu schnell kommt. Man wird immer einen gewissen Durchschnitt ziehen müssen, es wird auf die betreffende Klasse ankommen. Ich weiß nicht, ob Hr. Fehlert in der Lage ist, uns mitzuteilen, welcher Art die Anmeldungen gewesen sind, bei denen es sechs Monate gedauert hat; aus einzelnen derartigen Zahlen kann man jedenfalls nicht den Schluß ziehen, daß die Vorprüfung als solche auf die Dauer nicht durchführbar sein wird. Ich glaube, das sind Fragen, die sich durch die Organisation regeln lassen würden.

Nun ist von Hrn. Direktor Guggenheimer auseinandergesetzt worden, wir müßten scharf unsere Befugnis einhalten und garnicht über Organisationsfragen reden; das ist auch nicht meine Absicht, aber wir haben doch unsere Gedanken darüber, und es schadet nichts, wenn wir uns dazu äußern, wir wollen ja damit keine Entscheidung treffen. Und da möchte ich auch ein Wort über das Radikalverfahren sagen.

Ich habe keine praktischen Erfahrungen darin insofern, als auf dem Gebiete der Chemie, das mir am nächsten steht, soweit mir bekannt, das Radikalverfahren noch nicht eingeführt ist. Ich gebe zu, daß es auf dem Gebiete der hauswirtschaftlichen Geräte vielleicht ein Luxus ist, wenn man grundsätzlich jede Anmeldung von zwei Akademikern bearbeiten läßt. Man kann ja im einzelnen die Organisation verschieden gestalten, es würde auch keinen Zweck haben, das große Gebiet der Erfindungen nach einem einzigen Schema zu behandeln; ich möchte nur den Gedanken aussprechen, daß es jedenfalls auf dem Gebiete der Chemie nicht empfehlenswert wäre, eine derartige Radikalprüfung einzuführen. Ich glaube, daß das Verfahren, das hier mehrfach berührt worden ist, daß man einem Einzelprüfer ein größeres Arbeitsgebiet zuweist und ihn unter Zuhülfenahme gleichwertig vorgebildeter Hülfsarbeiter einen größeren Ausschnitt aus der Technik bearbeiten läßt, jedenfalls auf dem Gebiete der wissenschaftlichen Chemie vorzuziehen ist. Ich kann nach meinen Erfahrungen in der Praxis nur sagen, daß auf die Dauer einem Manne, der die Aufgabe hat, derartige Prüfungen vorzunehmen, nicht zugemutet werden kann, daß er die ganze Literaturdurchsicht dauernd selbst ausübt; für die Sache und für den betreffenden Prüfer ist es besser, wenn er ein größeres Arbeitsgebiet zu sehen bekommt. Denn gibt man ihm die Radikalprüfung auf einem Spezialgebiet, so wird er sich immer mehr in Einzelheiten verlieren, und es ist doch außerordentlich wesentlich, daß er einen Ueberblick über ein großes Gebiet bekommt. Ich habe nach den dafür und dagegen geltend gemachten Gesichtspunkten das Gefühl, daß ein Verfahren, bei dem ein Einzelprüfer mit Hülfsarbeitern die erste Entscheidung trifft, dessen Entscheidung dann durch eine Berufung an die Anmeldeabteilung anfechtbar ist, während am Schlusse eine Art Oberbeschwerde eintritt, daß ein solches Verfahren, wenn das jetzige Verfahren nicht mehr durchzuführen ist, sich vielleicht doch bewähren würde. Man könnte ja dazu übergehen — das sind Gedanken, die man hier in diesem Kreise wohl äußern darf; wenn man sie in der Oeffentlichkeit äußerte, würde man vielleicht als „Agrarier“ bezeichnet werden —, eine höhere Gebühr für die Beschwerdeinstanz einzuführen, und für Beschwerden, die zur Oberbeschwerdeinstanz führen, sogar eine erheblich höhere Gebühr. Ich glaube, daß auf diese Weise sich eine wesentliche Verbesserung des Vorprüfungsverfahrens erzielen lassen würde.

Nun ist von den Herren hier das Bedenken geäußert worden — es war mir sehr interessant, das aus Ihrer Denkschrift zu ersehen, während ich auf dem Gebiete der Chemie in dieser Beziehung keine Bedenken haben würde —, es würde bei Einführung des Einzelprüfers eine Rechtsungleichheit eintreten. In der Denkschrift ist ausgeführt worden, es würde unter Umständen ein ganzer Industriezweig einer einzigen Persönlichkeit ausgeliefert werden. Wenn man sich vorstellt, daß 120 Regierungsräte vorhanden sind, von denen jeder auf eigene Faust und Verantwortung das Patentrecht auslegen könnte, so klingt das zunächst allerdings etwas gefährlich. Aber Tatsache ist doch, daß man im allgemeinen dasjenige, was von Rechtsgrundsätzen auf die Praxis angewandt wird — Werkzeugmaschinen und Indigosynthesen sind doch auch schon zwei ganz verschiedene Dinge —, gleichmäßig zur Anwendung bringen kann. Es wird durch die heute schon bestehenden Konferenzen und durch die Korrektur seitens der höheren Instanzen erreicht werden können, daß die im einzelnen erforderliche Uebereinstimmung eintritt, so daß also die Gefahr, es könnten wesentliche Nachteile entstehen, wenn man Einzelprüfer bestellt, eigentlich nicht anerkannt werden kann.

Wir haben auf dem Düsseldorfer Kongreß die Frage sehr eingehend erörtert, und ich glaube, die Lösung, die damals gefunden wurde, war zweckmäßig. Gegenüber dem Einwand, daß man den Einspruch nicht dem Einzelprüfer überlassen könne, hat man in Düsseldorf vorgeschlagen, daß Einsprüche unmittelbar an die Anmeldeabteilung gehen sollen; das würde vielleicht ein Weg sein, der alle Schwierigkeiten beseitigt.

M. H., es handelt sich bei der Frage, die wir heute erörtern, meiner Ueberzeugung nach um eine der wichtigsten der ganzen Patentreform. Der Wert des deutschen Patentes steht und fällt mit der Vorprüfung. Es sind schon eine Anzahl Persönlichkeiten angeführt worden, die sagen: wir wollen keine Vorprüfung haben; wir haben in der letzten Zeit auch wieder den Vorschlag gehört, ungeprüfte Patente neben geprüften einzuführen. Bei der Wichtigkeit der Frage halte ich es demgegenüber für außerordentlich wertvoll, daß ich als Vertreter des Vereines deutscher Chemiker Gelegenheit gehabt habe, hier von dem Verein deutscher Maschinenbau-Anstalten zu hören, wie sehr unsere Anschauungen in dieser Frage übereinstimmen, daß es auch nach Ihrer Ansicht eine unbedingte Notwendigkeit für die Industrie ist, daß wir das Vorprüfungssystem behalten.

Hr. Direktor Häbich-Sterkrade: M. H., wir, die deutschen Maschinenbau-Anstalten, stimmen, wie Sie unserem Leitsatz und den Ausführungen des Herrn Berichterstatters entnommen haben, mit Hrn. Fehlert darin nicht überein, daß die Zustände so schlimm sind, daß durchgreifende Aenderungen unbedingt notwendig sind. Wir stimmen ihm darin bei, daß Verschiedenes vielleicht beschleunigt werden könnte, und ich möchte unsere Ansicht zum Ausdruck bringen, daß wir das für eine reine Kostenfrage halten. Wir wollen nicht unser bewährtes Verfahren einer bestimmten Summe von zur Verfügung stehenden Mitteln zuliebe ändern, sondern umgekehrt, wir wollen das Verfahren gut, richtig und sachgemäß ausbauen, und dazu müssen nach unserer Ansicht die erforderlichen Mittel zur Verfügung gestellt werden.

Was den Vorprüfer selbst anlangt, so erlaube ich mir, dem Herrn Direktor des Kaiserlichen Patentamtes zu erwidern, daß wir, die deutschen Maschinenbau-Anstalten, auf die Kontrolle durch die Anmeldeabteilungen nicht verzichten zu können glauben, und zwar aus folgendem Grunde: wir betrachten es als eine psychologisch erklärliche Notwendigkeit, daß über eine Person, die eine solche Machtvollkommenheit hat wie der Vorprüfer, noch eine Kontrolle durch mehrere Köpfe ausgeübt wird, ohne natürlich irgendwie der Sachkenntnis oder den sonstigen Eigenschaften dieser Person zu nahe zu treten; ich betone nochmals, wir halten es für eine rein psychologisch erklärliche Notwendigkeit. In vielen Betrieben -- und das sind die bestorganisierten — sind Personen, die eine große Machtvollkommenheit haben, einer übergeordneten Behörde verantwortlich. Bezüglich der Abstellung der Mängel sind wir der Ansicht, es sollten die erforderlichen Mittel zur Verfügung gestellt werden, dann könnten mehr Beamte angestellt und die Anmeldungen würden schneller erledigt werden.

Hr. Geheimer Regierungsrat Professor Dr. Aron-Charlottenburg: M. H., es ist dieser Erörterung eine große Bedeutung beigemessen worden, und sie würde eine solche auch haben, wenn wir über den Grundsatz der Vorprüfung im allgemeinen mehr gehört hätten. Dieser Punkt ist immer berührt, aber nicht weiter behandelt worden, und ich will es daher auch nicht tun, denn das ist ein so weitschichtiges Gebiet, daß man es im Rahmen dieser Erörterung gar nicht behandeln kann. Es steht eigentlich nur auf der Tagesordnung, ob der Einzelprüfer eingeführt werden soll, oder ob wie bisher die Anmeldeabteilung entscheiden soll; das halte ich für eine recht untergeordnete Frage. Ich glaube, wir können mit den jetzigen Zuständen außerordentlich zufrieden sein, ich habe ja viele Erfahrungen mit dem Patentamt und kann nur sagen, daß ich die Handhabung des Patentamtes außerordentlich vollkommen finde, soweit derartige Einrichtungen überhaupt vollkommen sein können, und daß wir darin so recht gründliche deutsche Arbeit besitzen, die wir in keinem Falle beeinträchtigen sollten. Ob das nun durch Einzelprüfer oder durch die Anmeldeabteilungen geschieht, ist an sich nebensächlich. Hier haben wir darüber nicht zu entscheiden; ganz richtig ist: es hängt das immer von der Behörde selbst, von ihrer inneren und äußeren Organisation ab.

Nun hat aber der Hr. Direktor Siebenbürgen die Frage an uns gerichtet, ob wir wollen, daß ein Einzelprüfer das Patent erteilen kann, oder ob die Anmeldeabteilung zu hören ist. Ueber die Frage soll Auskunft gegeben werden, und ich stelle mich zu ihr wie folgt: wenn kein Einspruch gegen ein Patent erhoben ist, warum soll das Patent dann nicht durch den Vorprüfer allein erteilt werden? Die Industrie wird nichts dagegen haben; es hat ja niemand Einspruch erhoben, und wenn das Verfahren dadurch einfacher wird, warum soll das nicht geschehen? Ist aber Einspruch erhoben, dann darf und kann nicht der Einzelprüfer diesen erledigen, sondern er muß an die Abteilung gehen. Meiner Ansicht nach liegt gegen eine solche Lösung gar kein Bedenken vor, und ich kann die Frage des Hrn. Direktor Siebenbürgen nur in bejahendem Sinne beantworten, in dem Sinne, daß die Industrie nichts dagegen haben kann, daß ein Patent durch den Vorprüfer erteilt wird, wenn kein Einspruch erhoben worden ist. (Widerspruch.) Ich weiß nicht, wer von uns ein Interesse daran haben sollte, daß ein Patent nicht erteilt werden soll, gegen das gar kein Einspruch erhoben ist. Das ist die eigentliche, kritische Frage und, wie Hr. Direktor Siebenbürgen vollkommen richtig bemerkt hat, das einzig praktische Ergebnis; damit können wir aber m. E. sehr wohl einverstanden sein. (Lebhafter Widerspruch.)

M. H., es war auch von der Verzögerung die Rede. Ich möchte noch auf einen Punkt aufmerksam machen, der in der Kommission des Verbandes deutscher Elektrotechniker, in der ich den Vorsitz hatte, angeregt worden ist. Dieser Punkt wird vielleicht auch in diesem Kreise Zustimmung finden. Man sagte: das Patentamt hat eine außerordentlich vollständige Sammlung von Unterlagen zur Verfügung, die in sehr anerkennenswerter Weise immer weiter vervollständigt wird, und die einen großen wissenschaftlichen Wert hat; es wäre sehr erwünscht, wenn das Patentamt uns diese Sammlung etwas zugänglicher machen würde, denn wir glauben, dadurch eine Abkürzung des Verfahrens erzielen zu können. Wenn man ein Patent anmeldet, bekommt man oft einen Bescheid vom Vorprüfer, über den man erstaunt, oft sogar verletzt ist, weil er der Anmeldung ohne weiteres die Neuheit abspricht, während man doch als Fachmann fühlt, daß der Vorprüfer die Sache noch nicht gründlich oder nicht genau genug kennt. In dem unvermittelten Bescheide: das Patent kann nicht erteilt werden, weil die Sache nicht neu ist, liegt etwas Unangenehmes für einen, der lange und gründlich an einer Sache gearbeitet hat. Anderseits läßt sich nicht verkennen, daß oft die Bemerkungen vollkommen richtig sind. Vielleicht läßt sich eine etwas mildere Form finden, und wir haben vorgeschlagen, es solle jedem Anmelder freistehen, zu verlangen, daß ihm die Literatur über den Gegenstand, soweit sie dem Patentamt bekannt ist, ohne Verbindlichkeit für ihre Vollständigkeit mitgeteilt wird, bevor über die Sache entschieden wird. Auf eine solche Anfrage würde also der Vorprüfer zunächst einmal dem Anmeldenden seine Kenntnis mitzuteilen haben; das ist ganz unverfänglich, hat aber für den Anmelder, namentlich für kleine Leute außerhalb Berlins, die nicht so leicht zu den Bibliotheken gehen können, große Bedeutung. Es soll jedoch dem Anmelder nur freistehen, diesen Literaturnachweis zu fordern; es muß ihn nicht jeder fordern, sondern er soll auch gleich eine Vorprüfung fordern können. Zwei Monate nach Zustellung der Literaturübersicht soll es dem Anmelder freistehen, die Anmeldung umgearbeitet einzureichen, und erst dann wird sie geprüft. Wir haben uns gesagt, das durch ein solches Verfahren auch noch erreicht werden wird, daß unsere jetzt recht schlechten Patentschriften etwas besser werden, während sie heute vielfach außerordentlich oberflächlich und voller Unklarheiten sind. Das erklärt sich aus dem mangelhaften Zusammenarbeiten der Anmelder mit dem Patentamt; der Vorprüfer erhebt Einsprüche, der Anmelder sucht vor allen Dingen den Einsprüchen durch andere Fassung der Ansprüche zu begegnen, an dem Uebrigen rüttelt er aber nicht gern, die Patentschrift läßt er womöglich vollständig bestehen, da er sich sonst leicht der Gefahr eines weiteren Einspruches aussetzt. So entstehen die schlechten Patentschriften, aus denen man gar nicht recht klug wird, und in die man alles hineinlegen kann. Auch diesem Uebelstande hoffen wir durch unseren Vorschlag abzuhelfen, indem dann auch der Anmelder die Patentschrift besser und kürzer fassen wird, und daher möchte ich diese vom Verbande deutscher Etektrotechniker ausgehende Anregung auch hier empfehlen. Im übrigen stimme ich vollständig damit überein, daß wir nach der heutigen Lage der Dinge in Deutschland nur das jetzige Verfahren der Vorprüfung beibehalten können, um unseren Patenten Bedeutung zu geben.

Hr. Direktor Dr. Guggenheimer-Augsburg: M. H., ich möchte vermeiden, daß eine irrtümliche Auffassung entsteht. Ich habe Hrn. Geheimrat Aron so verstanden, als wollte er zum Ausdruck bringen, daß die Meinung der mechanischen Industrie dahin geht, wir könnten mit einem solchen geteilten Verfahren durchkommen. Ich glaube feststellen zu dürfen, daß wenigstens diejenigen Vertreter der Maschinenindustrie, die im Ausschuß und im Vorstande des Vereines deutscher Maschinenbau-Anstalten sich über diese Frage geäußert haben, wie auch viele andere Vertreter der mechanischen Industrie, die bei anderer Gelegenheit sich darüber ausgesprochen haben, sich auf das bestimmteste gegen die Abschwächung des Vorprüfungsverfahrens durch Uebertragung auf einen Einzelrichter erklärt haben. Innerhalb unseres Kreises, vor allem des Vereines deutscher Maschinenbau-Anstalten — ich glaube mich kaum eines Irrtumes schuldig zu machen, bitte aber die Herren des Vorstandes, mich aufmerksam zu machen, wenn es geschehen sollte —, hat kein Zweifel darüber bestanden, daß wir auch in denjenigen Fällen, in denen ein Einspruch nicht erhoben wird, nach unserer festen Ueberzeugung an der Kollegialberatung festhalten müssen. (Zustimmung.) Wir würden uns mit einer solchen Teilung des Verfahrens auf Abwege begeben, deren Folgen von schwerwiegendster Bedeutung wären. Wir dürfen nicht sagen, es gibt zweierlei Arten von Patenten, solche, die eine wirkliche Kollegienberatung durchgemacht haben, und solche, die von vornherein schlankweg gegeben worden sind, ohne daß sie in eine Kollegienberatung verwiesen worden sind. Wir müssen an der grundsätzlichen Einheit der Prüfung aller Patente festhalten, wenn wir nicht verschiedene Klassen und damit eine verschiedenartige Bewertung schaffen wollen. Aus diesem Grunde bitte ich daran festzuhalten, daß diese Abschwächung nicht eintreten darf.

Ich komme dann zu einem weiteren Punkte. M. H., wenn Sie diese Teilung einführen sollten, so würden Sie damit vor allem Einsprüche züchten; das wird die erste Folge sein. Naturgemäß werden sehr viele eher Einspruch gegen die Patenterteilung erheben, wenn sie nicht mehr die Gewähr der kollegialen Prüfung an sich besitzen. Unter Umständen wird sogar der Patentnachsucher den Wunsch haben, daß eine kollegiale Beratung stattfindet, und er selbst läßt unter Umständen Einspruch erheben, um zu erreichen,* daß sein Patent ebenfalls die kollegiale Prüfung besteht. Diese Bedenken mögen vielleicht in dieser Ausdehnung praktisch nicht zutreffen, ich bitte Sie aber, unterstreichen Sie den einen Satz: für alle Patentanmeldungen das gleiche Verfahren, keine verschiedenen Klassen von Patenten. Das ist m. E. die Hauptsache, und daran müssen wir festhalten.

Hr. Patentanwalt Fehlert-Berlin: Ich stimme mit Hrn. Direktor Guggenheimer in dem letzten Punkt überein, und bin gleichfalls der Ansicht, daß, wenn man dem Einzelprüfer die Erteilung oder Versagung des Patentes, der Anmeldung ohne Einspruch übertragen will, man ihm dann auch ebensogut die Entscheidung über den Einspruch übertragen könnte. Mit Hrn. Direktor Guggenheimer stimme ich aber insofern nicht überein, als ich die Frage, die hier zur Erörterung steht, tatsächlich als eine Organisationsfrage des Patentamtes ansehe und glaube, daß wir uns damit beschäftigen müssen und darüber nicht hinwegkommen.

Ich möchte sodann eine irrige Auffassung berichtigen, die vielleicht durch meine Ausführungen entstanden ist; ich habe nicht mein Bedauern darüber ausgesprochen, daß die Frage überhaupt hier zur Beratung gestellt ist, sondern darüber, daß der Verein deutscher Maschinenbau-Anstalten den Einzelprüfer verwirft.

Hrn. Direktor Häbich möchte ich erklären, daß die Kontrolle selbstverständlich beibehalten werden muß; dadurch, daß die Anmeldeabteilung und Beschwerdeabteilung höhere Instanzen werden, ergibt sich die Kontrolle über den Einzelprüfer.

Hrn. Direktor Siebenbürgen möchte ich bemerken, daß die 316 höheren Techniker, die uns als Beamtenzahl des Patentamtes in Washington mitgeteilt worden sind, natürlich nicht sämtlich examiners sind; in dieser Zahl sind auch diejenigen eingeschlossen, die mit ihnen zusammen arbeiten, also die Prüfer, Hülfsprüfer und die anderen Herren, welche die Vorprüfung unterstützen. Der examiner waltet in seinem Bureau mit einem Stabe von assistant examiners, von Hülfsprüfern und von Herren, die diesen wiederum vorarbeiten, die Literatur bearbeiten usw. In der Weise hatte ich mir auch die Arbeit des zukünftigen Einzelprüfers vorgestellt.

Dann möchte ich Hrn. Direktor Guggenheimer noch Folgendes erwidern. Auch im Einspruchverfahren kann der Einzelprüfer sehr gut urteilen, denn er kennt und beherrscht ja die Unterlagen vollkommen. Auch in England entscheidet aufgrund eines Einspruches ein Einzelrichter, ohne daß dabei irgendwelche Uebelstände beobachtet worden sind.

Auf die weiteren Ausführungen des Hrn. Direktor Siebenbürgen will ich nicht weiter eingehen. Ich könnte zB. anführen, daß gerade dadurch, daß beim Radikalverfahren später die technischen Sekretäre eingeführt worden sind, was mir auch bekannt war, bewiesen ist, daß das Radikalverfahren an sich nicht durchführbar ist. Ich glaube auch, daß unter diesen Umständen 700 bis 800 Anmeldungen bewältigt werden können, aber nach meiner Erfahrung ist die Zahl sehr hoch gegriffen; ich glaube nicht, daß sie als Durchschnittsleistung angesehen werden kann, diese liegt viel mehr bei 200 als bei 800.

Ich bin somit der Ansicht, daß wir durch das Einzelprüferverfahren — ich bin nicht belehrt worden durch die gegenteiligen Ausführungen — dem Uebelstande der Verschleppung abhelfen können, und daß wir dadurch in der ersten Instanz — und das ist die Hauptinstanz, da in ihr Anmeldungen durchgearbeitet werden müssen — eine größere Beschleunigung herbeiführen können. Ich bin auch nicht davon überzeugt worden, daß dabei in der Anmeldeabteilung oder in der Beschwerdeinstanz die Arbeit vergrößert werden wird.

Hr. Direktor im Kaiserlichen Patentamte Siebenbürgen-Berlin: Ich möchte noch kurz eingehen auf das Verhältnis des Stabes von Prüfungsbeamten in den Vereinigten Staaten zu dem Beamtenstabe des deutschen Patentamtes. Ich habe vorhin schon gesagt, die Vereinigten Staaten haben 316 technische Prüfungsbeamte bei ungefähr 60000 Anmeldungen, und wir in Deutschland haben vielleicht 260 bei zurzeit rd. 42000 Anmeldungen. Nun kommt eines in Betracht, und darauf hat Hr. Patentanwalt Fehlert mit Recht hingewiesen: die Verhältnisse in Amerika sind ganz anders. Dort sind 42 chief examiners, die sogenannten Oberprüfer, und jeder Oberprüfer hat 6 bis 8 assistant examiners, und diese machen die eigentliche Arbeit. Es ist ganz selbstverständlich, daß bei einer solchen Organisation der Oberprüfer nur im allgemeinen die Entscheidungen nachprüfen kann. Die Entscheidung, die nach unserem Gesetz der Vorprüfer haben soll, kann der dortige Oberprüfer garnicht treffen, dort liegt der Schwerpunkt bei den assistant examiners. Das ist der Unterschied in der amerikanischen und der deutschen Organisation, und darin liegt auch der Unterschied im Beamtenstabe begründet.

Hr. Geheimer Regierungsrat Professor Dr. Aron-Charlottenburg: Ich möchte doch die Frage klarstellen, die Hr. Direktor Siebenbürgen an uns gerichtet hat; ich habe sie anscheinend anders verstanden, als andere Herren. Ich habe die Frage so verstanden, daß, wenn kein Einspruch erfolgt, also kein Einspruch bei der nächsten Instanz, bei der Anmeldeabteilung, es dann bei der Entscheidung des Vorprüfers verbleiben soll. Ich habe nicht geglaubt, daß zwei Klassen von Patenten geschaffen werden sollen: eine Klasse, die nur der Vorprüfer geprüft hat, weil kein Einspruch erhoben ist, und eine Klasse, die von den weiteren Instanzen geprüft worden ist, weil ein Einspruch erhoben worden ist. Ich habe Hrn. Direktor Siebenbürgen vielmehr so verstanden, daß, wenn sich die Industrie bei der Entscheidung des Vorprüfers beruhigt, dann die Anmeldeabteilung nicht mehr entscheiden soll, und ob wir uns mit dieser Regelung wohl würden einverstanden erklären können. Und da meine ich, damit können wir uns jedenfalls begnügen; denn wenn die Industrie kein Interesse hat, die Einsprüche bis zur Anmeldeabteilung zu verfolgen, so ist es doch ebensogut, als wenn sie überhaupt keinen Einspruch erhoben hätte. Wenn die Frage aber so gemeint gewesen ist, daß zwei Klassen von Patenten entstehen sollen, dann würde auch ich die Frage verneinen.

Hr. Professor Dr. Osterrieth-Berlin: M. H., es ist mehrfach darauf hingewiesen worden, daß in der Zeitschrift für gewerblichen Rechtschutz und Urheberrecht im Laufe des letzten Jahres zwei Aufsätze erschienen sind, die sich gegen den Grundsatz der Vorprüfung aussprechen. Ich möchte nicht unterlassen, zu betonen, was ja eigentlich auch aus den Worten des Hrn. Fehlert, der unser zweiter stellvertretender Vorsitzender ist, hervorgeht, daß selbstverständlich diese Aufsätze nur die Privatmeinung der Verfasser wiedergeben und in keiner Weise die Ansicht des Vereines, der zu dieser Frage in neuerer Zeit noch nicht Stellung genommen hat. Ich kann sogar im Gegenteil sagen, daß die Beschlüsse, die wir zur Frage des Einzelprüfers gefaßt haben, gerade aus dem Wunsche hervorgehen, die Prüfung in ihrem jetzigen sachlichen Bestande aufrecht zu erhalten. Ich hege keinen Zweifel, daß die große Mehrheit unserer Mitglieder auch grundsätzlich an der Vorprüfung an sich festhält.

Was die Frage des Einzelprüfers betrifft, so kann ich mich persönlich darüber nicht äußern, weil mir die praktische Anschauung fehlt. Ich möchte allerdings betonen, daß ich im Laufe der Jahre, in denen ich sehr oft Gelegenheit hatte, mit Praktikern aus allen Industriekreisen, mit Technikern und mit Patentanwälten zusammen zu sein, doch Dinge gehört habe, die mir darauf hinzuweisen scheinen, daß eine Aenderung in gewisser Beziehung eintreten muß. Die Anschauungen der Interessenten und Fachleute lassen in steigendem Maße auf die Notwendigkeit einer Aenderung in irgend einer Weise schließen, und ich muß sagen, daß ich denjenigen, der amtlich berufen ist, darüber zu entscheiden, um seine Aufgabe nicht beneide. Ich halte es für eine der allerschwierigsten Fragen, die bei der künftigen Reform des Patentrechts zu lösen sein wird. M. E. sind noch sehr viele Gesichtspunkte dabei in Betracht zu ziehen, die hier nur gestreift worden sind, deren gründliche und eingehende Prüfung aber unbedingt nötig ist. Ich will nur andeuten, daß auch der Standpunkt, den hier die Maschinenbauindustrie einnimmt, vom Standpunkt dieser Industrie aus durchaus berechtigt ist; ob aber dieser Standpunkt allgemein gültig ist, das ist eine außerordentlich schwierige Frage. Ich will das nur mit einem Wort streifen. Es ist ein großer Unterschied zwischen einer Industrie oder einem technischen Gebiet, das, ich möchte sagen, mit Erfindungen gesättigt ist, das nur den einen Wunsch hat, auf einem gegebenen und organisierten Arbeitsfelde ungestört und planmäßig fortarbeiten zu können, und einem Gebiet, auf dem es sich darum handelt, gewissermaßen die Elemente der Technik von Grund aus aufzubauen. Auf dem ersten Gebiet besteht der berechtigte Wunsch, alles abzuwehren, was die Industrie stört, auf dem andern Gebiete dagegen der ebenso berechtigte Wunsch, jeder geistigen Arbeit, jedem geistigen Fortschritt möglichsten Schutz zu verschaffen. Das sind Gesichtspunkte, die sehr schwer zu vereinigen sind, wenn es sich darum handelt, eine allgemeine Regel aufzustellen, die für alle Fälle zutreffen soll.

Weiter sind auch die Beamten im Patentamt zu berücksichtigen. Die technischen Beamten stellen im höheren volkswirtschaftlichen Sinne ein geistiges Kapital dar, dessen sparsamste und ausgiebigste Ausnutzung im Interesse des ganzen Volkes liegt. Es ist ferner dafür zu sorgen, daß jeder Beamte an seinem Platze am besten arbeitet, daß das Beste aus ihm herausgeholt wird, und daß an die einzelnen Posten die geeignetsten Kräfte gestellt werden. Von dem Gesichtspunkte aus kann man wieder fragen: ist es richtig, einen einzelnen Beamten zum Prüfen zu nehmen und ihn mit der ganzen Verantwortung zu belasten, oder ist es richtiger, die Arbeit unter mehrere Leute zu verteilen, bei denen selbstverständlich die Verantwortung und das Gefühl der Verantwortung geringer ist? Das wird zumteil von Fall zu Fall nach dem persönlichen Empfinden zu entscheiden sein. Ich glaube, auch in der Industrie wird es sich oft darum handeln, ob die Person eines Direktors maßgebend und leitend sein soll, oder ob auf die Tätigkeit des Aufsichtsrates größeres Gewicht gelegt werden muß. Je nach den Verhältnissen und Persönlichkeiten wird man sich für die eine oder andere Lösung entscheiden. Die gleiche Frage spielt auf dem Gebiete der Rechtsorganisation eine große Rolle, wo jetzt vielfach und wachsend die Neigung vorherrscht, die Kollegialgerichte einzuschränken und mehr Einzelrichter zu nehmen, immer wieder aus dem Grundsatze, die besten Kräfte zu wählen, aus den besten Kräften vollkommene Leistungen herauszuholen, und die in volkswirtschaftlicher Beziehung schädliche Vergeudung geistiger Kräfte einzuschränken.

Ich möchte mich damit begnügen, darauf hinzuweisen, wieviel Fragen, wieviel Beziehungen hier hineinspielen, und daß, so wichtig und beachtenswert der Standpunkt der Maschinenbauindustrie ist, allein durch ihre Gründe die Frage nicht entschieden werden darf.

Hr. Direktor Dr. Guggenheimer-Augsburg: Ich halte die Bezugnahme des Hrn. Professor Osterrieth auf die Gerichte und auf die Einzelrichter nicht für zutreffend. Die Tätigkeit des Richters — das ist von dem Herrn Berichterstatter bereits betont worden — ist doch eine ganz andere innerhalb der engen Grenzen des Gesetzes, da er die Entscheidung aus dem Gesetz selbst entnimmt, das ihm jederzeit einen festen Rahmen zieht. Bei Patenterteilungen wird aber ganz gewiß ein weitgehendes persönliches Ermessen in den einzelnen Fragen mitspielen. Deshalb glaube ich, daß der Einzelprüfer hier viel gefährlicher sein wird, als der Einzelrichter in der Justiz.

Hr. Professor Dr. Osterrieth-Berlin: Selbstverständlich stimme ich Hrn. Dr. Guggenheimer durchaus zu, daß ein erheblicher Unterschied besteht zwischen der Tätigkeit eines Richters und eines Prüfers. Aber ich meine, in den Fragen, die auf dem Gebiete der Justizgesetzgebung und auf dem der technischen Patentgesetzgebung auftreten, ergeben sich Parallelen für die Betrachtung, auf die man schließlich doch auch aufmerksam machen muß: allgemeine psychologische Erwägungen, und vor allem der Gesichtspunkt, daß man aus dem Richter wie aus dem technischen Prüfer die beste und im volkswirtschaftlichen Sinne vollkommenste Leistung herausholen muß. Das sind allgemeine Vergleichspunkte; selbstverständlich habe ich die Parallele nicht unbedingt durchführen wollen.

Hr. Berichterstatter Dipl.-Ing. Ingrisch-Benrath (Schlußwort): M. H., zunächst nur eine kurze tatsächliche Berichtigung. Hr. Patentanwalt Fehlert hat gesagt, ich hätte behauptet, der Anmelder sei bestrebt, das Anmeldeverfahren zu verzögern. Das hat mir natürlich fern gelegen. Ich habe gesagt, der Anmelder ist in sehr vielen Fällen daran schuld, wenn das Vorprüfungsverfahren sich verzögert, infolge der Fehler, die er in der Bearbeitung seiner Anmeldung macht.

Hr. Patentanwalt Fehlert hat dann von den Fristen gesprochen und hat auf eine sechsmonatige Frist hingewiesen. Die kenne ich auch; es fragt sich nur, in welchen Sachen die Fristen gestellt worden sind. Es wäre mir wertvoll gewesen zu hören, ob es sich um Anmeldungen aus Deutschland, Amerika oder aus Australien handelt. Wenn der Anmelder in Australien wohnt, muß er natürlich sechs Monate Frist bekommen.

(Zuruf des Hrn. Patentanwalt Fehlert: Ich habe nicht von den Fristen gesprochen, sondern von der Zeit, die zwischen der Anmeldung und der ersten Verfügung verstreicht!)

Dann muß ich allerdings sagen, auf dem Gebiete, auf dem ich seit über drei Jahren tätig bin, ist mir eine so lange Verzögerung noch nicht vorgekommen. M. H., ich glaube, Sie kennen alle die Klasse 7 a, die sehr überlastet ist, und in der eine Vorprüfung verhältnismäßig lange dauert. Die dauert drei, höchstens einmal vier Monate. Wenn nun eine weitere Verzögerung durch Fristen eintreten kann, so liegt es auch hier sehr häufig am Anmelder. Es ist doch nicht gesagt, daß der Anmelder, wenn er drei Monate Frist bewilligt bekommt, die zB. nötig ist, um sich ausländische Patentschriften oder andere Literatur zu beschaffen, die Frist auch ausnutzt. Wenn ich Zeit habe, erledige ich eine Verfügung, auch wenn mir eine amerikanische Patentschrift entgegengehalten wird, in 14 Tagen bis drei Wochen; dann lasse ich mir eben eine Abschrift dieser Patentschrift aus der Bibliothek des Patentamtes schicken. Habe ich keine Zeit, so kommt es allerdings vor, daß ich die dreimonatige Frist ausnutze, es kommt auch vor, daß ich nochmals um Frist nachsuche. Das liegt aber dann an mir selbst, nicht am Vorprüfer.

M. H., die Ausführungen des Hrn. Fehlert haben mich nicht überzeugen können, daß durch eine Aenderung des Gesetzes dahin, daß man den jetzigen Vorprüfer durch den Einzelprüfer ersetzt, eine Beschleunigung des Verfahrens erzielt wird, ohne daß zugleich die jetzige Organisation erheblich vergrößert wird. Wenn Sie die jetzt vorhandenen Vorprüfer zu Einzelprüfern machen, erledigen Sie die Anmeldungen auch nicht schneller, das ist meine feste Ueberzeugung. Sie müssen also die Zahl der Vorprüfer gleichzeitig ganz erheblich vermehren. Warum soll man dann aber eine grundsätzliche Aenderung vornehmen? Man kann die Vorprüfer doch auch vermehren, ohne sie zu Einzelrichtern zu machen, und somit ohne eine Aenderung des Gesetzes auskommen. Wir sind uns alle klar darüber, daß im Patentamt ein Mangel an Beamten besteht. Ich sehe aber nicht ein, daß man lediglich aus idealen Gründen, um eine Stellung selbständiger zu gestalten, ein Gesetz ändert und eine so schwerwiegende und umwälzende Aenderung trifft. Was beabsichtigt ist, was immer wieder verlangt worden ist: Beschleunigung und Ersparnis, das ist ohne Vermehrung des Beamtenstabes nicht zu erreichen.

M. H., unser jetziges Vorprüfungsverfahren hat sich, wie Sie alle wissen, 30 Jahre hindurch glänzend bewährt; daß es Mängel hat, liegt in der Unvollkommenheit der Menschen. Ich sehe nicht ein, warum wir es nicht beibehalten sollen, warum wir nicht den Hebel in der inneren Organisation ansetzen, warum wir nicht das Patentamt, das den Wünschen der Industrie fast stets in bereitwilligster Weise entgegengekommen ist, auch jetzt bitten sollen, an dieser Stelle eine Aenderung zu schaffen. Ich bin der festen Ueberzeugung, es kann ohne eine Gesetzesänderung geschehen.

Zum Schluß, m. H., nur noch eines. Es ist gesagt worden: wenn der Vorprüfer als Einzelrichter nicht zu meinen Gunsten entscheidet, dann bleibt mir die Beschwerde an die Abteilung. Damit wären wir wieder auf dem alten Fleck, damit hätten wir doch nichts gewonnen; wenn ich mich jedesmal beschweren muß, dann habe ich nichts erreicht. Warum sollen wir also einer unsicheren Zukunft entgegengehen? Wir wissen nicht, was wir bekommen, wohl aber wissen wir, was wir haben, und daher wollen wir das auch behalten.

Stellvertretender Vorsitzender, Regierungsrat a. D. Generaldirektor Rhazen-Cöln-Deutz: M. H., die Tagesordnung ist hiermit erledigt und wir sind am Schlusse einer Verhandlung angelangt, von der ich wohl in Uebereinstimmung mit Ihnen allen erklären kann, daß sie voll des Interesses war und auch hoffentlich voll des Erfolges sein wird. Den Stempel hat dieser Verhandlung schon eingangs aufgedrückt das glücklich gewählte Wort des Hrn. Professor Budde, der uns sagte: Möge diese Verhandlung jedem Gelegenheit geben, frei von der Leber weg seine Ueberzeugung auszusprechen und sich fern zu halten von der verderblichen Manier des Vergleiches.

M. H., die ganze Verhandlung hat gezeigt, daß wir alle uns fern gehalten haben von übertriebenen Forderungen, daß wir das, was wir als wünschenswert bezeichnet haben, entwickelt haben aus den Bedürfnissen der Praxis; das wird uns niemand bestreiten können. Ferner wird uns niemand bestreiten können, daß wir uns fern gehalten haben von der Betonung jedes einseitigen Standpunktes, daß wir uns bereit erklärt und in Wirklichkeit es auch so gehandhabt haben, die Interessen der Draußenstehenden, soweit wir sachlich dies konnten, als berechtigt anzuerkennen und zu berücksichtigen. Deshalb muß ich, wenn auch höflich, so doch dringend und mit allem Gewicht dagegen Einspruch erheben, wenn jetzt schon in der Tagespresse der Anschauung Ausdruck gegeben wird, als ob die hiesige Versammlung sich einseitig auf den Standpunkt des Unternehmers gestellt hätte. (Sehr richtig! und Zustimmung.) M. H., eine solche Behauptung vereinigt sich nicht mit den Tatsachen, und, allen guten Glauben vorausgesetzt, muß ich doch erklären, daß diese Behauptung unrichtig und objektiv unwahr ist.

Bei diesen Verhandlungen ist es selbstverständlich nicht zu vermeiden gewesen, daß die vorgebrachten Anschauungen hin und wieder in Widerstreit gekommen sind, und in dieser Beziehung muß ich besonders betonen, daß der Widerstreit über den Inhalt und die Bedeutung der Stettiner Beschlüsse, der von vornherein in die Erscheinung getreten ist, wenn er auch durch die Liebenswürdigkeit der Vertreter der beiderseitigen Anschauungen glücklich gemildert wurde, tatsächlich doch bestehen geblieben ist. Wir, die mechanische Industrie, haben das Recht und haben die dringende Veranlassung, festzustellen, daß vor allem bezüglich des Erfinderrechtes und der Angestellten-Erfindung unsere Anschauungen sich im Widerstreit mit den Beschlüssen des Stettiner Kongresses befinden, und wir müssen, auch nachdem sich gezeigt hat, daß teilweise dieser in die Erscheinung getretene Widerstreit auf mißverständliche Auffassungen zurückzuführen ist, dennoch dabei bleiben, daß die betreffenden Beschlüsse des Stettiner Kongresses objektiv und subjektiv nicht zum Ausdruck bringen, was die mechanische Industrie zum Ausdruck gebracht haben will. Wenn uns gesagt worden ist, dann hätte die mechanische Industrie durch ihre Vertreter, die s. Zt. dem Stettiner Kongreß mitwirkend angewohnt haben — wieviel von den berühmten 103 es waren, mag ja dahingestellt bleiben —, rechtzeitig Einspruch erheben müssen, so kann ich nur erklären: es ist keine Schande und kein Nachteil, wenn nachträglich die bessere Erkenntnis über die schlechtere obsiegt und wenn man von einem Beschlusse, der in der Erregung, unter dem Eindruck bestechender Reden (sehr richtig!) oder in der Meinung, einen glücklichen Vergleich dadurch zustande zu bringen, gefaßt worden ist, an Beschlüsse appelliert, die bei ruhiger Erwägung nach reiflicher Ueberlegung unter Beachtung der Lebensfragen der mechanischen Industrie zustande gekommen sind. Und das, m. H., ist der Fall bei denjenigen Beschlüssen, die Ihnen in unseren Leitsätzen hier vorgelegt worden sind. Wir müssen daher ausdrücklich betonen, daß uns, die Vertreter der mechanischen Industrie, die lichtvollen Verhandlungen, die über diese Punkte hier geführt worden sind, nicht haben bestimmen können, von dem grundsätzlichen Standpunkt abzugehen, den wir in unseren Leitsätzen besonders zu den ersten Verhandlungsgegenständen zum Ausdruck gebracht haben.

Nun, m. H., haben wir bei unserer Einladung neben der Absicht, eine offene Aussprache zwischen allen Beteiligten herbeizuführen, vor allem auch den Wunsch gehabt, unsere wahre Anschauung zur Kenntnis derjenigen Stellen zu bringen, die an unserer Gesetzgebung zu arbeiten berufen sind, und denen also demnächst auch die Neuordnung der Patentgesetzgebung obliegen wird. Der eine der gesetzgebenden Faktoren hat aus Gründen, die uns bisher noch nicht mitgeteilt worden sind, sich den Verhandlungen gänzlich fern gehalten — oder vielmehr der einzige Vertreter, der hier war, ist sehr rasch wieder verschwunden. Um so dankbarer sind wir den Vertretern der Reichsregierung (Beifall), die mit anerkennenswerter Geduld unseren Auseinandersetzungen hier zugehört haben. Wir haben den Wunsch, daß die Reichsregierung bei der schweren Arbeit, die ihr in Erfüllung des bekannten Beschlusses des Reichstages bevorsteht, diejenigen Erkenntnisse, die sie aus den Verhandlungen hier gewonnen hat, glücklich verwerten möge. Wir haben den Wunsch, daß die Leitsätze, die wir Ihnen vorgelegt haben und bei denen wir grundsätzlich verharren müssen, die nötige Berücksichtigung finden werden. Wenn wir, m. H. von der Reichsregierung, Ihnen diese Wünsche vortragen in der uns besser liegenden Form und Tonart der guten Kinderstube, dann möchte ich doch nicht einen Augenblick einen Zweifel darüber aufkommen lassen, daß hinter dem Ausdrucke dieser Wünsche die gesamte mechanische Industrie mit wahrem Ernst und mit ihrem vollen Gewicht steht (Beifall) und daß wir hoffen und glauben, beanspruchen zu dürfen, daß das, was wir hier zum Ausdruck gebracht haben, auch bei Ihnen gutes Gehör findet.

Damit, m. H., komme ich zum letzten Teile meines Auftrages, den ich zugleich auch im Namen unseres verhinderten Herrn Vorsitzenden ausführen möchte. Ich habe den Auftrag, Ihnen allen herzlich zu danken für das große Interesse, daß Sie unserer gemeinsamen Sache entgegengebracht haben, für den großen Fleiß und das große Wohlwollen, mit dem Sie an unseren Verhandlungen teilgenommen haben. Wie im Anfang schon gesagt, ich glaube zum Ausdruck bringen zu dürfen, daß diese Verhandlungen nicht bloß voll des Interesses, sondern hoffentlich auch voll des Erfolges sein werden. Ich wünsche, m. H., daß diese unsere Hoffnung sich in der Folge als berechtigt erweisen möge. (Beifall.)

Damit darf ich die Verhandlungen schließen.

(Schluß der Sitzung 12 Uhr 25 Minuten.)

Gedruckt bei August Bagel in Düsseldorf.

GPSR Compliance

The European Union's (EU) General Product Safety Regulation (GPSR) is a set of rules that requires consumer products to be safe and our obligations to ensure this.

If you have any concerns about our products, you can contact us on ProductSafety@springernature.com

In case Publisher is established outside the EU, the EU authorized representative is:

Springer Nature Customer Service Center GmbH
Europaplatz 3
69115 Heidelberg, Germany

Batch number: 10845484

Printed by Printforce, the Netherlands